效率与公平

我国中小学惩戒的合法性研究

黄道主　著

知识产权出版社
全国百佳图书出版单位

图书在版编目（CIP）数据

效率与公平：我国中小学惩戒的合法性研究/黄道主著. —北京：知识产权
出版社，2019.7

ISBN 978-7-5130-6290-9

Ⅰ．①效⋯ Ⅱ．①黄⋯ Ⅲ．①中小学—惩罚—研究—中国 Ⅳ．①G44

中国版本图书馆 CIP 数据核字（2019）第 102795 号

内容提要

惩戒是客观存在的社会活动。中小学教育实践中日益严重的惩戒失范乱象引发了人们
对中小学阶段的惩戒行为正当性的质疑。当下，我国依法治国的发展战略正在全面深入推
进，中小学阶段现行的惩戒制度也应当根据法治要求进行改造甚至重构。因此，对于相关
利益主体而言，中小学惩戒制度的法治化是提升中小学惩戒合法性的必要手段。中小学惩
戒的合法性扎根于政治合法性，发展于法律合法性。只有人们充分理解了惩戒在维护学校
教育秩序、促进学生个体发展等方面的有效性基础之上，中小学惩戒制度的法治化才能平
稳展开。

责任编辑：韩婷婷　　　　　　　　　责任校对：王　岩

封面设计：易　滨　　　　　　　　　责任印制：刘译文

效率与公平：我国中小学惩戒的合法性研究

黄道主　著

出版发行：知识产权出版社 有限责任公司		网　　址：http://www.ipph.cn	
社　　址：北京市海淀区气象路 50 号院		邮　　编：100081	
责编电话：010-82000860 转 8359		责编邮箱：176245578@qq.com	
发行电话：010-82000860 转 8101/8102		发行传真：010-82000893/82005070/82000270	
印　　刷：北京虎彩文化传播有限公司		经　　销：各大网上书店、新华书店及相关专业书店	
开　　本：720mm×1000mm　1/16		印　　张：16.5	
版　　次：2019 年 7 月第 1 版		印　　次：2019 年 7 月第 1 次印刷	
字　　数：283 千字		定　　价：79.00 元	

ISBN 978-7-5130-6290-9

课题项目

本书得到了全国教育科学"十二五"规划 2015 年度国家青年课题"学生违纪惩戒的法治化研究"（CAA150126）和湖北省社科基金 2017 年度一般项目"我国中小学惩戒的合法性研究"（2017005）的支持。

致　谢

谨以此书献给恩师李晓燕教授，祝健康长寿！

谨以此书献给恩师岳　伟教授，祝事业兴顺！

谨以此书献给爱妻张文言女士，祝心想事成！

序

近些年来，中小学惩戒问题引起的争议较多。诚然，大多数人还是承认，对于有违规行为的学生，施行适当的惩戒是必须的。这也是使其学会为自己的行为承担后果或者责任的必由之路。问题是，如何惩戒可谓"适当"？在中小学教育实践中，因惩戒学生引发的纠纷并不罕见。或者惩戒过度，引起学生的身心伤害；或者教师因为某种原因不敢惩戒学生，对学生放任，一旦发生问题，教师也要承担失职之责；或者惩戒的手段不为学生和家长所接受，导致教师与学生乃至与家长矛盾重重，等等，不一而足。在有些情况下，"批评教育"显得轻描淡写，可能起不到作用；而重责体罚又可能违反师德规范与教育法规的要求。这使得中小学教师应当如何行使教育惩戒权成为教育实践中亟待厘清的问题。

对有违规行为的学生进行适当的惩戒，严格来说，也是教师的教育权所包含的必然内容。因此，2009 年教育部颁布的《中小学班主任工作规定》中规定："班主任在日常教育教学管理中，有采取适当方式对学生进行批评教育的权利。"（第 16 条）这曾一度引发热议。有人甚至误认为，教师从此才有了对学生的"批评教育权"。其实，我国早就在 1993 年颁布的《教师法》中，赋予了教师教育学生的权利和职责，既包括正面教育，也包括对不良行为的批评教育。只是，遗憾的是，教育法规中难以对教师的批评教育权的内涵和边界作出明确的规定，因为教师的教育权是需要行使主体具有极高的自主性的。

教师施行批评惩戒学生的权利从何时开始变得战战兢兢？这里面既有因为时代变化，教师与学生之间的传统型关系日益式微的影响，也有因生育政策使独生子女一代学生身心特点发生极大变化以及家长护短的作用。或许，还有各种媒体为吸引眼球，对一些纠纷的起哄式报道的"功劳"。然而，尽管教育实践背景已经发生了种种变化，教师却十分缺乏应对这种变化的教育理念与教育策略。在现有的师范教育体系中，也不够重视师范生掌握这种应对变化的教育理念和教育策略的培养。这或许也与对教师的教育惩戒权研究还不够充分有关。

黄道主博士选择了"中小学惩戒的合法性"问题开展研究，应该说是切合了教育法学理论发展和教育实践的需要的。若能透彻地将中小学惩戒的"合法性"进行解读，为中小学教师如何正确行使教育惩戒权提供一定的理论指导，既是对教育实践的贡献，也是对教育法学理论发展的贡献。

教育法学在中国的发展，已经进入到理论深化发展的阶段，需要从不同角度、不同专题深入探讨教育法律问题。看到黄道主博士的这一新作能够出版，我是很感欣慰的。

李晓燕

2019 年 6 月
于武昌南湖华大家园

前　言

Foreword

　　惩戒是在中小学里客观存在的社会活动。中小学教育实践中日益严重的惩戒失范乱象引发了人们对中小学阶段的惩戒行为正当性的质疑。而我国依法治国的发展战略正在全面推进，中小学现行的惩戒制度也应当根据法治要求进行改造和重构。因此，对于相关利益主体而言，中小学惩戒制度的法治化是提升中小学惩戒合法性的必要手段。中小学惩戒的合法性扎根于政治合法性，发展于法律合法性。只有人们在充分理解惩戒在维护学校教育秩序、促进学生个体发展方面的有效性的基础上，中小学惩戒制度的法治化才能平稳展开。在中小学的惩戒实践中，惩戒规则在实质合法性、形式合法性层面都存在现实的困难。

　　本研究试图以中小学的惩戒现象和惩戒规则为研究对象，采用定性研究、规范研究、比较研究、田野调查、个案研究等方法，对中小学惩戒规范的法理基础、实质合法性、形式合法性、美国同类经验进行分析和介绍，以回应中小学惩戒的合法化问题。

　　导论，对选题缘由、基本概念和研究方案都作出了说明，对现有研究作了择要式述评。

　　第一章，探讨中小学惩戒规范的法理基础。首先，阐明合法性在政治学和法学的不同内涵及其相互关系，引出实质合法性与形式合法性作为理论分析的工具。其次，指出中小学惩戒的合法性源泉在于捍卫纪律以实现对效率的追求。纪律蕴含着"立法"原理，是人基于理性的自我立法产物。现代社会中的主导纪律是法律规范且人们已形成"法治共识"。惩戒是维护纪律的主要手段之一，也是证明纪律必须被遵守的主要方式之一。最后，在"法治"视野下探讨中小学惩戒的特殊性。其特殊性与校生之间的法律关系是管教关系（属行政关系）和民事关系、学校惩戒权是国家教育权力、在校学生是未成年人密不可分，要求学校惩戒恪守教育本位。本章为后文的分析起总则和奠基的作用。

　　第二章，探讨中小学惩戒的实质合法性。在学校场域中，为保障在校师

I

生的生命财产安全和正常教育教学秩序，校方认定了有各种违纪行为的学生作为惩戒对象，并以国家权力作为第三方实施的行政惩戒、司法惩戒和以私人之间的监控与惩罚为惩戒形式。但在实践中，中小学惩戒面临实质合法性困境。校方惩戒的部分惩戒方式已无实际效果，违纪行为的范围也有争议，携带违禁物品等违纪行为难以发现，违纪处理结果不公平，惩戒方式不当甚至违法，师德堕落冲击着惩戒规范等问题；教师惩戒存在滥用惩戒和不敢惩戒的问题。

第三章，探讨中小学惩戒的形式合法性。形式合法性的基本逻辑是平衡权力与权利，确保权力在依法授权的前提下对权利进行限制或剥夺。但是，经审视我国的立法秩序及其法规的效力等级结构，发现要对中小学惩戒规范的规则体系和成文法渊源进行严格的合法性审查是非常困难的活动。惩戒规范存在着在制定时惩戒权分配不合理、校内惩戒规定的成文法渊源不明确、校内惩戒规定所依规范过"软"等问题。惩戒规范存在着在实施时侵犯学生财产权、隐私权等问题。在惩戒纠纷的化解办法方面，存在校内学生申诉制度不完善等问题。

第四章，探讨美国中小学惩戒的法治经验。美国中小学惩戒规则的适用时空与学校所能控制的时空范围一致。美国中小学惩戒制度的法规确立了针对各种失范行为的惩戒措施和补救性、干预性的教育措施，还开发了早期预警与防范的措施。通过这些努力，美国中小学惩戒规则在适用时较为妥善地保障了惩戒活动中相关利益主体的实体性权利和程序性权利。除此之外，美国还探索出了符合法治要求的惩戒规则的制定、修正模式。这些做法为我们完善我国中小学惩戒制度提供了有益启示。

第五章，探讨中小学惩戒合法化的建议。在实质合法化层面，中小学惩戒要以"人是目的"为根本目标，明确以维护学校秩序和推进制度育人为直接目的；确立比例原则、"罪行法定"原则、"有刑必罚"原则、正当程序原则和职权法定原则等基本法治原则；加强中小学阶段的普法教育。在形式合法化层面，中小学惩戒要理顺惩戒规则的制定秩序，在法规中要明确对基本权利的限制和剥夺的规定，以及学校自主惩戒的自由裁量范围；并在立法技术上提升惩戒的操作化水平；细化惩戒规则的执行秩序，确保各方知晓惩戒规定，不同主体的惩戒执行权边界清晰，建立违纪处理校内听证制度，开发配套的补救性教育措施；完善化解惩戒纠纷的办法，建立调解制度、行政申诉、行政复议和司法诉讼等救济渠道，同时还要探索相关的保障措施。

目 录

Contents

绪 论

无规矩不成方圆。学校纪律的确立和修正、学生违纪的防范与处理是学生惩戒制度的基本功能。但是，相关利益主体价值取向的多元化引发了学校惩戒活动"所依规矩是谁的规矩，所成方圆是谁的方圆"的质疑；甚至在"赏识教育"幌子下排斥惩戒。在当下的中小学阶段，不同主体在为何惩戒、如何惩戒等问题上的认知分歧已经导致实践混乱，使为中小学惩戒的合法性进行辩护成为必要。作为基础教育的中坚力量，我国中小学承担着"为培养有理想、有道德、有文化、有纪律的社会主义建设者和接班人奠定基础"❶ 的战略任务。科学的学生惩戒制度是保障中小学实现这一战略任务的必要不充分条件之一。目前，我国社会改革正处于从传统社会向现代社会转型的关键阶段。中小学必须迎接挑战，把握机遇，从社会发展的宏观态势和个人发展的教育需求的角度来重构中小学学生惩戒制度，利用法治社会、信息社会的良好环境来化解中小学惩戒失范的困境。

一、选题缘由

之所以选择"中小学惩戒的合法性"作为研究主题，主要是因为中小学惩戒深陷失范旋涡。与其说中小学是教书育人的地方，不如说是看不见硝烟的文化战场或熔炉。这些文化涵盖了城乡、阶层、民族、家庭、性别等方方面面。它们相互之间的竞争与融合直接影响着每一位学生的发展。惩戒是表明校方乃至国家的立场、捍卫主流价值体系的强硬手段。"打铁还需自身硬"，校内惩戒制度必须科学合理才能树立起权威，确保学校任务的顺利推进。

(一) 中小学惩戒乱象频发

近年来，中小学阶段针对学生违纪行为的惩戒事件屡屡成为新闻媒体报

---

❶ 2006年《中华人民共和国义务教育法》（以下简称《义务教育法》）第3条、《中华人民共和国教育法》（以下简称《教育法》）第5条、《中共中央、国务院关于深化教育改革全面推进素质教育的决定》《国务院关于基础教育改革和发展的决定》等重要法规政策均对此进行了强调。培养"四有新人"是我国政府一贯主张的教育目的。

道的对象，引发民众的关注与反思。对于一些中小学及其教职工惩戒学生的言行是否合情、合理、合法的问题，人们已经出现了认知分歧，并且进一步成为校方正常展开教育活动的障碍。

1. 违纪学生因惩戒自杀、自伤

违纪学生因教师批评而自杀、自伤的新闻屡见报端。

案例1：2013年12月10日，高一学生李某（女）因与同桌（女）发生口角而动手打架。班主任请李某母亲将李某带回家反省。李某在当天下午被带回家，于当晚7点跳楼，并于第二天凌晨不治身亡。❶

案例2：2013年12月3日，高中生段某在自习课上用手机看网络小说。班主任发现之后在走廊上对其进行了批评教育，并在没收手机后通知家长前来取回。随后，段某在晚自习期间跳楼自杀。❷

案例3：2014年11月4日，初二学生金某某因在自习课上看小说，物理课上下象棋。班主任将金某某叫到办公室进行了批评教育并要求请家长到校。金某某从办公室出来后，从教学楼跳下并不治身亡。❸

虽然这样的极端例子还可以继续列举，但是以上案例已经足以说明问题：有为数不少的中小学学生心智脆弱，不能正确处理校方的管教行为。鲜活生命的离世，且不说当事学校、教师是否要为此承担法律责任，仅仅是来自良心自责的道德压力就已经给教师们常规的惩戒活动带来巨大阻力。

2. 违纪学生因惩戒报复教师

教师依法管教违纪学生，反遭学生殴打报复，或者当事学生家长到校找教师"麻烦"的新闻报道也屡见不鲜。

案例4：2014年11月28日，云南鲁甸一中4名高一学生违反学校纪律后，不仅对班主任保某的批评教育不以为然，而且出言不逊，并且掀翻了教室里面的讲桌和饮水机。2014年12月15日，该校初三年级学生杨某在上课时睡觉。任课教师曾某提醒其数次，杨某均不听，曾老师便

---

❶ 解培华. 黑龙江一中学两学生相继跳楼　死前都曾被老师批评［DB/OL］. 2013-12-18［2015-03-11］. http://www.chinanews.com/edu/2013/12-18/5632481.shtml.

❷ 解培华. 黑龙江一中学两学生相继跳楼　死前都曾被老师批评［DB/OL］. 2013-12-18［2015-03-11］. http://www.chinanews.com/edu/2013/12-18/5632481.shtml.

❸ 京华时报记者. 初中生被老师批评后跳楼身亡［N］. 京华时报，2014-11-09（10）.

用书拍了杨某一下。杨某随即站起来打了曾老师面部一拳，导致曾老师眼部受伤。这两起事件引发教师集体罢课。❶

　　案例5：2014 年 12 月 15 日，海南安定县某教师在有学生向其说明校内有学生喝酒闹事的情况后，将喝酒闹事的初二年级学生孙某、周某叫到跟前询问是否曾在教室内喝酒，并劝说二人不要在校园内打架闹事。周某突然一拳打中该教师左眼，使其左眼视力严重下降，从 0.5 下降至 0.2，且痊愈也无法恢复至 0.5 的水平。❷

　　案例6：2012 年 11 月 22 日，上海浦东新区某知名小学发生三年级学生贝贝（化名）"拳打"班主任事件。当日学生入机房上电脑课时，贝贝因不满中队委小杰（化名）让女生先进入电脑房，两次对小杰进行了身体攻击：先是进电脑房之前突然踢小杰腹部一脚，后是因踢打电脑机箱被任课教师黑屏转而踢打小杰。班主任张某赶到后，要求贝贝到教室外冷静一下，结果贝贝对张某拳打脚踢，"拽衣服、扯头发、扇耳光"。张某因脸部受伤，心脏不适接受医院治疗。但在家长主动向学校反映张某的"冤屈"之前，校方并未对此事采取有效应对措施。❸

　　批评教育学生乃教师的权利和义务，然而从小学到高中，因管教而引发的学生殴打教师的事件却令人胆寒、心凉。类似的"校园暴力事件"还在中小学里不断发生。比如，有家长因教师罚学生坐在黑板前的缘故逼教师下跪道歉、赔钱等❹。这已经严重威胁到教职工在生命健康、人格尊严等方面的切身利益。教师如何正常履职？教师的正当权益如何保障？这样的学生如何管教？这些已成为不得不正视的问题。

　　3. 教师不愿意管教违纪学生

　　在此，不得不讨论 2008 年走上舆论风口浪尖的"杨不管事件"。该事件一出，学校和教师的惩戒权问题才成为人们广泛关注的焦点问题。

　　案例7：2008 年 6 月 12 日，在杨某初一年级的地理课上，有两名学

---

❶　谢毅. 鲁甸一中教育教学秩序恢复正常 [N]. 云南日报，2014-12-18 (5).

❷　罗晓宁. 初二学生校园内喝酒闹事　老师劝阻被打伤左眼 [DB/OL]. 2014-12-25 [2015-03-11]. http://edu.people.com.cn/n/2014/1225/c1053-26275198.html.

❸　张婧艳，邹娟. 三年级小学生课堂发怒打老师 [DB/OL]. 2012-11-30 [2013-03-11]. http://www.dfdaily.com/html/3/2012/11/30/902689.shtml.

❹　佚名. 老师惩罚学生　常州学生家长逼迫老师下跪道歉 [DB/OL]. 2012-02-01 [2013-03-05]. http://hb.qq.com/a/20120102/000579.htm.

生在课堂上因座位纠纷发生冲突，进而相互扭打到一起约 1 分钟。当时，杨某在发现后批评道："你们要是有劲儿，下课到操场上去打。"怎料此次打架诱发了其中一名学生的潜在疾病，该学生最终不治身亡。❶ 此事一经报道就轰动全国，杨某被网友冠以"杨不管"的代号。

案例 8：随着有关"杨不管事件"报道和讨论的深入，2007 年 12 月该校教师崔某因管教学生被砍断 4 根手指的事件被报道出来。该事件的起因是崔某批评一名迟到的初中生时，被该生用桌子上的录音机把崔某戴着的眼镜砸到地上，并用脚踩碎。崔某遂让其第二天请家长来学校沟通。没想到第二天该生不是请家长到校，而是带着刀冲进教师办公室，将崔老师的 4 根手指砍断。❷ "要不是老师用手挡一下，他的脑袋就会劈成两半。"❸

这两个案例联系密切。站在担忧人身安全的角度，杨某后来自我辩护说"我认为我已经尽到责任了"具有一定的正当性。但事情真的就这样简单吗？杨某真的就是"无辜的"？他的从教名声——"脾憨老师"说明"他平时上课就只顾着上课，对学生讲话或者睡觉这些小动作不管不问"——在多个媒体报道中被相互印证❹，说明杨某本身的从教观念也存在很大的问题。教书不育人，杨某并非真的就"尽到责任"了。简单说，杨某一直处于"免费搭公交"的状态，在维护学校的教育教学秩序，促进学生言行的社会化方面没有积极作为，没有尽到教育责任。"杨不管"的帽子扣到他头上是偶然中的必然。

笔者曾在田野调查中发现：有个别科任教师在授课时为班级课堂纪律差的问题大为恼火，但他自己却不整顿班级的教学秩序，而是去找班主任"反映"情况："你们班的课堂秩序太差了！需要下重手，要'严打'整顿！"问题是：课堂仅仅是班主任的课堂吗？难道科任教师自己上课时的课堂纪律差，

---

❶ 何宗渝，王圣志."杨不管"事件：老师被调离岗 校长被免职 [N]. 新华每日电讯，2008-07-17（1）.

❷ 王晓顺，王圣志，张建新."杨不管"事出有因，老师应有"惩戒权" [N]. 新华每日电讯，2008-11-12（2）.

❸ 陈凤. 杨不管首次开口 叫我"杨不管"是对我的侮辱 [DB/OL]. 2008-07-17 [2014-10-28]. http://www.dahe.cn/xwzx/sz/t20080717_1347698_1.htm.

❹ CCTV《大家看法》栏目. 中学课堂同桌打架一人死亡 老师还在上课 [DB/OL]. 2008-06-30 [2014-10-30]. http://news.xinhuanet.com/video/2008-06/30/content_8463736.htm. 关于所谓"杨不管"老师的一些情况 [DB/OL]. 2008-07-16 [2014-10-30]. http://bbs.hefei.cc/3g/thread-2208360-1-1.html 等。最早采访、探察事件真相的合肥《广报》的记者鬼蓝也有报道。

其自身原因不是主要原因吗？教书育人是每一位教师的神圣职责。向班主任告状、诉苦的本质是在推卸责任。

4. 少数教师惩戒时我行我素

尽管体罚、变相体罚已经被舆论反复批判，也被法规政策明文禁止，但是教师在管教学生时，体罚、变相体罚事实上仍然存在。同时，教师还发明了各种尚未被批判或禁止的惩戒方式，打法规和政策的"擦边球"。

> **案例 9**：2013 年 6 月 20 日，连云港东海县白塔中心小学中埠完小的数学教师陈某在班上辅导学生的数学作业时，女生包某因做错题目令陈某异常生气。陈某先是命令该女生自己打自己耳光 30 次，后来又让一名男生打她耳光 30 次，致其脸部红肿。❶

> **案例 10**：2014 年 12 月 17 日，某初中班主任兼英语教师陈某因学生英语题目不会做而采取了脱裤子打屁股的惩戒方式。事后受到学生家长质疑。陈某表示，原来只是想要打手掌给学生点压力，但有学生说"我今天穿了三条裤子怕什么被打"，于是，陈某一气之下才要他们脱裤子打他们屁股的。"就让他们往下拉了一点，内裤也是有的学生自己脱的，有的学生也没有脱内裤。""讲台那里有个电脑桌，刚好挡住了女生的视线，她们是看不到的。"❷

> **案例 11**：2014 年 11 月 29 日，湖南娄底卫校药剂师 1301 班 20 多名同学在上课期间嗑瓜子。班主任发现之后，自费买了 30 斤瓜子，让学生"磕个够"，以示惩戒。有当事学生强调这是惩罚，目的是让学生吸取教训。新闻一出，当事学校领导和教师觉得"做事方法欠妥，值得商榷"，准备道歉。❸

在过去上千年的人类历史中，体罚作为管教未成年人的重要手段，是自然正义的。但在第二次世界大战之后，保障儿童权利的口号兴起，对体罚、变相体罚的批判已经从外在行为转向内在动机。时至今日，不管我国教师动机为何，动手打人已经基本被法律否定❹。然而，禁止体罚、变相体罚是治标

❶ 吉凤竹. 命令答错题学生自打耳光　一教师体罚学生被停职 [DB/OL]. 2013-06-30 [2015-03-11]. http://news.xhby.net/system/2013/06/30/017805648.shtml.
❷ 佚名. 答不上题　多名男生被脱裤打屁股 [N]. 北京青年报，2014-12-21.
❸ 郑羽佳. 罚嗑瓜子学生嗑个够　班主任事后承认欠妥 [N]. 京华时报，2014-11-30 (10).
❹ 依法使用暴力的特殊情形除外，如正当防卫、紧急避险等。

不治本的做法，学校教职工仍然可以钻法规政策的漏洞。问题的关键是要建立能够有效维护师生正当权益的惩戒制度，依法规约学校惩戒活动中的师生言行，否则还会有各种意想不到的惩戒方式出现。❶

（二）以法治回应惩戒乱象

透过现象看本质。虽然以上个案只是中小学阶段种种惩戒乱象的很小一部分，但是都指向了一个残酷的现实：我国既有的中小学惩戒规范"失灵"了。当前的学校惩戒乱象表明：在中小学的惩戒实践中，惩戒的主体、权限、理由、标准、形式、程序、侵权后的救济等方面既缺少应有的法治保障，又缺少普遍共识。问题是：我们应该怎么办？

一方面，中小学应该起到引领作用，将未成年学生的志向和才干与社会主义事业对接；另一方面，中小学应该尽可能排除干扰，确保党和国家的教育目标顺利实现。早在改革开放之初，《中共中央关于教育体制改革的决定》中明确规定："教育要面向现代化，面向世界，面向未来。""所有这些人才，都应该有理想、有道德、有文化、有纪律，热爱社会主义祖国和社会主义事业，具有为国家富强和人民幸福而艰苦奋斗的献身精神，都应该不断追求新知，具有实事求是、独立思考、勇于创造的科学精神。"沧海桑田，世事变迁。党的十八届四中全会以"依法治国"为主题，提出要"建设中国特色社会主义法治体系，建设社会主义法治国家"，并指出"法律的权威源自人民内心拥护和真诚信仰"❷。在中小学阶段，按照法治要求与时俱进地变革惩戒规范，重构惩戒制度是基础教育适应社会发展给学校教育提出的新任务、新要求的必要举措。构建具有法治精神的学生惩戒制度，既有利于践行依法治教，也有利于培养具有法治精神的社会公民。

二、基本概念

以下介绍的基本概念主要是中小学、惩戒和合法性。

---

❶ 此类新闻数不胜数，可参见梁静. 那年，老师的惩罚"很奇葩"？［N］. 海峡导报，2012-11-29（20）. 程韵. 山东济宁一中学生犯错老师惩罚学生买零食［DB/OL］. 2013-12-12［2015-03-11］. http://www.sd.xinhuanet.com/news/2013-12/12/c_118528218_3.htm.

❷ 十八届四中全会提出全面推进依法治国的总目标和重大任务［DB/OL］. 2014-10-24［2015-03-11］. http://news.xinhuanet.com/politics/2014-10/23/c_1112953357.htm.

（一）中小学

中小学是较为复杂的概念，根据语境的不同可以是教育学概念或法学概念，或者兼而有之。作为教育学概念，中小学是指基础教育学段的中学、小学，或义务教育阶段的小学、初中与非义务教育阶段的普通高中、职业中学。作为法学概念，中小学是指具有法人地位的小学、初中、普通高中、九年一贯制学校、完全中学、职业中学，包括上述学校的学校法人代表，以及在上述学校中工作并具有教育、管理和保护学生的法定职责的教职工。为便于行文，中小学为实现其法定职责而由教职工作为学校代表时，我们将其简称为"校方"；若是教职工为履行教育、管理和保护职责而做出的个人行为，我们称之为"履职行为"；若是教职工在上述职责的目的之外做出个人行为，我们称之为"私人行为"。

（二）惩戒

1. 惩戒

劳凯声认为惩戒是通过对不合范行为施与否定性的制裁从而避免其再次发生，以促进合范行为的产生和巩固。[①] 不合范行为又称失范行为。这一概念缺少受惩者作为当事人的视角。因此，惩戒是指基于正当理由对失范行为施加不利影响，以期受惩戒者能够在观念上认识到失范之"规范"究竟为何，从而在行为上戒除失范。

惩戒之"惩"是指"惩罚"；惩戒之"戒"是指"戒除"。惩戒与惩罚的区别主要在于时间向度与目的的不同。惩戒虽发生在当下，却指向的是未来，目的在于促使受罚者避免未来再次出现失范行为。惩罚虽与惩戒一起发生，但指向的是过去，是对过往失范行为所造成不利影响的兑现，是报应的实现形式。惩罚是惩戒实现目标的载体，本质上是为实现社会控制的规训手段之一。

从法学的角度而言，惩戒则是法律主体基于相互之间的法律关系，针对违反特定义务的行为而对行为人采取的管教措施。[②] 在学校教育中，惩戒是指

[①] 劳凯声. 变革中的教育权与受教育权：教育法学基本问题研究 [M]. 北京：教育科学出版社，2003：376.

[②] 高武平. 论大学惩戒权与学生受教育权的冲突与平衡 [J]. 甘肃政法学院学报，2004（4）：71-76.

"学校或教师为达成教育的目的，借由物理上的强制力或心理上的强制力，对于违反特定义务之学生，所采取的非难性或惩罚性的措施，学生因此受到某种在利益或精神上、身体上之痛苦"❶。

2. 中小学惩戒

中小学惩戒是指中小学校方依据法定职权，针对学生在校期间的失范行为而对行为人采取的，对行为人而言具有不利影响的管教措施，以期其在观念上认识到规范并在行为上予以戒除失范行为。

管教主要是指"管理和教育"，英语为 discipline。

管教在《现代汉语词典》中有两个解释：一是约束教导；二是管制并劳教。❷ 在我国的法律处罚方式中，"管制"是指不对犯罪分子进行关押，却又限制其一定自由，由公安机关或人民群众予以监督改造的刑罚❸；"劳教"是"劳动教养"的简称，指"我国法定机关依法对有违法犯罪行为、不够或不宜给予刑事处罚的人，实施的强制性教育改造的行政措施"❹。可见，"管制和劳教"是法定机关针对专门违法犯罪分子采取的惩戒措施，而学校不在其列。因此，校方能对中小学生的失范行为采取的管教措施不能是"管制并劳教"，而是"约束教导"。

"约束教导"又可细分为"约束"和"教导"两个意思。约束是在管理意义上而言的，教导是在教育意义上而言的，是管教行为所应当具备的双重功能。

Discipline 的含义非常丰富，作为名词时处于意思中心区域的含义有四个：①the practice of training people to obey rules and orders and punishing them if they do not; the controlled behaviour or situation that results from this training. ②a method of training your mind or body or of controlling your behaviour; an area of activity where this is necessary. ③the ability to control your behaviour or the way you live, work, etc. ④an area of knowledge; a subject that people study or are taught,

---

❶ 韩兵. 高等学校的惩戒权研究 [M]. 北京：法律出版社，2014：3. 周志宏：教育法与教育改革 [M]. 台北：台北稻香出版社，1997：369. 沈岿. 析论高校惩戒学生行为的司法审查 [J]. 华东政法学院学报，2005（6）：24-34.

❷ 中国社会科学院语言研究所词典编辑室. 现代汉语词典 [M]. 北京：商务印书馆，2002：466.

❸ 高铭暄，王作富，曹子丹. 中华法学大辞典·刑法学卷 [M]. 北京：中国检察出版社，1996：276.

❹ 杨春洗，康树华，杨殿升. 北京大学法学百科全书·刑法学·犯罪学·监狱法学 [M]. 北京：北京大学出版社，2001：482.

especially in a university.❶ 这些意思译成汉语分别是：①对人进行的服从规则和命令的训练实践，若不服从，就施以惩罚；通过这种训练可以让人的行为或状态处于被控制的状态。②训练思想、身体或控制行为的方法；需要训练的领域。③控制行为或生活、工作等图式的能力。④知识领域、学科。福柯将其所著《规训与惩罚》的英文名定为"discipline and punish"，把 discipline "用以指代近代产生的一种特殊的权力技术，既是权力干预、训练和监视肉体的技术，又是制造知识的手段"❷。

与惩戒相对的是奖励，都是管教措施。不过，惩戒与奖励之间并没有客观清晰的分界线。中小学惩戒的关键在于让有失范行为的学生认识到外界判定其"失范"的标准——规范。这需要经历一个从外在约束转变为内部自律的过程。

(三) 合法性

合法性是政治学和法学领域中长期讨论且无定论的核心主题之一。❸ 在政治学中，是指权威支配的有效性❹。这种有效性归根结底在于公众是否同意，是否愿意服从。准确地讲，政治学中的合法性应当为"正当性"；在法学中，合法性是指"合法律性"，即行为人的行为或状态必须符合法律的规定；它与政治学中的正当性源自公众同意与服从的逻辑相反，"合法律性"考察的是行为人的行为或状态是否获得了法律的准许或者同意。

本书采用"合法律性"的说法。主要理由有三个：一是当下的话语背景已经是现代乃至后现代，是理性至上的时代。当下，法律已经成为实现社会控制的各种规范中的佼佼者、垄断者，被称为"非人格的理性化秩序"（韦伯语）。二是"合法律性"本身是一套复杂的话语系统，包括形式合法性与实质合法性❺。其中，形式合法性使法律具有安定性、确定性和操作性，实质合法性既能与形式合法性实现相互转换，又具有与政治正当性一样的开放性、包容性。政治正当性可以经由实质合法性的论述得到证成。三是我国大力推进

---

❶ 牛津高阶英汉双解词典 [M]. 6 版. 北京：商务印书馆，2004：482.

❷ [法] 米歇尔·福柯. 规训与惩罚 [M]. 刘北成，杨远婴，译. 北京：生活·读书·新知三联书店，2007：375.

❸ 其他学科如哲学、伦理学、社会学等也关注此主题，但没有成为核心主题。

❹ [德] 马克斯·韦伯. 经济与社会（第一卷）[M]. 阎克文，译. 上海：上海人民出版社，2010：318.

❺ 形式合法性与实质合法性是本文的核心概念，将在后文予以细致论述。

法治国家建设，用法治来维护和提升政治正当性是大势所趋。政治正当性的精髓在于是否得到人民的支持与拥护。当前，市场经济和改革开放带来的社会多元化浪潮❶正在不断冲击党和国家的治理秩序，"法治"在消除特权、保障人权、促进平等自由、维护社会秩序等方面所具有的刚性和安定性将有助于消除政治正当性危机。

1. 合法性之"法"

此处的"法"是指人们行动所服从的社会规范，分为形式的法和实质的法。

所谓形式的法，主要是指"本本上的法"、制定法。分为狭义和广义两类。狭义的"法"是指制定法，由享有立法权的特定机关按照特定程序颁行的法律、行政法规、行政规章、地方法规、地方规章等规范性文件。这些规范性文件在司法活动中可以被明文引用为"判案根据"或"断案依据"，由国家暴力机关保障实施。广义的法是指由相关主体颁行，在某集体内部适用、对集体成员具有约束力的各种明文规定。比如，各级不具有立法权的政府机关颁行的"其他规范性文件"、学校校方颁行的校规校纪、班级内部制定的班规等。

所谓实质的法是指"活法""实际的法"。这种"法"能够运转的动力之源在于群体成员的共识或认同。实质的法包括风俗习惯、道德伦理、理论学说乃至"潜规则"等。实质的法扎根于人们的生活世界，既是不同主体间利益博弈的结果，也是狭义的"形式之法"的源头活水。形式法偏离了实质法，可能在一时一地因强制力得以贯彻执行，但终究会因脱离群众生产生活而丧失生命力，逐渐被弃置于历史的垃圾篓里。

须指出的是，不管是何种"法"，均只是人作为主体的主观意识见诸客观

---

❶　市场经济是竞争为主导的资源分配模式，市场竞争会导致生产资料所有制多元化、市场主体多元化。经济基础决定上层建筑，多元化浪潮已从经济领域扩散到政治领域。同时，西方敌对势力借改革开放不断渗透其意识形态，不断抹黑中国，试图破坏中国和平崛起的进程；加上少数党和国家的工作人员脱离群众，出现"四风"（形式主义、官僚主义、享乐主义和奢靡之风）给党和国家的治理带来现实困难。教育部《关于进一步加强和改进新形势下高校宣传思想工作的意见》已明确提出："意识形态工作是党和国家一项极端重要的工作，高校作为意识形态工作前沿阵地，肩负着学习研究宣传马克思主义，培育和弘扬社会主义核心价值观，为实现中华民族伟大复兴的中国梦提供人才保障和智力支持的重要任务。"参见中共中央办公厅、国务院办公厅印发《关于进一步加强和改进新形势下高校宣传思想工作的意见》[DB/OL]. 2015-01-19［2015-03-11］. http://news.xinhuanet.com/edu/2015-01/19/c_1114051345.htm.

世界的"自我立法"，是力求符合客观规律的经验之法，不是客观规律本身。❶ 这种"人之法"是人主观能动性的产物，因特定历史时期人的认识能力和实践能力的不同而具有不同的特点，故只能无限接近事实本身，谬误的可能一直存在。这要求"人之法"不能脱离实际，不能违背客观规律，要在理想与现实之间寻求历史的统一。

2. 合法性之"合"

合法性之"合"是评价对象与评价标准之间的一致性。本书的评价对象是指中小学惩戒行为，包括履职行为和私人行为；评价标准则是指规约中小学惩戒行为的"人之法"，包括形式的法和实质的法。

在寻求合法性之"合"之前，我们需要尽可能充分地认识评价对象，避免认知失之片面；同时，评价标准需较为明确，要理顺形式之法与实质之法之间的关系。因为信息不足，获取信息又需要各种成本，加之自然人的理性有限，处理信息的能力有极限；所以人对客观事物、客观规律的认识能力是有限的，不可能完全把握认识对象本身，也不可能建立一个全面有效的评价标准。

我们只能退而求其次，尽可能寻求某种确定性和精确性。

(1) 合法性之"合法"与"不违法"并不一致

对于民事行为而言，"法不禁止即为允许"，只要"不违反法律的禁止性规定"就可以；"合法"就是"不违法"。对于履行公职的行为而言，由于评价对象享有"公权力"，评价标准陷入另一个逻辑——"法不允许则禁止"；即是说履职行为不仅不能违反法律的禁止性规定，而且要符合法律的授权性规范。以我国教育法规对中小学惩戒的态度为例，法规的态度从严厉禁止到积极提倡分别有：

第一，明文严厉禁止。如否认以体罚与变相体罚为惩戒形式的正当性："不得歧视学生，不得对学生实施体罚、变相体罚或者其他侮辱人格尊严的行为，不得侵犯学生合法权益。"（参见《义务教育法》第 29 条、《未成年人保护法》第 21 条）

第二，明文禁止但允许特定条件下使用。比如学校管教有严重不良

---

❶　不管是自然科学还是社会科学，均非客观规律本身。它们都只是人类因生产生活的需要而被人建构起来的"人之法"。

行为学生的例外情形："对于在学校接受教育的有严重不良行为的未成年学生，学校和父母或者其他监护人应当互相配合加以管教；无力管教或者管教无效的，可以按照有关规定将其送专门学校继续接受教育。"（参见《未成年人保护法》第 25 条）

第三，明文允许但限制了使用条件。如班主任的批评教育权："班主任在日常教育教学管理中，有采取适当方式对学生进行批评教育的权利。"（参见《中小学班主任工作规定》第 16 条）

第四，明文倡导，鼓励使用。如对违法犯罪的未成年人的教育改造："国家、社会、家庭、学校及其他教育机构应当为有违法犯罪行为的未成年人接受教育创造条件。"（参见《教育法》第 39 条）

经由上述第一点到第四点，我们可以清晰地看到，教育法规对中小学惩戒的态度转变——从严厉禁止到积极提倡有"过渡区域"❶。这提示我们在分析中小学惩戒的时候不能抱有非黑即白、非此即彼的极端化思维；我们需要进一步探寻立法原意，在具体情境中酌情考量中小学惩戒的正当性。如果说第一点的"严厉禁止"作为司法活动的评价标准尚且明确的话，那么从第二点到第四点的评价标准就趋于模糊，甚至难以捉摸。比如，何谓"创造条件""适当方式"？那么，我们又应当采取何种评价标准呢？在这样的条件下，法律文本之外的考量则成为影响判定"合法"还是"不违法"的关键所在。以"适当方式"为例。这种规定具有一种开放结构，即允许教师在履职行为中享有自由裁量权。可是，当教师"批评教育"学生时，在师生私下的批评教育、班级内部的通报批评、全校范围内的通报批评这三种批评方式之间，何种方式才属于"适当方式"的范畴呢？用眼睛瞪学生、用书拍学生背、罚站、罚跑步等行为是不是"批评教育的适当方式"呢？这需要以专业知识为基础才能作出专业判断，法官会因为缺少专业背景而无法对"适当方式"作出合理的实质性司法审查。如果说惩戒是对有失范行为的学生施加不利影响，那么选择严格的审查标准是最有可能实现保障学生正当权益的目标的，可是审查标准在哪里呢？由此，形式的法并非总是滴水不漏地提供"唯一正解"。我们不得不将目光从形式的法转向实质的法，以人们在事实上认可和服从的社会规范为评价标准。

———————————

❶ 教育是一个规范概念，"教育是有目的的培养人的活动"表明教育是有价值取向的，不然目的何来？在教育活动中，没有中立的立场，即没有既不肯定也不否定的立场。不否定就是支持。

（2）"形式的法"与"实质的法"并不总是协调一致

"形式的法"与"实质的法"之间不能协调一致的首要原因在于规范事实与客观事实之间的不一致。在制定法中，"形式的法"是将各种经验性的具体事实进行类型化、抽象化的加工，以便提炼出事实之间的共同之处后进行批量处理的规则体系。这意味着"形式的法"是以过往经验为基础，经过某种价值体系的"裁剪"之后才形成的。但是，人的经验并不能涵盖所有客观事实，所发现的"事实"注定只能是片面的、碎片化的。同时，人在加工处理既有经验时，是有特定价值取向的；即是说被人"制定"出来的规则成为规范之后，就形成了"封闭结构"，再从客观事实中获取的事实就是"规范事实"。客观事实发生的新变化并不能及时被规范事实所处理。比如，说"这个问题到目前为止还没有法律规定"，实际上指的就是"形式的法"没有对此作出明文规约，但事实上并非就真的没有处理办法。"实质的法"会调动各种法律渊源，如惯例、道德伦理等，哪怕是探索性的"摸石头过河"，来处理所遇到的新情况。这也是法律规范存在滞后性的根本原因所在。

"形式的法"与"实质的法"之间不能协调一致的另一个重要原因是不同规范之间存在分歧乃至冲突。以体罚学生的处理为例。《教师法》第37条规定："体罚学生，经教育不改的""由所在学校、其他教育机构或者教育行政部门给予行政处分或者解聘"。这一"形式的法"规定了适用前提：体罚学生后首先对有体罚行为的教师进行教育，若教师不改正则再给予进一步行政制裁。且不说"经教育不改"究竟如何断定尚缺乏官方的法律解释；就学校、其他教育机构或者教育行政部门享有的较大的自由裁量权而言，如何行使自由裁量权也缺乏"形式的法"对其进行的规定。在这样的情况下，就只能依靠责任裁定者的主观判断了。然而，以学校、教育行政部门为主的责任裁定主体在体罚问责过程中，不仅各方意见存在分歧，而且明显有违公平。

权衡体罚所需承担的责任时，应主要考虑体罚时教师的主观恶性、体罚手段的残忍程度，以及对学生身心造成伤害的严重程度，尽量按比例原则给予客观公允的处罚。但是在体罚问责的个案中，责任裁定五花八门，较为随意。以教师打学生耳光被体罚问责的案例为例。

案例12：2012年5月，北京市丰台区某小学教师鲁某因三年级某男生未完成作业连续打了该生四五个耳光；该生被医院诊断为"患者身外伤（左）"；民警将鲁某的体罚行为定性殴打他人，处以行政拘留10日，罚款500元的处罚；丰台区教委后期还会对鲁某和学校给予一定处罚。❶

案例13：2012年11月，青海省西宁市某中学教师张某因初二年级某男生未完成作业而在两分钟之内打了该生八个耳光，拉该生的手在讲桌上击打两次，并将课本摔打在该生脸上；学校对张某作出了停课反省的决定，青海省教育厅对该校及张某给予全省通报批评。❷

案例14：2013年9月，四川省泸州市某中学教师孙某在某生递交《检讨书》时打了该生四五个耳光并导致该生流鼻血的缘故，在21天里向该生及其家长道歉12次，赔偿1.3万余元，被处以行政警告处分，在全镇教职工大会上作书面检讨，绩效考核一票否决。❸

通过上述三个案例，我们已经可以清晰地看到：责任裁定主体有学校、区县一级的教育行政管理部门、公安机关、省教育厅，问责形式有行政拘留、通报批评、停课反省、行政警告、书面检讨、绩效考核一票否决、赔礼道歉、经济赔偿等。请问不同主体之间的权责界限在哪里？选择某种问责形式的标准是什么？

这是被问责的一面，还有不被问责的一面。与上述三个案例相反，在现实中有的教师在体罚学生后则能轻易规避责任，受到上级管理人员的祖护或学生家长的支持。

案例15：某小学教师在课堂上长期体罚多名学生，而且曾用过一米多长的木棍。但该校校长认为问题不严重，只是扣发了50%的教学奖，并认为记者采访是在无理取闹；记者在校门口试图采访时遭到校方人员的推搡、阻挠。❶

案例16：武汉某校六年级教师曹某因批评一名六年级很调皮的男生时遭该男生顶嘴，气急之下用教鞭教训了该生几下，最后一鞭打在该男生的脖子上。事后曹某因家长告状之故可能被开除。全班36名学生中有

❶ 佘韵卿. 学生没写作业老师连扇耳光［N］. 京华时报，2012-12-25（18）.
❷ 佚名. 青海全省通报老师打学生事件——西宁教师两分钟抽学生8耳光，学生家长表示没意见［N］. 京华时报，2012-11-22（A28）.
❸ 张柄尧. 21天12次，一个打人老师的道歉路［N］. 成都商报，2013-10-14（7）.
❶ 佚名. 老师长期体罚多名学生 校方祖护消极处理？［DB/OL］. 2013-11-23［2014-01-19］. http://www.s1979.com/shenzhen/201311/23107441623.shtml.

25 名学生的家长到校求情，望学校收回成命。校方回应说会充分考虑家长们的意见。❶

体罚已经被法律明文禁止，但为什么责任裁定主体有的选择追责，有的选择不追责呢？为什么有的利益相关主体在当事教师被追责之后为其求情呢？这表面上是"形式之法"在执法环节的冲突，深层原因则是"实质之法"的考量。

（3）需要就个案的具体情况审慎斟酌

"形式的法"，特别是"本本上的法"，在没有人运用的时候就是"死法"，需要被人在个案分析中具体运用才能成为指导和规约人们言行的"活法"。同时，即使"形式的法"被人具体运用，但当面对法律条文本身模糊不清，或者法条不能有效规制的新情况、新变化或者"疑难案件"，不同主体间的争议就会接踵而至。怎么评判才是"合法"的？"实质的法"拥有了发言权。为此，哈特提出的"承认规则"，即将事实上存在的非法律规范转变为法律规范；凯尔森则提出了"个别规范"，认为人们的习惯可以经过立法行为、司法行为、行政行为、私法行为等法律行为被创制成"个别规范"，从而成为制定法的一部分。这提醒我们：合法性的评判不能脱离具体的案情，不能背离人们的共识，需要就个案的具体情况审慎斟酌，反复考量，以期寻求各方均服从的裁定方案。前文中教师体罚学生之所以存在各方意见的严重分歧，关键就在于各方遵守的"实质的法"有着不同的价值取向和行为逻辑。而只有深入到争论的事实之中，去就事论事地讨论、交流，了解各方意见和意图，才可能形成各方均愿意服从的惩戒方案。

3. 合法性之"性"

合法性之"性"是属性的简称。属性"指事物固有的特征、特性或特点"，"只有在事物相互联系、相互作用中方能表现出来。属性是多方面的，人不可能认识事物的全部属性，根据研究的需要，可以分为本质属性和非本质属性，主要属性和次要属性。本质的、主要的属性表现的是事物本质的、主要的质；非本质的、次要的属性表现的是事物的非本质的、次要的质。非本质的、次要属性的变化，在一定的限度内不会引起事物的主要的质的改

❶ 尹勤兵. 老师鞭打学生面临开除处分　家长联名求情 [N]. 武汉晨报，2012-02-25 (A06).

变"❶。这基本上是一种静态的描述，合法性之"性"本身具体是什么则需要人去认识和提炼。所以，我们讨论中小学惩戒的合法性，既是对"合法"之评价标准本身的梳理，也是中小学惩戒在评价标准的各种指标中所达到程度的评判。在评价标准的建设方面，我们要善于借鉴法学已有的理论成果，结合中小学惩戒的实际情况加以利用改造。在评价标准的运用方面，如果中小学惩戒"不合法"，那么对其改造的过程就是从"不合法"到"合法"的过程；如果中小学惩戒本身合法，那么对其进行调整就是维持或提升其合法性程度的过程。即是说，合法性之"性"还存在一个动态的质变与量变的变化过程。总之，这个改造、调整的过程是"在动态中不断发展的状态"，即"合法化过程"，而改造、调整的结果——合法性则是"相对静止的状态"。

三、文献述评

本书资料的收集途径以 CNKI（包括学术期刊网络出版总库、优秀硕博论文全文数据库、工具书出版总库、重要报纸全文数据库）、国家图书馆官网为主，兼有 westlaw-intiernational、google-scholar 等外文数据库；此外，还有因特网其他资源的浏览与收集。文献资料搜索方式以主题词为主，包括"惩戒""惩罚""合法""学生""学校""中小学""教育"等关键词，按照与"中小学惩戒"的相关程度进行甄别和筛选。经筛选后，搜到的相关度较高的文献资料主要来自教育学、法学，次之为政治学、社会学；文献资料大致可分为三类：第一类是著作，约 10 册；第二类是硕、博士论文，约 75 篇；第三类是中文核心和 CSSCI 期刊论文中的论文，约 100 篇；刊载于报纸、门户网站等载体的社论若干。此外，还有少数英文论文或研究报告。结合本书的研究设计，笔者对这些文献资料的关注点作了进一步梳理，对学术观点做了择要式的归纳和总结。

（一）文献综述

当前，有关中小学惩戒合法性的研究主要集中在三个方面：一是中小学惩戒合法性的证成研究，即为中小学惩戒制度存在的合理性、必要性提供辩护的研究，相当于实质合法性研究；二是中小学惩戒制度的设计研究，即如何分配惩戒权，如何协调惩戒权与其他权利（力）、义务关系的研究，相当于

---

❶ 廖盖隆，孙连成，陈有进，等. 马克思主义百科要览（上卷）[M]. 北京：人民日报出版社，1993：258.

形式合法性研究；三是中小学惩戒的实践运用研究，即在中小学阶段，校方管教学生时运用惩戒的具体情形的研究，相当于验证性研究。

1. 中小学惩戒合法性的证成性研究

王辉认为惩戒的价值基础有正义、秩序和教育性。❶ 他在梳理儿童权利发展史的基础上探讨了惩戒从传统到现代的转变，认为惩戒是儿童社会化和社会个体化的试误过程中遇到障碍后可以采取的必要措施之一，根据"依法治教"的要求，可以使教师的惩戒权变得有章可循、有法可依，从而防止权力滥用并去除传统惩戒方式的种种弊端。他认为，现代教育要走上法制化轨道，就需要遵循法治要求；既然用法律来规制校园惩戒活动，那么对惩戒权来源的法定性和运行的合法性作出安排也就理所当然。❷ 钟勇为从多个学科角度分析了中小学惩戒立法的必要性：从法学上讲有助于培育依法治教的氛围，从社会学上讲有助于以一种合法强加的权利形式实施符号暴力，从心理学的角度有助于消除教师的职业倦怠，从政治学的角度有助于维护社会秩序和保障社会稳定。❸

檀传宝从教育史、教育思想史、文化与法规、逻辑与伦理等角度阐释了惩戒所具有的教育意义，但同时指出，惩戒要实现教育意义需要一定条件，不能将惩戒施行中出现的问题与惩戒的教育意义混为一谈。❹ 杨天平回顾了我国历史上教育中存在的惩戒文化，认为惩戒是与特定的历史条件相适应的，是教育的伴生物、手段，有着自身的发展规律。鉴古知今，惩戒本身是价值无涉的，人们要务实、宽容、平和、全面地看待惩戒。❺ 张益刚则认为惩恶扬善是惩戒权产生的人性动因，官师合一是惩戒发展的制度背景，私权公权化是社会心理认同的基础，是家长"教令权"想当然转让为教师惩戒权的结果。从法理上讲，教育惩戒权应当属于委托性权力，应从法律上予以规制。❻ 陈刚认为惩戒所依据的人性假设是人在物质、精神、集体、自我方面的需求，追求物质与精神、个性与共性、感性与理性、他律与自律的统一，因此可以衍生出身体惩戒、实物惩戒、学业惩戒、精神惩戒、集体惩戒、自我惩戒六种

❶ 王辉. 论学校教育惩戒的价值基础 [J]. 教育理论与实践，2004，24（12）：14-18.

❷ 王辉. 论教师的惩戒权 [J]. 教育研究与实验，2001（2）：35-39.

❸ 钟勇为. 从多学科视角审视教师惩戒权立法的必要性 [J]. 教学与管理（中学版），2012（2）：38-40.

❹ 檀传宝. 论惩罚的教育意义及其实现 [J]. 中国教育学刊，2004（2）：20-23.

❺ 杨天平. 中国古代的教育惩罚及启示 [J]. 教育科学，2009，25（1）：24-27.

❻ 张益刚. 教育惩戒权的起因与属性分析 [J]. 齐鲁学刊，2005（4）：123-126.

惩戒类型。❶

　　向葵花认为惩戒是教育不可缺少的组成部分，通过惩戒可以杜绝学生不良行为的产生、繁衍和恶化，有助于培养学生的法律观念和责任意识；惩戒是教育回归生活的现实需要，相较于赏识教育而言，惩戒带给学生的是痛定思痛过程中的启发与锻炼，有助于提高人的心理素质。她指出，除了将惩戒与体罚、变相体罚等同的错误观念之外，还有与表扬对立、片面夸大惩戒的负面作用等认识误区；认识误区导致人们在实践中抵制惩戒、片面鼓励和表扬、消极不作为等恶劣影响。因此，惩戒的合理价值必须被人们认识并落实到实践中。❷ 鲍琳认为惩戒可以起到矫正、塑造、威慑、"明法"的道德规范功能，是教育权不可或缺的一部分。❸ 刘继萍认为教师惩戒权具有正当性。她认为惩戒是维护秩序、追求自由、获得教育利益的必要手段，教师作为国家的"委托人"理所当然地具有惩戒权。惩戒权是公权力，指向学生的违规行为，旨在保护和教育违规学生，只是在实践中因"公权私化"、自由裁量行使不当和强权的原因出现了惩戒权的异化现象，出现惩戒失当的原因不在于惩戒权本身。❹ 施丽红、吴成国认为惩戒是教师教书育人、行使教育权、对学生实施评价的需要，也是"以人为本"的体现，惩戒权的存在是必然的。❺

　　余雅风、蔡海龙批判了将惩戒等同于体罚或变相体罚、惩戒就是侵犯学生权利的错误观念，指出惩戒是教育活动的内在要求和必要组成部分，既是教育学生的必要手段，又是维持学校正常教育秩序的重要管理措施；而这些举措为学生受教育权的充分实现提供了可靠保障。❻ 姜华也对一些惩戒认识的

────────────

　　❶ 陈刚. 人性论视野下的教育惩戒研究 [D]. 重庆：西南大学，2007.

　　❷ 向葵花. 重新审视惩戒教育 [J]. 中国教育学刊，2004 (2)：27-28. 类似观点还有：董新良，李玉华. 关于基础教育阶段教育惩戒的实践与思考 [J]. 教育理论与实践，2006，26 (8)：17-20. 喻益杰，徐春庆. 教育惩戒的合理性辩护 [J]. 学校党建与思想教育：下旬，2011 (5)：58-60. 史延虎. 教育需要规范的惩戒制度 [J]. 教学与管理（小学版），2013 (3)：17-18. 秦郁. 教育惩戒管理条例亟待制定 [J]. 教学与管理（中学版），2006 (2)：25. 鲁潇. 中学德育中教育惩戒的作用研究 [D]. 武汉：华中师范大学，2013. 缪海娟. 关于小学教师惩戒问题的研究 [D]. 苏州：苏州大学，2010. 周冬梅. 论教育惩罚 [D]. 长春：东北师范大学，2006.

　　❸ 鲍琳. 教师惩戒权的运用对中学生道德言行规范功能的研究 [D]. 南京：南京师范大学，2007.

　　❹ 刘继萍. 论教师惩戒权之正当性及其异化 [J]. 教育学术月刊，2009 (6)：54-57. 类似观点还有：赵明录，江雪梅. 中小学教师惩戒权的正当性分析 [J]. 江西教育科研，2007 (7)：57-59.

　　❺ 施丽红，吴成国. 论教师惩戒权存在的必要性及实施 [J]. 当代教育科学，2006 (4)：34-36.

　　❻ 余雅风，蔡海龙. 论学校惩戒权及其法律规制 [J]. 教育学报，2009 (1)：69-75. 类似观点还有：吴学忠. 谈教育管理中的惩戒教育 [J]. 教育探索，2009 (4)：59-60. 郭建耀. 当前学校惩戒教育及其完善策略 [J]. 教学与管理，2008 (30)：29-31.

误区进行了批判。比如，放弃惩戒、将惩戒等同于道德谴责、体罚或变相体罚、教育暴力等。他认为对学生而言，惩戒有助于培养学生的法律意识，促进学生顺利实现社会化，促进学生勇敢面对挫折和生活中不完美的一面，进而有助于学生全面发展；对学校而言，有助于维护正常的教育秩序。❶ 申素平、李瑞玲认为科学有效的学校惩戒制度有助于规范惩戒权，可以保障学生权益，避免校园纠纷。❷

蔡春认为"纪律/惩罚"产生于教育系统维持自身内部秩序的需求，目的是把冲突的范围、程度限制在最小的可能性之中。惩罚意味着权力关系的破灭与重建。制度化的学校科层体系、学校纪律的契约性质及其规训功能需要以权力为支撑的惩罚。❸ 周晓露、徐晓军认为中小学学生年龄小，自我管理、自我约束能力较弱，"三观"也正处于形成和发展时期，规训教育对约束学生行为，促进学生从他律走向自律是有益的，关键是把握好"度"。❹ 梁东荣认为中小学惩戒存在的合理性在于三点：首先，学生接受教育是权利也是义务。作为义务，学生必须服从国家、社会对其提出的要求。不学习、违反校纪校规、损害他人的受教育权等情形均是拒绝履行义务的行为，教师可以据此实施惩戒。其次，学校制度化催生了学生管理活动，后者要求以惩戒为管理手段。学校制度化使学校变成了目标明确、等级严格的准科层组织，以惩戒来管理和规范学生违反规章制度、损害集体利益、妨碍教育活动等行为是必要的。最后，我国的传统文化、风俗习惯和既有法律制度均未否定教师的惩戒权。❺

刘紫瑛结合科尔伯格的道德认知发展阶段理论对中小学生对"惩罚"的认知发展做了阶段性划分：阶段一为惩罚与服从权威为定向，惩罚是权威的特权；阶段二为工具主义定向，惩罚是报应；阶段三是"好孩子"定向，惩罚是改造过错和恢复名誉的手段；阶段四是法律和秩序定向，惩罚是维持法纪的必要措施；阶段五是社会契约定向，惩罚是个人良心的诉求。针对不同阶段采取不同的惩罚措施有利于提高学生的道德发展水平。❻ 韩月霞在介绍英

---

❶ 姜华. 论教育惩戒及其适用理性 [J]. 教育发展研究, 2012 (13)：115-118.

❷ 申素平, 李瑞玲. 法治视野中的学校惩戒制度 [J]. 中国教育学刊, 2005 (10)：29-32.

❸ 蔡春. 在权力与权利之间 [D]. 广州：华南师范大学, 2004.

❹ 周晓露, 徐晓军. 教育规训的内隐化和扩大化 [J]. 教育研究与实验, 2013 (4)：20-24.

❺ 梁东荣. 教师惩戒权存在的合理性及实施初探 [J]. 中国教育学刊, 2003 (8)：59-62.

❻ 刘紫瑛. 学生的惩罚认知及其发展——兼论惩罚的教育意义 [D]. 上海：华东师范大学, 2009.

国的教师惩戒权时分析了惩戒的理论基础，认为心理学的相关理论有斯金纳的操作学习理论、皮亚杰的认知学习理论、班杜拉的社会学习理论，教育学的相关理论有赫尔巴特的"教育即管理论"、马卡连柯的"惩罚即义务论"、洛克的"荣辱型惩戒论"。❶除此之外，李妮娜还讨论了法哲学的理论基础，分为功利论、报应论和复归论；并认为应建立沟通式的惩戒观，通过受惩戒者与社会"正确价值观"的沟通，使受惩戒者走过"4R"（悔过、改造、补偿、和解）的惩戒经历。❷

何武华认为校园惩戒的学理基础在于惩戒权是教师的基本教育权，是职业权利（力）；惩戒是育人的手段之一，是落实社会规范的一种方式，也是人性复归和高扬的一种表现。他指出社会价值观多元化、"以人为本"被过度泛化和滥用、学校自毁形象、家庭教育观转变和独生子女教育过于"骄""娇"是教师权威式微的主要原因，重申教师惩戒权旨在批判各种错误观念，提供理解和支持教师合情、合理、合法开展教育的抓手。❸

2. 中小学惩戒制度的设计研究

Catherine Y. Kim 认为以前学校惩戒、少年法庭可以不遵守正当程序是因为人们假设审判人员会因未成年人的未来而予以关照，并且其被视为和刑事法庭是不相干的；但是现在联邦最高法院在司法审查活动中开始要求给予学生违纪惩戒、少年嫌疑犯审理以程序性权利。法院还开始评估学校的纪律目的、惩戒程序是否符合法律规定。未来的学校惩戒将被视为法院所塑造的教育工具。❹

李晓燕介绍了美国中小学惩戒制度，指明其制度是按照一系列的法律原则为依据构建的，在形式上有体罚、剥夺参加各种教育活动的机会、强制学籍异动等，学生作为公民享有宪法规定的各种权利，惩戒实施要遵守合法性、公正性、教育性及符合教育目的等要求，在程序上要有通知、听证和申诉等基本正当程序。其有益经验值得参考。❺韩月霞对英国的中小学惩戒制度做了

---

❶ 韩月霞. 英国中小学教师惩戒权研究及启示 [D]. 石家庄：河北师范大学，2011. 类似观点还有：张丽. 教师惩戒权的正当性研究 [D]. 长春：东北师范大学，2011.

❷ 李妮娜. 论学校教育中的惩戒 [D]. 济南：山东师范大学，2007.

❸ 贺武华. 教师惩戒教育权的理性弘扬 [J]. 中国教育学刊，2011 (6)：25-28.

❹ Catherine Y. Kim, Policing School Discipline [J]. 77 Brook. L. Rev. 861 2011-2012. 类似观点还有：Josie Foehrenbach Brown, Developmental Due Process: Waging A Constitutional Campaign to Align School Discipline With Developmental Knowlege [J]. 82 Temp. L. Rev. 929 2009-2010.

❺ 李晓燕. 美国学生纪律惩戒制度研究 [J]. 中国教育法制评论，2013：195-211.

介绍性的比较研究，对中小学教师惩戒权立法的背景、发展历程和具体实施均做了说明，并讨论了可资借鉴的有益之处。❶ 陈洁丽对美国、英国、新加坡以及中国台湾地区的中小学惩戒制度做了介绍性的比较研究，并从教育法制完善的角度提出了借鉴建议。❷ 李军、曹莹雯等对国外惩戒实施的状况做了比较，内容包括惩戒形式、惩戒程序，认为西方发达国家的学校惩戒法制化程度较高，将惩戒活动的双方视为平等主体，明确区分了体罚与惩戒，规定了救济途径，操作性较强，值得我国借鉴。❸

Allison I. Fultz 分析了美国马里兰州停学和开除的基本政策及实施情况后，认为这两种惩戒方式在非裔美国人与残疾人违规时适用不公，呼吁州政府和学区重新评估惩戒的执行效果，为学区提供政策评估和修正建议，以保证与州政策一致，要求地方学区提供替代性教育，强化同辈调解和预防性策略，为教员应对学生违纪的技能提供培训。❹ Lisa M. Pisciotta 反思了"校园枪击案件"给美国学校教育带来的威胁，并建议在执行既有惩戒制度时加强社会主流价值观的教育，使学生能够提升处理社会交往的能力，掌握个人的权利与自由和他人、社会的利益相协调的技能。❺

MarcL. Terry & Amanda Marie Baer 分析了美国马萨诸塞州教师欺凌学生的归责现状，指出这种欺凌行为侵犯了学生的民事权利，但代理人说、替代父母说、公务承担者说均不能成为学生追究学区责任的法理支撑，其只能定性为违反聘用合同的行为；当且仅当教师必须履行合同规定的任务且无其他候选方案时，学区才会为教师的履职过程中发生的欺凌行为负责；要求学区在教师入职前订立明确而细致的聘用合同、对教师岗位候选人的信用及犯罪记

❶ 韩月霞. 英国中小学教师惩戒权研究及启示 [D]. 石家庄：河北师范大学，2011.

❷ 陈洁丽. 学校教育惩戒权的国际比较 [D]. 桂林：广西师范大学，2010.

❸ 李军，曹莹雯. 中小学生惩戒实施状况的中外比较与借鉴 [J]. 当代教育科学，2006（15）：37-38. 类似观点还有：杨柳. 美国残疾学生教育惩戒的司法监控——基于1997年《残疾人教育法》的分析 [J]. 中国特殊教育，2011（10）：22-25. 廖一明. 关于教育惩戒几个问题的思考 [J]. 江西教育科研，2004（7）：38-40.

❹ Allison I. Fultz, Making Kids Toe the Line in the Old Line State：The Disparate Application of Public School Discipline Policies in Maryland [J]. 11 Am. U. J. Gender Soc. Pol'y & L. 175 2002-2003.

❺ Lisa M. Pisciotta, Beyond Sticks & Stones：A First Amendment Framework for Educators Who Seek to Punish Student Threats [J]. 30 Seton Hall L. Rev. 635 1999-2000. 类似观点还有：Emily Bloomenthal, Lisa M. Pisciotta, Inadequate Discipline：Challenging Zero Tolerance Policies as Violating State Constitution Educaion Clauses [J]. 35 N. Y. U. Rev. L. & Soc. Change 303 2011. Lee Gordon, Achieving A Student-Teacher Dialectic in Public Secondary Schools：State Legislatures Must Promote Value-positive Educaion [J]. 36 N. Y. L. Sch. L. Rev. 397 1991.

录作专门调查，在教师入职后开展"何谓欺凌"的在职培训，并将欺凌学生而解聘的条款纳入失业保险范围。❶ Perry A. Zirkel 认为替代父母学说在体罚、学生搜查、学校管理及相关职责以及高等教育阶段的师生关系上已经不适用。❷ Larry Bartlett 从美国法院对学业惩戒的判例中得出，法院不希望干预校方和教师在学生学业评价上的专业权利，但也讨厌校方将学业作为惩戒学生违纪的内容之一。因此，法院的态度是鼓励校方更积极、合理和创造性地解决惩戒问题，而非以学业来要挟学生。❸

Heather A. Cole 和 Julian Vasquez Heilig 认为，校内的青少年法庭提供了解决各种学校违纪问题的新渠道。因为这种法庭不仅直接指向在校学生的违纪行为，而且还间接地影响学生的态度、校园氛围，并最终拓宽了问题学生的矫正体系。❹

申素平、李瑞玲认为我国中小学阶段的惩戒制度尚存在各种问题，需要进一步完善。具体来说，问题主要有：惩戒行为的法律依据无效力，相关法条存在片面、模糊、有争议和适用空白的缺点，法律明文规定的惩戒形式比较匮乏，既影响教育教学活动的开展，也损害了法律权威；惩戒制度不规范，相关惩戒规则存在着不全面、不明确、不合理等问题，也没有采取有效措施平衡惩戒权与学生合法权益的冲突；惩戒监督机制不健全。因此，惩戒制度的建设需在立法上明确惩戒的地位和形式，使学校惩戒制度规定详尽明确；在实施惩戒时要公平合理、程序正当，使学生的合法权利得到保护。❺

余雅风、蔡海龙等认为惩戒权是立法赋予学校或教师的权力，是国家教育权的具体化，具有典型的公法特征❻。可是，教育立法没有对学校惩戒权作出明确规定，既有规定只是对处分权进行了确认；因此惩戒存在形式、内容、

❶ MarcL. Terry & Amanda Marie Baer, Teacher-on-Student Bullying: Is Your Massachusetts School District Ready for This Test? [J]. 5 N. E. U. L. J. 107 2013.

❷ Perry A. Zirkel&Henry F. Reichhner, Is the in Loco Parentis Doctrine Dead? [J]. 15 J. L. & Educ. 271 1986.

❸ Larry Bartlett, Academic Evaluation and Student Discipline Don't Mix: A Critical Review [J]. 16 J. L. & Educ. 155 1987.

❹ Heather A. Cole & Julian Vasquez Heilig, Developing a School-Based Youth Court: A Potential Alternative to the School to Prison Pipeline [J]. 40 J. L. & Educ. 305 2011.

❺ 申素平, 李瑞玲. 法治视野中的学校惩戒制度 [J]. 中国教育学刊, 2005 (10): 29-32.

❻ 余雅风, 蔡海龙. 论学校惩戒权及其法律规制 [J]. 教育学报, 2009 (1): 69-75. 持类似观点的文献资料还有：施丽红, 吴成国. 论教师惩戒权存在的必要性及实施 [J]. 当代教育科学, 2006 (4): 34-36. 陈胜祥. "教师惩戒权"的概念辨析 [J]. 教师教育研究, 2005 (1): 74-77. 蔡文枝, 解立军. 教师惩戒权不得随意放弃和转移 [J]. 中小学校长, 2012 (11): 33-35.

程序、救济途径不明确，未与体罚相区分等问题；同时，处分权所依据规范性文件的效力等级过低，无法有效衔接宪法、教育法对教育权的设定。因此，应当借鉴其他国家的有益经验，在立法中明确惩戒权是教师职业权力的性质和地位，在实体法、程序法方面规定惩戒权的原则、内容、程序及违法惩戒应当承担的法律责任，设计必要的学生权益的救济途径。❶ 除了这些观点之外，姜华认为还有必要增强惩戒的话语权，通过大力宣传在全社会营造支持并监督教育惩戒的良好氛围；为了实现教育目的，要把惩戒和表扬接续起来，巩固惩戒的效果。❷ 向葵花还另外指出家长要提高认识，信任学校教师；学校自身在制定惩戒细则的同时，也要信任乃至激励教师实施正确的惩戒教育。❸ 程莹则认为家长应当适当参与学校的惩戒活动。因为教师的惩戒行为是国家教育权、教师职业的应然要求和监护权部分转移的结果。❹ 李远岱认为应该对体罚与变相体罚作出适当解释，设立专门的矫正学校，提高教师管理水平，营造良好的育人环境。❺

---

❶ 余雅风，蔡海龙. 论学校惩戒权及其法律规制 [J]. 教育学报，2009（1）：69-75. 类似观点还有：施丽红，吴成国. 论教师惩戒权存在的必要性及实施 [J]. 当代教育科学，2006（4）：34-36. 陈聪聪，陈林，曹辉. 教育惩戒的实践困境与新路径探索 [J]. 教育理论与实践，2012（32）：24-26. 初云宝. 中小学教师惩戒权的法律分析 [J]. 中小学管理，2010（3）：21-23. 黄语东. 论制定教师惩戒权实施细则的必要性 [J]. 教育学术月刊，2009（5）：73-74. 于云荣. 教师惩戒权：应从滥施、缺施走向合理 [J]. 教育探索，2009（10）：79-80. 钟勇为，栾海滢. 我国教师惩戒权的法律困境及其成因 [J]. 教学与管理，2011（34）：37-38. 吴开华. 教育惩戒合法化：原则、要求及其保障 [J]. 教育理论与实践，2008（14）：24-25. 罗雯瑶. 中小学教师惩戒权行使的困境和突破 [J]. 教学与管理（中学版），2010（10）：27-29. 廖一明. 关于教育惩戒几个问题的思考 [J]. 江西教育科研，2004（7）：38-40. 陈茶. 中学生教育惩戒问题研究 [D]. 石家庄：河北师范大学，2013. 管娣. "教师惩戒权" 缺失研究——基于教师惩戒使用状况的思考 [D]. 济南：山东师范大学，2007. 廖雯婷. 我国中小学教师惩戒权研究 [D]. 北京：首都师范大学，2013. 杨琦. 我国中小学教师惩戒权探究 [D]. 武汉：华中师范大学，2012. 古威. 学生管理过程中的教育惩戒研究 [D]. 成都：四川师范大学，2011. 陈洁丽. 学校教育惩戒权的国际比较 [D]. 桂林：广西师范大学，2010. 尹甲民. 中小学教师惩戒权立法研究 [D]. 济南：山东大学，2010. 付兴. 法治视野中的教育惩戒研究——以公立中小学为背景 [D]. 北京：中国政法大学，2010. 郑重. 学生惩戒之法律问题研究——以公立中小学为中心 [D]. 北京：中国政法大学，2009. 侯智卿. 浅析中小学教师惩戒权 [D]. 辽宁：辽宁师范大学，2002.

❷ 姜华. 论教育惩戒及其适用理性 [J]. 教育发展研究，2012（13）：115-118. 类似观点还有：王毅. 惩戒教育的效用性研究 [J]. 教学与管理（理论版），2014（5）：86-88. 陈志超. 对惩戒教育现实困境的审视及对策 [J]. 教育探索，2014（7）：76-78.

❸ 向葵花. 重新审视惩戒教育 [J]. 中国教育学刊，2004（2）：27-28.

❹ 程莹. 异化与回归：教师惩戒行为的正当性辨择 [J]. 现代教育管理，2014（2）：45-48. 类似观点有：程莹. 论教师惩戒行为的正当性——惩戒德性之异化与回归 [J]. 教育科学研究，2014（3）：28-31.

❺ 李远岱. 中学教育过程中惩罚现象探析——基于深圳市罗湖区的研究 [D]. 上海：华东师范大学，2005.

王辉讨论了教师在行使惩戒权的过程中出现的侵权情形及救济办法。他认为惩戒权作为教师在管理学生时所拥有的职业权力，其直接依据是校纪班规，而校纪班规必须合理合法，尊重学生的合法权益；惩戒主体、惩戒对象、惩戒手段需公允恰当；不应以学生合法权益缺损为代价。教师惩戒侵权表现为实体性权利缺损和程序性权利缺损，造成的侵权后果可以分为惩戒不当和惩戒性侵权。惩戒不当要纳入行政渠道进行救济，适用于追究直接责任人员承担行政法律责任，附带承担民事法律责任。惩戒性侵权因超出惩戒权允许的范围和条件，应视为个人或团体的侵权行为，适用于追究直接责任人员的民事责任或刑事责任。我国现有的救济途径不明确，除触犯刑律之外，行政性质的学生申诉制度、民事性质的司法诉讼制度都还存在各种问题，无法实现有效救济。因此，他建议健全监督制度，明确救济的具体途径（包括学生申诉制度、司法诉讼制度），建立非行政性中介仲裁咨询性组织，对惩戒纠纷进行调节和仲裁。❶ 王红林在此基础之上进一步提出引入教育调解制度、行政复议制度。❷

高杭认为，当前调整教师惩戒学生的法律规范主要由民事法律来规范是不充分的。虽然这些民事法规在一定程度上起到了保护学生合法权益和划定惩戒权行使边界的作用，但是在没有侵权的情况下，既有民事法规无法规制教师过度滥用又有消极怠用惩戒权的情形。因此，需要行政法的介入。可是，尽管教育法规对教师惩戒权有一些规定，但是存在诸多不足，比如，过于模糊、笼统、空泛、粗疏，缺乏可操作性。因此，他建议在完善相关法规规定时要着重细化操作性规定，在尊重教育规律的前提下，加强惩戒监督，完善操作程序，建立诉讼之外的多元纠纷解决机制。❸

刘辉认为学校与学生之间的法律关系是教育法律关系，体罚问责的制度设计要围绕教师公权力与学生私权利之间的平衡展开，将体罚行为定性为职务侵权行为，按照过错推定原则来追究过错责任，有体罚行为的教师要根据危害后果的严重程度承担相应的行政责任、民事责任、刑事责任。❶

❶ 王辉. 教师惩戒权行使中的侵权与救济研究 [J]. 高等师范教育研究, 2000 (3)：28-33. 类似观点的文章还有：王辉. 我国中小学教师无度惩戒现象的分析 [J]. 教育理论与实践, 2001 (10)：27-30.

❷ 王红林. 中小学教师惩戒权探讨 [D]. 武汉：华中师范大学, 2007.

❸ 高杭. 教师惩戒权行使的行政法透视 [J]. 高等教育研究, 2013 (12)：45-49.

❶ 刘辉. 我国中小学教师体罚及其法律责任研究 [D]. 北京：北京师范大学, 2005. 类似观点还有：刘丽. 教师权力和学生权利关系探析 [D]. 南京：南京师范大学, 2004.

方益权、易招娣对教师个体惩戒权的法律制度做了构想。他们认为教师惩戒权是一种强制性管理的权力，具体可以分为教师团体（学校）惩戒权和教师个体惩戒权。在教师个体惩戒权的适用条件方面，惩戒主体需适格、行使目的需合理（出于善意）、惩戒对象为学生的越轨行为（包括影响教学秩序和个人的低价值行为）。教师个体惩戒权的惩戒方式可以分为口头惩戒教育、联系家长并约请家长谈话、"异项偿还法"、剥夺某种特权、暂时收缴代管和短期停课。同时，惩戒权的行使程序须明确。除了最轻微的惩戒（如罚站、口头教育）之外，其他惩戒可以由校内的惩戒委员会专门处理。在救济渠道上，要建设校内申诉制度、司法救济制度和人民调解制度。❶ 陈聪聪等也认为应该使学校惩戒更加专业化，比如，建立专业的惩戒机构、配备专业的惩戒人员、制定专业的惩戒制度。❷

曹辉等认为我国可以就教师惩戒权进行单独立法。他提出的原因有二：一是教师惩戒权存在的合理性研究为立法实践奠定了一定理论基础；二是可以借鉴国外教师惩戒权的立法经验。❸ 钟勇为进一步提出，可以将所立之法命名为《教师惩戒条例》，作为《教育法》的一个下位法，在立法时需注意遵循预防性原则、双向性原则、权利与义务原则和协调性原则，注意合理授权与调控自由裁量权，防止把复杂问题简单化。❹ 刘冬梅也持类似观点，认为应当规范教师惩戒权的运用，出台相关条例和法规，完善教师申诉制度，拓宽教师权利的救济。❺ 李文静以"中小学教师惩戒权的自由裁量"为主题做了专门研究，认为教师享有自由裁量的权利，立法控制、执法监督、权利救济等手段是平衡教师自由裁量权与学生合法权益保障的主要手段。❻

梁东荣认为，对学生违纪行为进行惩戒需满足三个要件：违反符合社会主流价值取向的校规，行为后果具有一定危害性，失范行为是自身原因造成

---

❶　方益权，易招娣. 论我国教师个体惩戒权法律制度的构建 [J]. 教育研究，2011 (11)：29-33. 类似观点还有：易招娣. 教师惩戒权法律问题研究 [D]. 温州：温州大学，2011.

❷　陈聪聪，陈林，曹辉. 教育惩戒的实践困境与新路径探索 [J]. 教育理论与实践，2012 (32)：24-26.

❸　曹辉，赵明星. 关于我国"教师惩戒权"立法问题的思考 [J]. 教育科学研究，2012 (6)：54-57. 类似观点还有：钟勇为. 教师惩戒权立法是否可行 [J]. 当代教育科学，2012 (21)：27-29. 李丹. 教师惩戒权立法的必要性及其相关建议 [D]. 武汉：华中师范大学，2012.

❹　钟勇为，王木林. 我国教师惩戒权的立法设计探微 [J]. 教育探索，2012 (12)：26-28.

❺　刘冬梅. 对教师教育权的法律探讨 [J]. 中国教育学刊，2004 (8)：49-52.

❻　李文静. 中小学教师惩戒权的自由裁量研究 [D]. 西安：陕西师范大学，2009.

的；实施惩戒时需尊重学生人格尊严，需具有教育性、合法性。❶

李美锟对美国中小学的惩戒制度做了较为系统的介绍，指出美国宪法赋予了学校、教师惩戒权，但行使方式有着明确的限制性规定，实现了教育者的管教权有法可依，受教育者合法权益有救济途径可求，认为美国中小学的惩戒制度具有赏罚分明、"缺少耐心"、恪守合理性与合法性标准的特点。❷

3. 中小学惩戒的实践运用研究

米基·英伯等对美国的学生惩戒制度中的规则制定、使用武力控制学生、不当行为的调查、罪责裁定、惩罚方式的选定等方面做了介绍。❸ 内达尔等人对学生纪律中学生行为规章、开除与停学、体罚、学业处分、搜查与没收、非法纪律处分的救济等内容做了介绍。❹ 秦梦群也对美国的学生惩戒形式做了专门介绍，主要是惩戒的原则、短期停学及其正当程序、长期停学及其程序、惩戒性转学等惩戒与其程序、体罚及其程序等内容。❺

吴亮介绍了美国中小学惩戒权的司法监督情形，认为法院已经从"权力优越"转向了"权利至上"，给学区教育委员会制定惩戒规则或规章，中小学具体执行惩戒规定指出了方向。在美国，惩戒权被认为与受惩戒者在教育上的"财产利益""自由利益"（包括人身自由、名誉）紧密相关。司法审查遵循"利益衡量"模式，对学校采取的惩戒形式进行实体和程序的评估。其中，实体遵循"合理性标准""善意标准"，程序遵循"最低限度的正当程序标准"；考虑惩戒是否"恣意、反复无常、高压"，程序是否有通知、听证、公正的审理委员会，提出证据和质证的权利，聘请咨询顾问的权利等。❻ 李美锟对美国中小学惩戒活动中存在的体罚、停学、残疾学生的惩戒等具有争议的问题及权益保障做了补充讨论。❼ 杨柳专门介绍了美国残疾学生接受惩戒的司

---

❶ 梁东荣. 教师惩戒权存在的合理性及实施初探 [J]. 中国教育学刊，2003 (8)：59-62. 类似观点还有：曹辉，朱春英. 学生违规：社会归因与教育惩戒反思 [J]. 现代教育管理，2011 (10)：119-121.

❷ 李美锟. 美国公立中小学教育惩戒中的学生权利保护 [D]. 沈阳：沈阳师范大学，2014.

❸ [美] 米基·英伯，泰尔·范·吉尔. 美国教育法 [M]. 李晓燕，申素平，陈蔚，译. 北京：教育科学出版社，2011：130-165.

❹ [美] 内达尔·H. 坎布朗-麦凯布，马莎·麦卡锡，斯蒂芬·托马斯. 教育法学——教师与学生的权利 [M]. 江雪梅，茅锐，王晓玲，译. 北京：中国人民大学出版社，2010：220-264.

❺ 秦梦群. 美国教育法与判例 [M]. 北京：北京大学出版社，2006：297-324.

❻ 吴亮. 论美国公立中小学校惩戒权的司法监督 [J]. 比较教育研究，2008 (6)：76-80. 类似观点还有：吴亮. 论美国教师的体罚权及其法律监督 [J]. 比较教育研究，2011 (3)：64-68.

❼ 李美锟. 美国公立中小学教育惩戒中的学生权利保护 [D]. 沈阳：沈阳师范大学，2014.

法监控情形及其背后的法治原理。司法监控的主要法律依据是 1997 年颁行的《残疾人教育法》，该法对校方的惩戒形式、标准和程序做了较为严格的规定。比如，惩戒需遵循的原则有非歧视性原则、教育性原则、均衡性原则、主动性原则。为了应对司法诉讼，学校根据既往的司法判例执行了两条原则：一是在判断违纪行为与残疾的因果关系上，采取高于间接因果关系低于直接因果关系的关联标准；二是加强文书工作，尽可能地"记录一切"[1]。

李晓燕在详细介绍美国校方搜查与扣押的情况时总结出了 TIPS 标准，由合理怀疑和合理范围构成双齿形形态，由违禁物品、举报信息、地方或人身、搜查方法四个要素构成。[2]

Augustina Reyes 通过实证研究发现，在美国德克萨斯州中小学已经执行十年的"零容忍"惩戒政策很大程度上已变为将低收入、学业表现差、少数族裔、青春期的学生逐出教室的理由。这恰恰偏离了教育本位，给这些学生形成不良习惯创造了制度性条件。因此，人们要反思既有的惩戒制度，想办法实实在在地提高学校的教育质量。[3] Augustina H. Reyes 通过对替代教育的实证研究发现德克萨斯州青少年法律和州惩戒法律在替代教育项目上共同导致了受惩戒者的低劣表现，特别是少数族裔的学生、读写能力差的学生、缺少指导才导致行为不良的学生，给这些人带来了延续一生的伤害。学区要为困难学生开发更合适的教育，高校也要改变既有的师范教育模式，以此来为困难学生提供更公平的受教育机会。[4] PeterH. Schuck，Matthew Matera 和 David I. Noah 等人则在此基础上实证考察了学校惩戒制度的运行成本，认为停学惩戒成本高昂，受惩学生在数量上几无改观，可以说并没有收到良好效果，因

---

[1] 杨柳. 美国残疾学生教育惩戒的司法监控——基于 1997 年《残疾人教育法》的分析 [J]. 中国特殊教育，2011（10）：22-25.

[2] 李晓燕. 美国公立学校学生搜查和扣押的 TIPS 准则述评 [J]. 中国教育法制评论，2012：184-198.

[3] Augustina Reyes, The Criminal Ization of Student Discipline Programs and Adolescent Betavior [J]. 21 St. John's J. Legal Comment. 73 2006-2007. 类似观点还有：Emily Bloomenthal, Lisa M. Pisciotta, Inadequate Discipline: Challenging Zero Tolerance Policies as Violating State Constitution Educaion Clauses [J]. 35 N. Y. U. Rev. L. & Soc. Change 303 2011. Judith A. Browne, Zero Tolerance: Racially Biased Discipline in American Schools [J]. 36 Clearinghouse Rev. 145 2002-2003. Kevin P. Brady, Zero Tolerance or (in) Tolerance Policies? Weaponless School Violence, Due Process, and the Law of Student Suspension and Expulsions: an Examination of Fuller V. Decatur Public Schoolboard Of Educaion school District [J]. 2002 BYU Educ. & L. J. 159 2002.

[4] Augustina H. Reyes, Alternative Educaion: the Crimialization of Student Behavior [J]. 29 Fordham Urb. L. J. 539 2001-2002.

此进一步需要改革，寻找更有效的惩戒方式。❶

格穆尔曼对苏联中小学里的奖励与惩罚现象做了研究。他认为惩戒表现为"受到集体指责"，关键在于让学生理解自己违纪的根由，承认错误并提高个体的自觉性。这样才能起到教育的作用。学校里的各种奖惩都可以实现奖与惩之间的相互转换，最终目的是实现"共同利益与个人利益的协调"❷。Christopher Suarez 讨论了纽黑文市的学校惩戒制度的系统性改革。他认为学校惩戒规范比纸面的法规要复杂得多，并指出关键在于营造彼此信任的校园管理氛围，引导学生践行有意义的生活方式，令学生相信他们能在主流社会中获得成功，而不是将惩戒活动视为一种"游戏"。❸

王辉认为我国中小学存在严重的无度惩戒现象，比如，体罚侵权的事件不断、教师选择惩戒形式时随意性过大、学生正当权益不被尊重、以罚代教、以罚了事。❹ 为监督教师无度惩戒，陈鑫、吴永忠认为可以由学生家长、学校领导、教师、教育局工作人员联合组成惩戒督导委员会对教师的惩戒行为进行督导。❺ 陈芳、李晓波、曹辉则从心理学的角度讨论了教师惩戒失范的问题，认为失范是没有规范的状态，具体表现为滥用惩戒和惩戒缺失，归因时可以分为认知、情绪、动机、能力、性格等方面；建议开展系统的普法教育和心理辅导。❻

曹辉、陶静认为中小学校方在运用惩戒时需反复斟酌，审慎适用，比如，需回答可不可以惩戒、应不应该惩戒、值不值得惩戒、会不会惩戒四个方面的问题，以此来考量惩戒的价值。❼ 吴学宗则认为实施惩戒时要可行、适度、到位、多样化、有针对性、权衡惩戒风险、把握惩戒权限。❽ 解立军、蔡文枝

❶ PeterH. Schuck, Matthew Matera & David I. Noah, What Happens to the "Bad Apples"：an Empirical Study of Suspensions in New York City Schools [J]. 87 Notre Dame L. Rev. 2063 2011-2012.

❷ [苏] 格穆尔曼. 学校里的奖励与惩罚 [M]. 程逢如，译. 上海：新知出版社，1957.

❸ Christopher Suarez, School Discipline in New Haven：Law, Norms, and Beating The Game [J]. 39 J. L. & Educ. 503 2010.

❹ 王辉. 我国中小学教师无度惩戒现象的分析 [J]. 教育理论与实践，2001（10）：27-30. 类似观点还有：周晓慧. 中小学生惩戒教育之我见 [J]. 江苏社会科学，2007（S1）：118-120.

❺ 杨鑫，吴永忠. 教师惩戒的有限性分析 [J]. 教育学术月刊，2010（7）：47-49. 类似观点还有：周梅. 高中教育中奖惩的现状及思考——基于对张家港市后塍高级中学的调查 [D]. 上海：上海师范大学，2010.

❻ 陈芳，李晓波，曹辉. 教师惩戒失范的心理学反思 [J]. 教育探索，2011（2）：142-143.

❼ 曹辉，陶静. 教育惩戒需"四问" [J]. 教育学术月刊，2011（9）：56-57. 类似观点还有：吴开华. 教育惩戒合法化：原则、要求及其保障 [J]. 教育理论与实践，2008（14）：24-25.

❽ 吴学忠. 谈教育管理中的惩戒教育 [J]. 教育探索，2009（4）：59-60. 类似观点还有：许瀚月. 强力惩戒与温和批评的艰难抉择 [J]. 教学与管理，2010（1）：26-28.

认为惩戒形式需遵循正当性、最少侵害性和法益均衡性等原则，否则容易蜕变为违法行为。❶ 徐张咏等认为实施惩戒时需遵循最后性、及时性、可接受性、适度性、尊重性等原则，要灵活、有爱心、讲责任，赢得社会的认可与支持。❷ 王毅认为惩戒需注重师生之间的相互理解与情感互动，需注重公平，要尊重学生。❸ 李妮娜则认为学校惩戒活动不能偏离教育目的，要遵循学生身心发展规律，要符合社会基本伦理要求，要遵守法律规定。❹

曹亚楠认为报应论不能作为中小学惩戒的指导思想，因为其违背了教育的本质和目的。他认为惩戒应促进学生向善，推动道德交流。在惩戒实践中，惩戒者应当以身作则，善言善行；应根据受惩戒者的道德发展规律适度惩戒，以提高其道德认识，尊重其自主性。❺

钟星从伦理学的角度分析了惩戒异化为"软暴力"的现象，指出软暴力相对于惩戒而言，具有暴力实质、动机具有迷惑性、危害后果具有隐蔽性、实施方式具有多样性（主要分为言语、行为两类）；其违背了有教无类、以人为本、平等和谐的伦理观念；影响软暴力形成的因素有狭隘的"成功论""唯成绩论"、教师职业良心泯灭等。要纠正异化行为，从观念上需树立起敬畏生命、敬畏规律、热爱教师职业等理念。❻ 许瀚月运用现象学的态度和方法对中学教师批评学生的口头用语做了专门研究，细致描述了口头用语偏离教育目的的现象并分析了原因，强调教师要尊重学生的人格尊严，克服急功近利的

❶ 解立军，蔡文枝. 教育惩戒权的表现形式及法律分析（下）[J]. 中小学管理，2012（12）：24-26. 类似观点还有：解立军. 罚站：体罚还是惩戒？[J]. 中小学管理，2007（2）：34-35.
❷ 徐张咏，邵阳，庄万荣. 关于学校惩戒教育的思考 [J]. 教育探索，2011（3）：99-100. 类似观点还有：李辉. 惩戒应该注意的问题 [J]. 当代教育科学，2007（13）：51. 孙煜峰. 中小学班级管理应有的理念 [D]. 呼和浩特：内蒙古师范大学，2013. 蒋连香. 关于教育惩戒的现状、问题与对策——以中小学校为例 [D]. 苏州：苏州大学，2010. 彭志敏. 教育惩戒的法律研究 [D]. 桂林：广西师范大学，2004.
❸ 王毅. 惩戒教育的效用性研究 [J]. 教学与管理（理论版），2014（5）：86-88. 类似观点还有：李爱爱，张海鸿. 教育惩戒的"度" [J]. 人民教育，2012（5）：63. 王会华. 教育不缺少惩戒而是缺少爱 [J]. 教学与管理，2009（23）：25. 房兆霞. 惩戒教育应体现尊重与爱 [J]. 教学与管理（理论版），2007（11）：40-41.
❹ 李妮娜. 论学校教育中的惩戒 [D]. 济南：山东师范大学，2007.
❺ 曹亚楠. 惩戒：不是以报还报，而是以惩促善 [J]. 当代教育科学，2013（22）：22-25. 类似观点还有：王可，陈黎明. 对教师惩戒权的再认识——从学生成长阶段看教师惩戒权的行使 [J]. 教学与管理，2006（24）：45-46. 李方. "警示线"与"组合拳"——对教师行为失范与惩戒之思考 [J]. 中小学管理，2014（3）：17-18. 刘晓红. 自然惩戒 [J]. 人民教育，2007（12）：58. 李蓉芬. 德性伦理视域下的教育惩戒 [D]. 北京：首都师范大学，2014.
❻ 钟星. 小学教育"软暴力"现象的伦理思考 [D]. 株洲：湖南工业大学，2013.

心态，加强文明用语的学习，在与家长、学生沟通时采用建设性的话语方式。❶ 吕蕊研究了中小学里教师对学生实施精神暴力的表现、原因及对策。他详细描述了各种精神暴力的具体表现形式，认为师道尊严根深蒂固、传统文化理性缺位、盲目维护职业权威、教育方式不当、职业倦怠、职业道德败坏、功利化思想严重、心理健康状况不良、性格不佳、法律意识淡薄及法律规定缺位是主要原因，并针对原因提出了相应策略。❷

伍德勤认为判断体罚、变相体罚的关键在于教师是否利用职权，利用一定手段损伤了学生的身体，有明显损伤或经医院鉴定有伤，则是体罚或变相体罚，教师要承担相应法律责任。为杜绝体罚，要加强社会宣传、教师惩戒指导、爱心与责任心的教育。❸ 朱凡琪对中小学阶段存在的体罚现象也做了实证研究。他认为体罚普遍存在、手段多样、危害程度大，教师采取体罚手段的原因是认识有误区、自身素质差、法律意识淡薄、管理监督机制不健全。治理体罚要从多个方面着手，在观念上要加强师德师风的建设，树立"以人为本"的理念；要完善教师的准入、聘用、考评、监督和处理制度；建立有效的救济制度；开展法律教育，提高维权意识；建立惩戒制度等。❹ 霍敏捷则认为应该着重建设校园惩戒制度，以制度来规范教师惩戒权的行使，从而避免体罚侵权。❺

孟卫青、刘飞燕对韩国、美国、英国、法国、日本五国在体罚立法方面的工作进行了介绍。他们指出体罚是各国教育立法的焦点问题之一；一些国家法律许可体罚，但对实施的情形、手段、程序都作出明确规定，一些国家禁止体罚，但允许合理惩戒，并对二者做明确区分；认为体罚被视为最后的教育手段，且要尊重家长的意见。❻ 蔡海龙通过对美国 1977 年英格瑞罕诉莱特案的介绍，指出在美国体罚存废的权力在州一级。❼

❶ 许瀚月. 中学教师批评学生口头用语的教育现象学研究 [D]. 重庆：西南大学，2011.

❷ 吕蕊. 中小学校园内教师对学生的精神暴力：表现、归因及对策 [D]. 曲阜：曲阜师范大学，2011.

❸ 伍德勤. 中小学教师体罚行为论析 [J]. 教育研究，2006（3）：88-91. 类似观点还有：蔡海龙. 学校体罚及其侵权责任研究 [J]. 首都师范大学学报（社会科学版），2010（6）：60-65.

❹ 朱凡琪. 我国中小学教师体罚学生现状分析及对策研究 [D]. 武汉：华中师范大学，2012.

❺ 霍敏捷. 规范教师惩戒权——解决体罚问题的一个有效措施 [D]. 武汉：华中师范大学，2008. 类似研究还有：王建新. 教育惩戒及其实施办法 [D]. 苏州：苏州大学，2008.

❻ 孟卫青，刘飞燕. 五个国家体罚立法的比较与启示 [J]. 外国中小学教育，2009（6）：39-42.

❼ 蔡海龙. 美国公立学校体罚的判例与法理——英格瑞罕诉莱特案的宪法分析 [J]. 比较教育研究，2006（2）：33-37.

谭伟芳以听课的形式对广西某镇中心校（小学）教师在课堂的惩戒行为进行了实证研究。他从学校与班级、教师与学生的视角做了分析，发现教师在课堂上惩戒行为的表现主要分为言语惩戒（包括话语中的"直击要害""旁敲侧击""以理服人"、集体规训口令四种）、神态惩戒、动作惩戒；教师可以借助这些惩戒方式将个人权威延伸至学生、学校和家长。惩戒发生后，学生会采取各种策略应对：衷心服从、被权威压服、沉默抵抗、积极抗争、挑战权威。他还总结了小学教师课堂惩戒行为的五类影响因素：第一类是社会因素，包括国家政策法规、传统文化、大众传媒、社区环境；第二类是学校因素，包括学校的教育理念、管理体制；第三类是教师因素，包括教师的从教理念、风格、期望、集体意识、师生关系；第四类是学生因素，包括学生的智力发展特点、道德发展特点、气质、成长经历；第五类是家庭因素，包括家长对教师惩戒的态度、家庭资本。他认为惩戒的实质是师生之间发生的权力争夺，是师生对"情境定义"框架的建构。❶

王琳通过观察教师在中学课堂运用惩戒的情况做了实证分析。他发现中小学教师经常采用的惩戒方式有目光警告、没收、言语责备、办公室训话、座位隔离、用手指学生、不点名地含蓄提示、言语侮辱、罚站、在黑板上的名字旁画横线、暂时扣押物品等。惩戒效果与这些惩戒方式并无太显著的直接关联，与师生的年龄、个性、教师的教学设计、教师对授课内容的把握程度、是否有考试测评等因素密切相关。他认为惩戒只能在其他教育方式都失效的情况下行使，并且需尊重家长的意见，与德育相结合。❷

除中小学之外，学者们对高等教育阶段的校内惩戒制度、行政处罚制度、司法惩戒制度的研究成果也非常丰富；诸多研究与中小学阶段的研究具有大量共性。限于时间、精力，也为了问题能更聚焦，在此不再综述。

（二）文献评价

针对中小学惩戒合法性的研究成果已较为丰富，在很多方面取得了相当

---

❶ 谭伟芳. 小学教师课堂惩戒行为研究——以广西 T 镇中心校为例［D］. 桂林：广西师范大学，2013. 类似研究还有：姚秀珍. 论惩戒教育在初级中学中的合理使用［D］. 武汉：华中师范大学，2013. 杨琦. 我国中小学教师惩戒权探究［D］. 武汉：华中师范大学，2012. 李翠凤. 当前中小学惩戒教育中的问题及对策［D］. 济南：山东师范大学，2011. 黄姿子. 小学教育中惩戒现象探析［D］. 长沙：湖南师范大学，2010. 杨大鹏. 教育惩戒实施的问题和策略——基于普通中学的调查分析［D］. 苏州：苏州大学，2010.

❷ 王琳. 对课堂中教师惩戒权的分析［J］. 教学与管理（小学版），2006（5）：37-39. 类似研究还有：李福忠. 惩戒教育在班级管理工作中的实施研究［D］. 呼和浩特：内蒙古师范大学，2011.

的成就。这些研究为后续研究奠定了良好的基础，给研究的深入开展提供了诸多可资借鉴的经验。大体而言，个人觉得还有如下值得继续完善之处。

1. 中小学惩戒合法性的证成性研究缺少本体论、认识论研究

现有证成性研究多集中在惩戒的价值论方面，这是极为必要的，但缺少这些价值是如何通过惩戒得以实现的过程性描述或解释。而来自社会学、伦理学、心理学的研究结论只是对既定事实的描述，也没有解释惩戒具体的运转原理。这就好似在惩戒行为与惩戒结果之间存在一个"黑箱"，而人们还不知道"黑箱"的构造，也不知道"黑箱"的运转机制。这无形之中给人们设计中小学的惩戒制度增加了不少难度，也给惩戒的期望与结果之间带来了不确定性。即是说，对中小学惩戒合法性的证成性研究在本体论、认识论方面还有探索的空间。

2. 中小学惩戒制度在设计方面缺少系统性、整合性研究

现有研究多是从法学、教育学的视角出发，将中小学惩戒制度纳入法治视野进行考察。这为后续研究指明了方向。但是，现有研究相对而言较为分散，缺少一种系统性的考察。就学科关注的焦点而言，教育学关注惩戒如何实现教育功能，而法学研究则关注惩戒制度的构建是否符合法制（特别是行政法）的形式。学者们已经意识到教育学与法学在研究思路上的差异，但尚未因这种差异对中小学的惩戒制度作出整合性的反思。这一研究现状的直接结果是理论研究与实践探索相分离。实质上，这是形式合法性与实质合法性之间吻合程度不高的表现。我们应在证成性研究的基础上，对中小学惩戒制度的重构予以探索，从而提高中小学惩戒的形式合法性程度。

3. 中小学惩戒实践运用的国内研究对教师之外的重要主体关注不够

国内中小学惩戒的实践运用研究多集中于教师个人惩戒权和惩戒行为的研究，而美国学者针对教师个体之外的重要主体的惩戒实践研究相对较多，比如，学校、学区等，不过较为零散。中小学惩戒的实践虽最终由教师个体落实，但按照法治"权责明晰""权责对等"的要求，学校、教育行政部门等重要主体与教师的惩戒权之间是有差别的，需要由法律进一步明确。与之相对应，这方面的研究也需要加强。

四、研究方案

根据已有研究，结合本书的选题，笔者拟从研究对象、研究思路和研究

方法三个方面介绍本研究的初步设想。

（一）研究对象

1. 中小学教师集体和个人所采用的惩戒行为

教师集体的惩戒行为可以被认为是国家通过法律制度明确授权了的惩戒行为。教师个体在授权范围内实施惩戒时，其惩戒行为被视为教师集体的惩戒行为，或者说是官方的惩戒行为。教师个体在授权范围之外实施的惩戒行为是私人行为。这些惩戒行为形态多样，有些惩戒被记录在档案里，有些则发生在转瞬即逝的日常教学过程中。

2. 中小学惩戒合法律化过程遭遇的影响因素

惩戒本质上是一种权力的运用，既有静态的制度文本，又有动态的细致操作过程。但不管怎样，中小学惩戒都需要将学校中的惩戒现象置于社会法治化变革的大背景中去考察。中小学是社会个体化和个体社会化的专职机构，是专门将未成年人培养成符合社会期待的组织。学校惩戒的法律化既要符合法制要求，又要尊重法律之外的其他类型规范。

3. 中小学惩戒的合法律化过程需克服的困难

站在依法治国的立场，推动中小学惩戒合法律化是提高其合法性的必然途径。在依法治教领域，借鉴以美国为代表的西方发达国家维护中小学中惩戒的合法性经验，结合本国实际情况予以参考和改造是可行的。

（二）研究思路

1. 概述中小学惩戒的法理基础

首先，回答"纪律是什么"的问题，阐明惩戒在学校教育中存在的本体论依据；其次，回答"惩戒有何用"的问题，从认识论的角度阐述惩戒在中小学存在的正当性。希望通过回答这两个问题来加强中小学惩戒之合法性的法理根基。

2. 分析我国中小学教育实践中某些传统的惩戒行为被质疑的原因

首先，描述各种传统惩戒规范被质疑的情形；其次，通过对质疑理由的分析来审视人们在观念上的变化，进而说明传统惩戒范式的消解过程。

3. 分析我国中小学惩戒在法治化建设过程中存在的困难及其原因

学校作为一种社会组织，其发展受到行政、司法、市场、习俗、家长期待等多种因素的影响。我国正处于社会转型的关键时期，法律与其他社会控制工具竞争所遭遇的困境也会体现在学校惩戒活动中。

4. 了解美国中小学阶段惩戒制度的基本现状

它山之石，可以攻玉。公共学校制度是清末民初从西方世界引进的教育制度。当前，美国是西方发达国家中的头号强国，其法制体系完善、法治化程度高，在中小学惩戒的法治建设方面亦积累了丰富的经验。参照美国的成功经验有利于我国中小学惩戒制度的法律化少走弯路，起到事半功倍的作用。

5. 构建符合法制要求的中小学惩戒模式

通过中小学惩戒模式的合法律性改造，实现三个目标：首先，确保师生权益被充分保障，各方义务能顺利履行；其次，开发惩戒作为教育手段在培养具有法治精神的社会成员方面的育人潜力；最后，丰富法制教育形式，提升法治教育的有效性。

（三）研究方法

本研究的主要方法是文献分析，辅之以实证分析。中小学惩戒在事实上存在，然而如何描述并对其作出解释是理论需要解决的问题。笔者试图通过文献梳理来明确相关概念，提炼惩戒模式，最终为分析中小学惩戒提供理论工具。具体而言有以下五种研究方法。

1. 规范研究

首先，从"纪律是什么"出发来确定教育活动中惩戒的性质、功能，再分析惩戒活动中主体间法律关系所展现的权利义务格局，然后寻找中小学惩戒活动中权利冲突的原因及完善的可能。

2. 定性研究

通过对具体事例、场景、政策文本的分析来描述惩戒活动中相关利益者之间的权责分配结构，借此寻找现代法律在具体适用时存在的问题及其原因，并在此基础之上尝试提出相应的解决思路。

3. 比较研究

尽管美国中小学惩戒制度也存在一些不足，但其法制化程度较高，在惩戒模式方面已经建设起符合现代法律的法律规范体系。笔者希望在比较分析中、美两国中小学具体惩戒制度的基础上，借鉴美国已有的有益经验。

4. 田野调查

为了了解中小学惩戒的实际情况，笔者借助各种机会进入中小学的教育教学中，乃至日常生活中的惩戒现场，去观察学校中存在的惩戒现象。在田野调查中获得的一手资料为本书的后续写作，特别是构建符合学校教育实际情况的惩戒制度提供了有益启发。

5. 案例研究

除田野观察之外，笔者还通过互联网、报刊等渠道收集中小学发生的惩戒个案。通过对个案的研究来描述中小学惩戒实践的具体情形，并解释惩戒行为背后的动因。

第一章　中小学惩戒的法理基础

在日常生活中，虽然人们对中小学阶段的惩戒现象耳熟能详，但是大多只停留于风俗习惯的层面，关心的也是具体个案，缺少一种反思性理解。在学理研究上，虽然有很多学者在努力提高中小学惩戒制度的合法化程度，但是鲜有人在法哲学层面对中小学惩戒合法性的本质及其运转机制进行解读。当外部意志被强加于受惩者，并要求其服从的时候，我们必须证明这种做法是"合法的"。但是，"合法性"概念已在法学、政治学、哲学、伦理学、社会学等诸多学科领域被广泛使用，且含义和用法往往有各种解释，失去了引进合法性概念时的本源意义，导致歧义丛生。因此，在论述中小学惩戒的合法性之前有必要对核心概念"合法性"做简要梳理，特别是"合法律性"的厘定，如此才能找出中小学惩戒合法性的法理基础。

一、合法性再探

尽管在基本概念的界定部分已经初步讨论了合法性，但只是粗疏地描述，并没有讲清合法性的内涵及其相互之间的关系。因此，笔者尝试在此再次予以讨论。

（一）从政治合法性到法律合法性

合法性原本是个政治学概念，起源于统治的"合法化危机"。在西方，可以追溯到柏拉图在《理想国》对国家治理模式的想象；在中国，可以追溯到武王伐纣的口号"替天行道"——什么样的治理模式或者统治模式才是人们能够普遍接受的？请为主张提供理由，即为统治的正当性提供辩护。当人们不再相信辩护的理由时，政治合法性陷入统治的"合法化危机"❶。

这种辩护只发生在力量大致均衡的主体之间。若对抗中的强者与弱者之间力量对比过于悬殊，那么行为的逻辑就会变成征服和掠夺。《伊利亚特》记

---

❶　这是一个宏大的问题。限于时间精力有限和研究意义的考量，笔者不可能也不会皓首穷经地去梳理合法性的历史演化过程。我们以现代社会为大致的时间节点做截面分析。

载了将军奥德修斯因士兵塞尔西忒斯指责其霸占战利品而毒打塞尔西忒斯的故事。在这个故事中，将军和士兵社会地位的悬殊导致奥德修斯根本不为掠夺普通士兵利益的行为辩护，而是奉行了"强权即真理"的逻辑。而《伊利亚特》的行文非但没有指责这种不公正，相反却将塞尔西忒斯描述为一个相貌丑陋的人。❶ 即使是在今天，这种"强权即真理"，不同情弱者的观念仍然很普遍。❷ 在这样的逻辑中，人们不会认为残酷对待弱者是"不合法"的，相反人人都希望自己能比别人更强，目的却是更加随心所欲的征服和掠夺。这样的社会状态被霍布斯描绘为："所有人反对所有人的战争。"因此，我们必须明确讨论政治合法性的前提：向对手展示力量，用强力逼迫对手坐到谈判桌上来为自己的主张辩护，来为"合法性"辩护。❸ 这就是平等、自由被视为极其重要的社会价值的根源。

所谓政治合法性，是指统治的正当性，英语单词为 legitimacy，拉丁文词根为 legitimare。正当性是指权威（统治者）支配（被统治者）的有效性。任何名副其实的支配形式都会包含一种最低限度的自愿顺从，即（基于隐秘的动机或真正的同意）在服从中获得的利益。❹ 近代意义上的合法性概念最初是由卢梭在《社会契约论》中提及。在卢梭看来，政治制度和社会秩序的权威基础，即政治制度和秩序的合法性，来自体现了"公意"的人们相互之间的契约性规定。❺ 韦伯在《经济与社会》中首次明确提出合法性概念并对其进行了系统论述。他认为合法性即某一确定范围内的人们对某种命令服从的动机。他将权威分为合法权威（即依赖法治进行的统治）、传统权威（即依赖传统的神圣性进行的统治）、超凡魅力型权威（即依赖对某个个人的罕见神性、英雄品质或者典范特性进行的统治）。就合法权威而言，服从的对象就是法定的非人格秩序。❻

所谓法定的非人格秩序，主要是不因个人意志而任意变更的规则体系所承载的社会秩序。在现代社会，法定的非人格秩序主要是指法律。"由国家确

---

❶ [古希腊] 荷马. 伊利亚特 [M]. 陈忠梅，译. 南京：译林出版社，2000：530.

❷ 如班级里因学业表现差、家庭贫困、残疾或其他问题等原因而被边缘化的学生。他们是班级活动中的边缘群体，常常受到其他同学的欺凌。

❸ 这样的事实很冰冷，但它就是事实。换句话说，权利是争取来的，不是恩赐的。

❹ [德] 马克思·韦伯. 经济与社会（第一卷）[M]. 阎克文，译. 上海：上海世纪出版集团，2010：318.

❺ 王贵贤. 从政治的合法性到法律的合法性 [J]. 国外理论动态，2008（4）：80-85.

❻ [德] 马克思·韦伯. 经济与社会（第一卷）[M]. 阎克文，译. 上海：上海世纪出版集团，2010：322.

保的法律和以法律形式运用的政治权利，是互为前提的"。❶ 法律原本被包含于政治领域的范围之内，但是法律在现代社会中发挥着不可替代的作用，已经使其成为一个与政治（行政）系统平行的重要领域。正是基于对政治系统与法律系统所作出的界分，才赋予了这一命题以合理的解释，即合法性概念的主要适用范围，已经由政治领域过渡到了法律领域，并且法律的合法性证明能够为政治（行政）权力的合法性提供辩护。启蒙运动和宗教改革从根本上改变了西方的政治制度和理论。人的理性的觉醒以及宗教对人影响的式微，使得合法性论证在指向上发生了改变。❷

韦伯认为，正当性的来源除了合法性之外还有其他影响因素。这些因素分为两类：一类是包括习俗、个人情感、物质利益、理想抱负等在内的因素，它们并不能构成足够可靠的基础；另一类是对正当性的信仰，这是更深层次的要素。❸ 哈贝马斯则认为，正当性（译作：合法性）指通过话语型的学习过程来明确规范所期待的集体认同，将规范的虚拟有效性转变为现实的有效性，让社会成员自觉遵守，从而让规范成为具有支配地位的控制手段，进而实现社会整合和稳定运行。法律规范也需要经历一个正当化（译作：合法化）的过程后才能具有正当性（译作：合法性）。现代法治国家的政治基本上可以理解为一种过程政治，同时也是一种主体实践政治。换句话说，政治运行的规范和程序规则都已经通过法律确定了。这种状况也被称为政治的"法律化"。因此，政治制度（如民主）的合法性在根本上也就取决于法律本身的合法性，而法律的合法性危机也必然反过来从根本上动摇政治的合法性。❹

（二）从实质合法性到形式合法性

法律合法性又称为合法律性，在法学话语体系中被称为合法性。合法性可以分为实质合法性与形式合法性。二者的分流源于实证法学派和分析法学派的兴起，时间界限大概在 19 世纪。在此之前，人们对法律为何的理解均可以纳入实质合法性的范畴。实质合法性与形式合法性有着辩证统一的关系。

---

❶ [德] 哈贝马斯. 在事实与规范之间 [M]. 童世骏，译. 北京：生活·读书·新知三联书店，2003：90.

❷ 王贵贤. 从政治的合法性到法律的合法性 [J]. 国外理论动态，2008（4）：80-85.

❸ [德] 马克思·韦伯. 经济与社会（第一卷）[M]. 阎克文，译. 上海：上海世纪出版集团，2010：319.

❹ [德] 哈贝马斯. 合法化危机 [M]. 刘北成，曹卫东，译. 上海：上海世纪出版集团，2009：23，75-80.

人们以立法的方式将在实质合法性的讨论中得出的规范共识固定下来。通过"立法"这一法律生产装置,应然规范变成具有强制力保障的实然规则。在现代社会的语境下,形式合法性是非人格化的理性规则系统的形式化表征,是特定时期人们对实质合法性维度价值判断内容的提炼与总结,是共识建制化的结果。

1. 实质合法性的内涵

实质合法性遵从规范主义,关注法律应该是什么(what it ought to be)。近、现代意义上的实质合法性源于古典自然法。古典自然法学指导下的实质合法性认为,人天生具有自由、平等、安全、财产等自然权利,并以"人是理性人"为基本假设,以契约为基本形式,视法律为人之理性以契约形式达成的通用规则,推衍出社会契约论、分权制衡论、人民主权说和法律公意说等重要学说。新自然法学派为了克服"天赋人权"带来的理论困难,尝试提出了"程序性商谈"的法律生产机制,将法律视为目的理性指导下的自我立法的结果。实质合法性是法律联络社会中居于主导地位的政治理想与价值观念的桥梁。"法律概念所涉及的首先不是自由意志,而是法律的承受者的自由选择。它进一步延伸到一个人对于另一个人的外在关系。最后,它被赋予一个人在受到干涉时有理由对另一个人实施的那种强制力量。法律原则在这三个方面对道德原则加以限定。经过这样的限定,道德立法反映在法律的立法之中,道德性反映在合法律性之中,善的义务反映在法律义务之中"。[1]

2. 形式合法性的内涵

形式合法性推崇客观主义,关注法律是什么(what it is)。形式合法性遵从经验主义的认识论,认为法律的有效性来源于法律系统本身的逻辑自洽程度和社会对公共秩序的客观要求。前者确保法律自身运转符合理性要求,不会自相矛盾;后者确保法律具有强制力或强行性,能够被人们普遍遵守,二者共同构成法律自身的"合法性"。形式合法性将研究视域限定在实然领域,关注狭义的实在法,特别是国家制定法,试图从立法、执法、司法等环节去考察法律制度在形式上的有效性。以立法为例,我们考察法规是否有效的标准有:立法机关是否有相应的立法权限,获得该权限的形式是否符合既有法律规定,立法程序是否与高位阶的法律规定相一致,所立之法的表现形式是

---

[1] 艾四林,王贵贤. 法律与道德——法律合法性的三种论证路向 [J]. 清华大学学报(哲学社会科学版),2007(3):67-72.

否符合高位阶法律的规定，等等。

（三）实质合法性与形式合法性的融合

实质合法性与形式合法性的关系类似于河道与河水的关系，实质合法性是河水，形式合法性是河道。二者之间相互塑造，相互确认。实质合法性是形式合法性的根基。如果没有实质合法性的支持，形式合法性就是无源之水，无本之木。形式合法性是实质合法性的轨道。如果没有形式合法性，实质合法性就如决堤的洪水。合法律性出现实质合法性与形式合法性的分野后，法哲学家、政治哲学家们曾一度认为"何种合法性才是真理"是一个选择题。但随着时间的推移，学者们逐渐趋于中庸。

1. 规范是两类合法性的共同归宿

规范是"由事实和价值两个因素构成，并经由某种特殊方式成为一个整体"❶ 的逻辑实体；"某事应当是或者应当发生，尤其是指人们应当以一定方式行事"❷。从结构上分析，规范是在事实和价值的互动过程中形成了稳定链接的有序对，以至于人们常常觉得是"理所当然"的。实际上，其中有一个复杂的过程。"事实"是已经被人的认知按照特定方式建构起来的"产品"，并非与人的意识无关的客观事实；价值就体现在这种"特定方式"中，将"应当"渗透进"是"的建构过程中。比如说，"法律事实"就是按"取证"的一整套信息加工的理论工具对某些事物或现象处理的结果；不符合取证标准的信息就会被"舍弃"，尽管它真实存在。可以说，事实蕴含着价值，价值附着在事实之上，二者相互实现。

规范有很多类型，比如，道德规范、伦理规范、法律规范等；不同类型暗含着不同的信息加工技术。以"上学不迟到"为例，"上学"并不必然要求"不迟到"。虽然在某一个时间点跨进校门是一个客观的事实，但是这一事实所蕴含的是"守时"的价值诉求。这种价值诉求在不同的规范类型中有不同的加工形式。按道德规范的加工逻辑，"守时"即意味着时间观念强，是在尊重自己；按伦理规范的加工逻辑，"守时"意味着信守诺言，是在尊重他人；而按法律的加工逻辑，"守时"意味着是在尽受教育的义务，不守时则有可能被定性为"迟到""旷课""逃学"，要受到强制性的惩戒。这时候"上

---

❶ 周静. 法律规范的结构 [M]. 北京：知识产权出版社，2010：1.
❷ [美] 博登海默. 法理学 [M]. 邓正来，译. 北京：中国政法大学出版社，2001：131.

学不迟到"就具有了法律效力。可见，不同规范类型在事实与价值诉求之间形成稳定链接（就如"刺激—反应"一般）的逻辑结构是不同的。这种逻辑结构一旦遭到破坏或发生变化，规范就不再理所当然，就需要恢复事实与价值之间的链接或者对既有链接进行变革。

2. 实质合法性与形式合法性的衔接

现代分析法学将法律视为一个逻辑自洽的封闭的规范体系。"法律是一种自足的规则体系，是一种由他们自己的效力标准和规范性义务指导的社会实践制度。"❶ 这种规范体系要被人们理解和遵循，必须回答两个问题：一是具体规则在整个法律制度中的地位如何；二是整个法律制度的合法性来自何处。对于崇尚科学实证的分析法学派来说，回答这两个问题不是从道德、价值等"非科学"的领域寻求合理辩护，而是在事实层面寻找可供验证的辩护理由。头一个问题并不难，因为可以在既定法律制度内部对具体规则进行定位，从而确认具体规则的有效性。难的是后一个问题。若视具体规则的法律效力源自位阶更高的具体规则的适用，那么在逻辑上会最终有一个效力最高的规则，进而确保法律制度的根基是稳固的。但是，这个效力最高的规则是什么呢？

凯尔森认为这个效力最高的规则是先验的"基础规范"。他在事实与价值之间加入了规范，指出"规范所表明的观念只是某种行为应当发生，尤其是某人应当如何做"❷。相对于事实而言，规范属于应然范畴；相对于价值而言，规范属于实然范畴。现实生活中，人的行为受多种规范指导，比如，宗教、道德、习惯、法律等。"基础规范的拘束力是本身自明的，或至少我们假定它是这样的。"❸ 这些规范共同构筑了保障社会和平与安全的社会秩序。"从同一基础规范中追溯自己效力的所有规范，组成一个规范体系，或一个秩序。这一基础规范，就如同一个共同的源泉那样，构成了组成一个秩序的不同规范之间的纽带。"❹ 这种终极的"基础规范"是静态的，既是法律与其他规范相联系的桥梁，也是法律体系内部各种规范之效力链条的起点。

凯尔森将规范体系分为静态规范体系和动态规范体系两类。静态规范是

---

❶ ［英］韦恩·莫里森. 法理学：从古希腊到现代［M］. 李桂林，等，译. 武汉：武汉大学出版社，2003：371.

❷ 严存生. 西方法律思想史［M］. 北京：中国法制出版社，2012：355.

❸ ［奥］凯尔森. 法与国家的一般理论［M］. 沈宗灵，译. 北京：中国大百科全书出版社，1996：126.

❹ 熊伟. 问题及阐释：现代法之合法性命题研究［M］. 北京：中国政法大学出版社，2012：100-101.

指不证自明的规范抽象推演出来的规范体系；动态规范体系是指人们在社会实践活动中所建立起来的规范体系。❶ 法律（主要是指实在法，包括习惯法和制定法）属于动态规范体系。"法律始终是实在法，而它的实在性在于这样的事实，它是为人的行为所创造和废除的。"❷ 即是说，法律是人的意志在社会实践活动中所确立的动态规范体系。法律规范与其他规范的根本差别在于它所独有的强制性，这种强制性源于国家或政府对暴力的垄断。"社会分子，必须互相尊重彼此的若干利益（生命、健康、自由和财产）；换言之，每个人必须避免以武力干涉他人的利益范围，社会才有长期存在的可能。我们称之为'法律'的这种社会技术，正是以特定的方法，去劝导人，使其不强迫地干涉他人的利益范围。这种特定的方法便是，如果某人竟干涉他人的利益范围时，法律社会立即发生反响，而对这个人（负责于干涉行为者）的利益范围作同样的干涉。"❸ 具体来说，他将法律规范分为基本规范、一般规范和个别规范三类。基本规范是先验的，不能询问为什么，是由国家最高权力保障的；一般规范和个别规范是基本规范的效力向下延伸的产物。❹

哈特认为效力最高的规则是"承认规则"。他认为法律规则可以分为初级规则和次级规则。初级规则是指要求人们做或者不做某种行为的规则，即设定义务的规则，指向人们具体的行为；次级规则是指初级规则得以产生、废除、修改和适用的程序性规则，包括承认规则、改变规则和审判规则三类。承认规则是将人们在社会实践中普遍认可并遵循的非法律性规则转变为法律的规则；改变规则是指法律规则的立、改、废等活动开展的程序性规则；审判规则是指司法活动中司法人员所认可并遵循的社会规则。❺ 哈特进一步将"承认"的形式分为两类：一类是从"旁观者"的角度去考察非法律人是否承认初级规则。这是一种"外在观点"，仅考察非法律人是否遵守初级规则，不管非法律人是出于什么动机遵守法律，也不问法律是否符合其他规范的要求，如道德。另一类是从"参与者"的角度去考察法律人对初级规则的理解和运用。这是一种"内在观点"，是以一种主人翁的态度在自觉地遵守和捍卫

❶ ［奥］凯尔森. 法与国家的一般理论 ［M］. 沈宗灵，译. 北京：中国大百科全书出版社，1996：第十章、第十一章.

❷ ［奥］凯尔森. 法与国家的一般理论 ［M］. 沈宗灵，译. 北京：中国大百科全书出版社，1996：129.

❸ 严存生. 西方法律思想史 ［M］. 北京：中国法制出版社，2012：356.

❹ ［奥］凯尔森. 法与国家的一般理论 ［M］. 沈宗灵，译. 北京：中国大百科全书出版社，1996：第十章，第十一章.

❺ ［英］哈特. 法律的概念 ［M］. 张文显，等，译. 北京：中国大百科全书出版社，1996：82，83.

法律，并在此基础之上运用次级规则推动初级规则的变迁。

哈特认为恶法亦法。"这些法律虽然在道德上是不公正的，却是以正当形式制定的、意义明确的、并符合制度效力的公认准则。"❶ 这主要是基于权威和效率两点考虑。在权威方面，国家垄断暴力，强制要求人们在行动上表现出对既定法律的遵守和服从。"权威由于是服从者之所求，因此它表现为属于合法性范畴内的强制力。"❷ 当且仅当法律规范严重偏离人们所认可的行为准则，令人们不再畏惧国家强制力的威慑才会改变这种情况。在效率方面，理性人的假设认为人是否遵守法律规范是经过审慎权衡，计算了成本和效益比值之后的结果。在利益面前，趋利避害是人的本性，会令人们屈服于既有法律。但是，并非恶法就可以大行其道。哈特提出的次级规则是将恶法改造为良法的通道。"作为法效力的判准，承认规则可以将道德原则或实质价值包括进来。"❸ 其实，司法人员在实际判案时所运用的审判规则是相较于立法的另一种"承认规则"。为此，他提出"最低限度的自然法"，即与公认的伦理道德相一致的法来作为制定法律的基石。这种"承认"是社会事实，是最低限度的自然法。

到了 20 世纪下半叶，罗尔斯和哈贝马斯为此展开了长期辩论，但最终都不约而同地将研究重点聚焦到了"程序"。罗尔斯起初试图建立以正义为终极价值的政治哲学和法哲学。他在早先出版的《正义论》中为论述了关于平等的正义而提出的"无知之幕"与"原初状态"的概念；但是在其后期的著作《政治自由主义》中调整为"公共理性"和"重叠共识"，意在强调实质正义的基础上关注程序正义，提出了理性协商的思路。哈贝马斯则在《合法化危机》中提出法律的合法性要满足立法程序合法和人人平等的形式合法性，又在《在事实与规范之间》凸显"程序主义"来强调对话交往中形成的共识对法律的有效性、事实性的支撑，认为法律程序既有工具合理性，也有规范合理性，指明社会秩序的维持越来越依赖于人与人之间的相互理解、法律的可预见性和司法的公正性。这种程序主义的法律范式摆脱了法律合法性必须实现"实质正义"这一目的的束缚，转而从"程序正义"的视角来论证或者打通实质合法性转换为形式合法性的道路。也就是说，法律合法性最终应该以制度为基础，从形式上加以保障。

---

❶ [英] 哈特. 法律的概念 [M]. 张文显，等，译. 北京：中国大百科全书出版社，1996：203.

❷ [法] 让·马克·夸克. 合法性与政治 [M]. 佟心平，王远飞，译. 北京：中央编译出版社，2002：15.

❸ [英] 哈特. 法律的概念 [M]. 2 版. 许家馨，李冠宜，译. 北京：法律出版社，2006：233.

（四）中小学惩戒规范合法性的证成思路

经由前述分析，我们会发现成文法的合法性最终来源于人们的普遍承认和服从。形式合法性只是实质合法性的"现在完成时"，实质合法性是形式合法性发生变化的根源所在。在法律规则体系内部，具体规范的效力源于位阶更高的规范，效力最高的是基础规范或次级规则。只要具体规范是经更高位阶的规范确认或认可的，那么就是合法有效的。在法律规则体系的外部，道德、伦理、习惯、风俗、法理等非成文的法律渊源经由基础规范或承认规则进入法律系统。但是，规范在进入法律系统以前是不具有法律效力的，即不合法的；进入法律系统以后就变身为法律规则，与其前身是何种法律渊源已无直接关系。

因此，我们首先要对中小学惩戒进行实质合法性的考察。一方面，我们要考察中小学惩戒实践中人们对惩戒及其规则的基本认识，了解惩戒的基本结构、原理和价值；另一方面，我们要分析这些基本认识形成的原因。中小学惩戒的实质合法性肯定要追求形式合法性，但限于形式合法性视野中的规则是实质合法性对过往经验的总结与提炼，加之具体的个案又具有开放性、情境性，充满了各种利益的博弈和偶然因素的影响，所以有必要重新进行事实层面的考察。尽管当前的中小学阶段已有惩戒制度，校方还在不断完善校内惩戒规定，但是这些规则不一定会被学生、教师、家长、学校管理人员等主体所认可和服从。事实上，文本上的惩戒规则与事实上的惩戒规则并不总是同一的，甚至可以说是"各自为政"，或相离甚远。通过对中小学惩戒实质合法性的考察，我们不仅可以看到校内惩戒规定所支撑的惩戒规则体系在形式上的优缺点，而且能够在既有惩戒规则的基础上反思这些优缺点，完善中小学惩戒制度。当然，最终落脚点还是表现为形式合法性的提高。

从法律教义学的视角来探讨"中小学惩戒规范"的形式合法性也是必要的。因为我们所讨论的"中小学惩戒规范"的话语背景是在现代法治社会，所以我们要将精力集中在"现代法治社会"所暗含的法律规范的逻辑结构及其生成规范的过程。"法律规范的特点就是通过一种强制性命令对逆向行为进行制裁的方式来规定某种行为"。❶ 中小学惩戒规范须被放置于现成的法律制度之中，使其关涉的利益主体、法律关系、运行程序、救济方式等实然要素

---

❶ ［美］博登海默. 法理学［M］. 邓正来，译. 北京：中国政法大学出版社，2001：131.

得到形式逻辑的检验。在实证分析法学派看来，"一个法律规范如果已得到另一项更高层次的法律规范的认可，那么这项法律规范就是有效的。只有规范才能使某种法律渊源合法化，而诸如普遍接受或实际运用等社会事实却不能使它合法化"❶。或者说，规范在形式上或者逻辑上的应然有效性，与该规范是否被实际遵守，是否被人们内心认可没有直接关系。某个规则要具有有效性，只需满足两个条件：一是制定和颁行的机关合法，即颁行机关的享有立法权威；二是规则与既有的法律规范体系不冲突。

二、中小学惩戒的法理依据：纪律

人在遇到困难的时候会对过往经验进行总结、反思，具体表现为生成具有约束力的规则，然后在实践中自觉地去检验这些规则，而被检验为有效的那些规则就变成了"纪律"。康德指出，人有反思性判断力，天然地具有在个案中归纳出规则的知性和在规则中提炼出原则（理念）的理性。这是人类追求自由和解放的"自我立法"本性决定的。追求实质合法性聚焦于目的的正当性，追求形式合法性的实质在于提高处理矛盾冲突的技术能力。❷

（一）纪律的生成原理

纪律是指"一个社会或组织要求其成员共同遵守的行为准则。内容包括履行自己职责、执行命令和决议、遵守制度、保守秘密等。纪律具有强制性和约束力，对于违反者可以实行制裁。因而它是维持社会秩序、约束社会成员的一种手段"❸。纪律与管教、惩戒的英语单词是一个词语：discipline❹。尽管纪律在不同的历史时期、社会场景之中有不同的表现形式和表层结构，但均是由权力直接控制和实现的，直接指向人的肉体。

---

❶　[美] 博登海默. 法理学 [M]. 邓正来，译. 北京：中国政法大学出版社，2001：131.

❷　诚如马克思批判资本主义所表达的：生产力的发展解放了人类。马克思这一点上从未有过异议。他不满的是资本主义的利润分配方式。因为按资分配养活了不劳而获的食利阶层，而真正劳动的底层民众却没有获得应得的份额，成为资本压榨和剥削的对象。换言之，生产力无罪，分配方式有罪；手段无罪，目的有罪。人们经常拿第二次世界大战之后对德国纳粹审判中暴露出来的"恶法是否非法"的问题来质疑形式合法性，认为形式合法性应让位于实质合法性。这实际上是混同了目的与手段。就好似汽车一样，用它来运输还是撞人？不仅汽车制造技术与此没有直接的必然联系，而且还可以通过完善相关技术来防止或减轻交通事故对人身所造成的损害。形式合法性与实质合法性之间是相互支持的关系，而非彼此对立的关系。

❸　陈国强. 简明文化人类学词典 [M]. 杭州：浙江人民出版社，1990：235.

❹　Discipline 蕴含着丰富的含义，也有"惩罚"与"处罚"的意思。前文已有分析，此处不再赘述。

1. 纪律源于对效率的追求

纪律源于对人之有用性的"经济学"考量：肉体及其力量、它们的可利用性和可驯服性、对它们的征服和安排。这是一种算计，以最少的付出获得最大的收益。韦伯认为纪律源起于战争，其实不对。他在回顾战争中战术变化的原因时指出："开启了战争变革过程的并不是火药，而是纪律。""荷马那时就已经看到了纪律的开端：'禁止脱离队列作战'。""只有运用以纪律为先决条件的战争机器时，火药和一切与火药相关的战争技术才具有重大意义。"❶其实，纪律的重要性只是因战争中死亡的笼罩而被无以复加地强调，但并非起源于战争。纪律是人给自己设定的"规律"（不管其是否符合客观规律），目的在于减少牺牲或劳动，追求物的最大有用性。❷

纪律在产生之初就有着明确的目的——节约成本，规避以往因失败而受到的损失。纪律确立秩序，破坏秩序就是违反纪律。人们通过对违纪者进行惩戒，通过追究个人或追究集体责任来达到矫正、修复的目的。"惩罚措施不仅仅是进行镇压、防范、排斥和消灭的'消极'机制，它们还具有一系列积极的、有益的效果，而它们的任务正是提供和维持这种效果（而且在这种意义上，虽然合法惩罚是为了惩罚犯罪，但人们也可以说，对犯罪的界定和追究也是为了维持惩罚机制及其功能）。"❸

这种积极的、有益的效果就是满足人各种各样的利益需求，从而把人从被迫的劳动中解放出来，让人获得更多自由。这种谋求解放和获得自由的努力是人的本性。生存是任何生物必须解决的首要问题。在人与自然的相处过程中，人类学会了运用强力征服自然、改造自然，并凭借自己的勤劳与智慧，在逐渐积累起能够提供剩余产品的生产力的同时，也创造出了人类社会特有的交往规范。这是一种反自然选择，即在具有了战胜他者的强力之后，既没有任由占有欲望向他者恣意索取，也没有停下创造发明的脚步，而是创制出各种规范来规约自身的言行，在社会成员内部探索更为优化的分工合作方式。

劳动是满足人之利益需求的根本途径。马斯洛曾在20世纪中期提出个体人的需求层次理论。他将需求分为五个层次，由低到高分别为生理需求（如

---

❶ ［德］马克思·韦伯. 经济与社会（第二卷）［M］. 阎克文，译. 上海：上海人民出版社，2010：1307-1308.

❷ 战争中，人被视为夺取胜利的工具，是有生命的战争机器人。

❸ ［法］米歇尔·福柯. 规训与惩罚［M］. 刘北成，杨远婴，译. 北京：生活·读书·新知三联书店，2007：26.

呼吸、水、睡眠、食物、性等）、安全需求（如人身安全、财产安全、心理健康等）、社交需求（如亲情、友情、爱情等）、尊重需求（如成就、名声、地位等可以尊重他人与被他人尊重的内容）、自我实现的需求。其中，生理需求和安全需求主要指向的是人的自然属性，需物质条件保障；后三种需求则指向社会属性，需精神条件保障。当然，五种需求的典型性主要表现在数理统计上有积极意义，并不排除特例。不管生产力处于何种水平，若仅仅是依靠个人力量满足这些利益需求，则社会只能落入在霍布斯所描绘的"丛林状态"，人与人之间呈现为相互敌对的"战争状态"。❶ 人们不得不依赖协商或强制来建立秩序，以确保各种需求能够在特定的社会生产生活秩序中得到实现。"法律作为一种社会治理或控制的手段，乃是人类社会化过程中的一种反自然选择。"❷ 到目前为止，法律无疑是各种规范中体系最完善、规则最复杂的纪律，有效保障了现代社会中人类生产生活的有序开展。

以人的生存发展为观察的立足点，这种有用性体现为以人的劳动为产出前提的物品所具有的稀缺性。这种稀缺性是在人的生存意义上而言的，"物的属性取决于其生存价值和社会成本之间的比例"❸，而非经济学意义上以"产权"为前提的稀缺性。经济学上的"稀缺性"考虑的是人际关系，即人与人之间的交换；而生存论意义上的"稀缺性"，首先考虑的是物的自然属性，即对人的有用性。人投入到物的劳动是成本，物对于人生存的有用性是价值，即产出。

追求投入产出比的最大化，即提高效率是纪律产生的原动力。生产力、生产方式决定其他社会关系，经济基础决定上层建筑。马克思曾形象地描述这种关系："手推磨产生的是封建主为首的社会，蒸汽磨产生的是工业资本家为首的社会。"❹ 自从交换在分配领域出现以来，提高劳动效率成为生产力发展的主旋律。"投入—产出"追求以最少的付出得到最多的回报，人们总是在寻求新的生产要素的组合形式，不断地对人类社会的组织分工进行重构。❺ 大体而言，为了确保生产效率，这种努力可以分为降低风险和创造价值两类。

---

❶　霍布斯曾写道："人类的天性中有三种造成冲突的基本原因：第一是竞争，乃是为了利益；第二是猜疑，乃是为了安全；第三是荣誉，乃是为了名誉。为了利益，人们使用暴力去奴役他人；而全部的猜疑都是为了保全这些既得的利益；至于为了荣誉的争斗，则是由于他们认为受到了轻视或冒犯。"参见：[英] 霍布斯. 利维坦 [M]. 吴克峰，编译. 北京：北京出版社，2008：61.

❷　[美] 博登海默. 法理学 [M]. 邓正来，译. 北京：中国政法大学出版社，2001：2.

❸　毛玮. 论行政合法性 [M]. 北京：人民出版社，2009：101.

❹　马克思恩格斯选集（第一卷）[M]. 北京：人民出版社，1972：108.

❺　这里暗含着宏大的社会组织结构变迁。比如，各种各样的统治类型和生产力发展水平。

降低风险是少做减法，尽可能避免失去已经得到的；创造价值是多做加法，不断努力去实现新的利益。在这一过程中，人类尝试了各种各样的规则体系来作为"纪律"，并对违纪者施以惩戒，期望避免类似损失再次出现。

2. 纪律生成的一般原理

纪律是人主观意识自我立法的产物。

普罗泰格拉有句名言："人是万物的尺度。"笔者理解的意思是：人是立法者，是衡量世间万事（包括人自己）之有用性的支点。没有人的存在，一切就都与人无关，也就无价值或意义可言。它本质上是在强调人的主体性。人为丈量万物发明了一系列工具，比如，道德、伦理、科学、法律……人立法所指向的对象不是客观世界，而是人的主观世界，是自我立法。"人是万物的尺度"意味着人自我意识的觉醒：人不仅能够认识世界，而且能够给世界建立"人的秩序"。这种秩序是人在面对物所具有的多种多样属性的情况下，根据自身的价值判断和价值取向对事物认识结果进行梳理和裁剪的立法结果。所立之法不是客观事物本身，而是人的主观意识，是人认识客观事物的成就。

人们借以立法的能力是感性、知性和理性，对象则是获得的直观经验，形式分别是时间与空间、范畴、理念。所谓感性，是指我们的内心在以某种方式受到刺激时感受表象的这种接受性；所谓知性，是指那种自己生产表象的能力，或者说认识的自发性。❶ 由于我国学者对康德所言的知性和理性不太注意区分，导致理性这一概念运用混乱且随意，难以把握。实际上，理性和知性有本质的差别。知性"是借助于规则使诸现象统一的能力，而理性则是使知性规则统一于原则之下的能力"❷。

感性和知性相互结合产生知识。时间和空间是两种感性直观的纯形式❸。康德并没有给范畴下定义，但我们可以借用"纯粹知性"来推测："赋予一个判断中的各种不同表象以统一性的那个同一个机能，也赋予一个直观中各种不同表象的单纯综合以统一性""知性的能力借此得到了全面的测算"，故所得结果可以称之为"范畴"❹。"知性不能直观，感官不能思维。""直观永远只能是感性的，也就是只包含我们为对象所刺激的那种方式。""对感性直观

---

❶ [德]康德. 三大批判合集（上）[M]. 邓晓芒，译. 北京：人民出版社，2009：47.
❷ [德]康德. 三大批判合集（上）[M]. 邓晓芒，译. 北京：人民出版社，2009：231.
❸ [德]康德. 三大批判合集（上）[M]. 邓晓芒，译. 北京：人民出版社，2009：24.
❹ [德]康德. 三大批判合集（上）[M]. 邓晓芒，译. 北京：人民出版社，2009：64.

对象进行思维的能力就是知性"。❶ 没有感性提供的经验，知性就不能思维。"感性给予我们（直观的）形式，知性则给我们规则。知性任何时候都致力于勘察现象，为的是在现象上找出某种规则来。规则就其是客观的而言，就叫作规律。" 知性本身就是对自然的立法，是自然规律的来源。❷ "理性在推论中力图将知性指示的大量杂多性归结为最少数的原则（普遍性条件），并以此来实现他们的最高统一"。❸ 从经验到范畴，是人的主观意识对事实的加工；但从范畴到理念（原则），是人主观意识对规则的加工；前者是知性对自然的立法，后者是理性对自由意志的立法。在对自由意志立法时所得出的原则源自人的经验，并涵盖了人所有的经验，但是因为是在经过了知性加工的知识中推断出来的，而且人的经验是有限的，所以它有可能是错的，也有可能是对的。"这样一条原理并未给客体预先规定任何规律，也未包含把客体作为一般客体来认识和规定的可能性根据，而只是一条日常处理我们知性的储备的主观规律"。❶

在知性与理性之间，还有判断力——在康德看来，这种判断力源自愉快或不愉快的情感。这种判断力是与知性立法、理性立法并列的一种先天立法能力。判断力又可以分为规定性判断力和反思性判断力。其中，规定性判断力是指普遍性的东西（规则、原则、规律）被给予了，那么把特殊性归摄于它们之下的那个判断❺。这是康德在《纯粹理性批判》中所反复论述的内容，而他在《判断力批判》中特别论述了反思性判断力。

反思性判断力"不是一个经验性的概念，而是一种愉快的情感（因而根本不是什么概念），但这种情感却又要通过鉴赏判断而对每个人期待着，并与客体的表象链接在一起"。"因为这种愉快的根据是在反思性判断的普遍的、尽管是主观的条件中，也就是在一个对象（不论它是自然产物还是艺术品）与诸认识能力相互关系之间的合目的性和一致中被发现的，这些认识能力是每一个经验性的知识都要求着的。所以愉快虽然在鉴赏判断中依赖于某个经验性的表象，且不能先天地与任何概念相结合；但愉快之成为这个判断的规定根据，毕竟只是由于我们意识到它仅仅基于反思及其与一般客体知识

---

❶ ［德］康德. 三大批判合集（上）［M］. 邓晓芒，译. 北京：人民出版社，2009：47-48.
❷ 规律相对于更高的那些规律是一些特殊规定，而那些最高的规律是先天地从知性本身中发源的，它们不是从现象中来的，它们使这些现象获得了自己的合规律性，并正是由此而必然使现象成为可能的。参见：［德］康德. 三大批判合集（上）［M］. 邓晓芒，译. 北京：人民出版社，2009：116.
❸❹ ［德］康德. 三大批判合集（上）［M］. 邓晓芒，译. 北京：人民出版社，2009：232.
❺ ［德］康德. 三大批判合集（上）［M］. 邓晓芒，译. 北京：人民出版社，2009：229.

协和一致的普遍的、虽然只是主观的诸条件之上，对这种反思来说客体的形式是合目的性的。"❶ 这是从具体的事实中得出普遍的价值判断。

其实，"愉快的情感"是原则被证明有效之后，主体意识到类似的规则、直观经验在后续加工中成本会大大降低时才产生的。这背后是人追求效率的本性在起作用。康德提出的"愉快或者不愉快是知性与理性沟通的桥梁"的观点并没有说透其中的道理。他认为这种愉快乃至惊奇来自"发现两个或多个异质的经验性自然规律在一个将它们两者都包括起来的原则之下的一致性"❷。问题是：为什么知性要思维直观经验以得出规则？为什么理性要思维规则以得出原则？为什么会有这种"愉快或者不愉快"的情感？

根据康德的理论，规则是知性对直观经验进行加工的结果。为了论述简洁，我们假设知性在直观经验 A 中思维出了一个规则 a。而直观经验 B 也会被知性思维出规则 b，以此类推。首先，规则 a 从直观经验 A 中得来之后，人不仅可以在头脑中重现直观经验 A，而且可以类推出后来可能会遇到的直观经验 A1、A2 等。对于 A1、A2 来说，A 是先例。此时，规则 a 仅是一种有待验证的假设性知识；它需要被证实或者证伪。当规则 a 被证实，不仅说明人为自然立法成功了，而且是用现成的规则 a 在处理 A1、A2。规则 a 的运用起到了事半功倍的作用。同理可证规则 b。但这仍然需要主体一个个地处理直观经验，在成本上来说仍然费时耗力。于是，人的理性开始寻找更节约成本的办法——思维既有的规则 a 和规则 b，在不同的规则之间寻找出具有一致性的原则甲。这一过程是反思性判断力在运作，一旦得出了规则和原则，就轮到规定性判断力"以此类推"。当已有规则和原则被证明有效，那么主体会因不启动"反思性判断力"而节约了成本，因此会感到愉快。相反，遇到阻碍时，人们会因不得不启动"反思性判断力"而感到不愉快——问题在哪里？❸ 这是一个螺旋形循环往复逐渐提升的过程。

通过反思性判断力的简要介绍，我们可以认为：能否从特殊的个案中得出普遍的规律依赖于人的价值判断——愉快还是不愉快？效率是否有可能得

❶ [德] 康德. 三大批判合集（下）[M]. 邓晓芒，译. 北京：人民出版社，2009：240-241.
❷ [德] 康德. 三大批判合集（下）[M]. 邓晓芒，译. 北京：人民出版社，2009：237.
❸ 以交通规则为例。"红灯停、绿灯行、黄灯亮时等一等"是三个不同的交通规则，而"遵守交通规则"则是交通原则。人们在见到红绿灯时，首先是要"遵守交通原则"，然后在判断适用何种"交通规则"，这个过程属于规定性判断力运作的过程。而此前主体学习上述交通规则并要求自己遵守交通规则的过程则是反思性判断力的运作过程。在心理学学说中，皮亚杰的认知发展理论中的"认知图式"与此相通。

到提升？在哲学史上，尼采曾提出"上帝死了"的命题，福柯则提出了"人死了"的命题。他们在宣称"死"的时候，必然是痛并快乐着的。因为，"死"的不是人，"死"的是人顶礼膜拜的外部权威。不管是尼采所指的是人借助"神之口"所立的"人之法"的破产，还是"人是神"的幻觉下"理性全能论"的破产；他们都是在秩序一元的世界中发现了秩序多元化的可能。即是说，纪律不止仅有一套规则体系。这本质是生产力发展之后，人们的理性对世界观、人生观和价值观作出的调整。"上帝之死"意味着人改造自然的能力在进入机器大生产阶段以后已经得到了质的提升，物质财富的爆发式增长令人不再需要敬畏自然，敬畏具有超自然能力的神灵。"人之死"意味着在个体的人的层面上，从外部强加的观念权威受到了挑战。从根本上来说，这是在人的观念中，依赖他者权威的命令来指导人的行为已经不再是理所当然的了。人们转向"物—我"关系本身，主张个体的人可以自觉通过理性为万物立法，为自己立法。

　　虽然康德的立法学说解决了主体"自我立法"的问题，但仅仅是解决了这一问题。因为只要主体为自己所立之法没有遇到强有力的阻碍，规则、原则是不会被反思并改变的，所以"强权即真理"仍会大行其道。那么紧接着的问题是：主体间如何形成纪律呢？社会生产力的发展和产品交换机制的成熟导致个体越来越具有自主性，以至于社会的复杂性程度越来越高，生活形式越来越多样化，个体的生活历程越来越具有独立性，"它使得生活世界的背景信念的重叠或汇聚的区域越来越小"❶。当个体均按照"自己的法"行动而发生冲突时，"交往行动者面临这样的选择：或者是中断交往，或者是转向策略性行动——尚未解决的冲突要么拖延不决，要么见个分晓"❷。当中断交往的代价高于继续交往的时候，共同体成员必然需要为将来主体间的交往确立规则。幸运的是，主体间可以借助语言（不仅仅是文字）这种"理性之具体化的普遍媒介"❸为实现以相互理解为目的的平等协商创造条件。

　　主体间交往时，人们将一些被证明是能够有效节约交往成本的对象保留下来，并在以后的交往中"拿来即用"，比如说，语言文字、道德、习俗等。

---

　　❶ ［德］哈贝马斯. 在事实与规范之间 ［M］. 童世骏，译. 北京：生活·读书·新知三联书店，2003：30.

　　❷ ［德］哈贝马斯. 在事实与规范之间 ［M］. 童世骏，译. 北京：生活·读书·新知三联书店，2003：32.

　　❸ ［德］哈贝马斯. 在事实与规范之间 ［M］. 童世骏，译. 北京：生活·读书·新知三联书店，2003：11.

这些对象成为主体间共同理解的"交往规范"。个体试图对既有规范作出改变时，需要在共同体的其他主体面前进行辩护，以期赢得他者的理解和支持。否则，其他主体的抵制会使得规范变迁的成本剧增，以至于超过可能带来的收益。当这种冲突无法调和而共同体又不能解散的情况下，强制力做后盾的制裁是确保有效规范被遵守的关键。对于共同规范●来说，不管是基于成功取向的策略性行为，还是基于共同谈妥的情境理解，都必须确保其有效性。这种有效性的产生既需要主体自觉遵守规范，也需要权威的制裁作为保障。

3. 现代语境下纪律的合法性诉求

大体上讲，现代社会市场经济主导下的陌生人社会，是依赖法治的社会。"社会整合的负担越来越多地推卸给行动者的理解成就，对这些行动者来说，有效性和事实性，也就是具有合理推动力的信念和外部强制这双重力量……是并行的。"❷ 共同体现规范为自己确立的结果，规范的建制化，特别是法律上的建制化成为常态，社会分裂的风险在商谈过程中被化解了。现在，人们主要依靠法律来维护社会秩序和个人权利。法律相对于其他类型规范而言，具有平等性、精确性、确定性、强制性和稳定性，运转成本更低。

人并非一开始就选择法律作为纪律的最高形式，之前也尝试过利用更加松散和随意的规则体系。在纪律的武库中有暴力、宗教、神话、巫术、道德、习俗等各式各样的意识形态工具，但在西方社会进入近代一段时间后，逐渐被人们冷落了。特别是进入现代以后，法律逐渐成为纪律武库中的佼佼者和主导者。这是因为商品经济和生产力变革改变了人与人之间的交往方式，使既往的社会关系发生了颠覆性的变革。

"从身份到契约"❸ 是这种变革带来影响的生动描写。身份建立在人缘、血缘、地缘关系之上，是"熟人社会"中权利义务分配的合法依据。所谓熟人社会，是指人与人之间存在人身隶属关系的社会组织形式。比如说，费孝通所说的"乡土社会"、新中国成立后建立起来的"单位制度"。在熟人社会中，人的活动范围和活动形式有限，依赖熟人之间持续不断地交往和交易基本上可以实现全部社会利益，法律只是起一种补充或者威慑的作用。契约是

● 哪怕是因为惧怕强制力保障的制裁而服从，那也是主体在理解规范之后作出的行为决策，仍然具有共识的成分。

❷ ［德］哈贝马斯. 在事实与规范之间［M］. 童世骏，译. 北京：生活·读书·新知三联书店，2003：31.

❸ ［英］梅因. 古代法［M］. 沈景一，译. 北京：商务印书馆，1984：96.

指合同、合约、协议、协约等，是指当事人基于合意而达成的承诺。契约主要在陌生人之间的商品或服务的交易中使用，并用法律的形式固定当事方在契约中达成的权利义务，以防难以追究违约责任。彼此陌生的人通过商品和服务实现了交换与交往，人类逐渐进入到"陌生人社会"。但是，由于追求"投入—产出"之比的最大化，上述非法律的纪律武器无力制约人们的不当谋利行径，不仅各种侵害他人正当利益的行为层出不穷，而且个人的追责成本也越来越高。特别是进入信息化时代以后，网络的出现加快了全球化进程，陌生人之间的空间障碍被取消，使交往更加便利的同时，也让我们根本无法依靠个人力量来保障自身利益。

举一个简单的例子。假如你把所有流动资金都放在你的网上银行或者支付宝里；而有人利用黑客技术从你的网上银行或支付宝中盗走了你的流动资金。试问：你会怎么办？抓到他后是暴打一顿，诅咒他遭天谴，用针扎小布娃娃（巫蛊之术），还是去求神拜佛问问神仙们那钱在何处，用各种糟践人格尊严的话语辱骂他……想必在今时今日，这些做法都只会无济于事，徒耗精力。不过，有一种途径——报警，依法立案侦查，以期将盗窃者绳之以法——法律途径倒是给人一线希望。

经由上例，我们可以看出一个公正、权威且力量强大的裁判者是陌生人社会捍卫利益的守护者。马克思曾说："物质生活的生产方式制约着整个社会生活、政治生活和精神生活的过程。"[1] 商品经济和科技革命破坏了以往一元化意识形态的垄断地位，人们的世界观、价值观和人生观都出现了多元化趋势，出现了正当性问题。这种多元化导致政治社会统一的正当性根据丧失，导致近、现代国家的意识形态动摇，从而迫使最重要的思想家都不得不探求如何重新建构普遍性公共哲学体系，以及摸索秩序的替代性范式。[2] 个体的人寻求存在意义，不再依赖他者，而是依赖自己微弱的有限理性。于是，契约理论在公共领域延伸，最终出现了法治国家。法律以国家信誉作为担保，依赖税收确保运转，成为私人寻求第三方救济的有效手段。法律因为有私人力量无法实现的平等性、确定性和稳定性，所以逐渐成为人们利益表达和利益分配的垄断性工具。

---

[1] 马克思恩格斯选集（第二卷）[M]. 北京：人民出版社，1995：32.
[2] 季卫东. 法律程序的形式性与实质性——以对程序理论的批判和批判理论的程序化为线索[J]. 北京大学学报（哲学社会科学版），2006（1）：109-131.

法治是指基于理性才服从的一种非人格秩序。所谓非人格秩序，是指抽象的规则体系，"在工具理性或价值理性或两者兼备的基础上，经协商或强制而确立的、至少是要求组织成员服从的任何既定的合法规范"❶。"该秩序由法律规范和以下原则确定的限度内治理着组织；这些原则能够进行概括阐述，并已被治理着该群体的秩序所认可，或者至少没有遭到它的否定。"❷法治有三种理解方式：第一种方式中的法治是指凡以法为治者皆为法治。西方法治、中国的儒家法治和法家法治都是具体的法治类型；第二种方式中的法治则专门指现代西方法治，并将此外的治理类型都归为人治，比如，德治、礼治、术治、势治等；第三种方式中的法治是指国家强制意义上的形式之治。❸ 总之，法治是相对于"人治"而言的，是人理性为人类社会立法的客观化产物。对于权威人物下达的命令，"只有在理性地确定了秩序赋予该权威人物的管辖权限时，成员才有服从的义务"❹。而人与人之间的平等交往，则按照规则体系确立的权责范围为边界。

4. 现代社会中法律的生产与维护

在现代社会中，法律的生产和维护以宪法确立的"民事权利"为核心。"任何值得被称之为法律制度的制度，必须关注某些超越特定社会结构和经济结构相对性的基本价值。在这些基本价值中，较为重要的有自由、安全、和平等。""自由、安全、和平等诸价值，植根于人性的个人主义成人之中。"❺这些基本价值基本上涵盖了民事权利中个人权利的主要内容，比如，人身自由权、生命健康权、人格尊严权、财产权等。在契约精神的指引之下，人们通过民选的立法机关制定和修改法律，将民意通过立法活动表达出来。经由立法，人们可以依靠国家力量来保护自己所珍视的权利，也可以让其他人充分意识到权利自由行使的范围。行政和司法活动必须遵守法律优先原则和法律保留原则，禁止越权。

当然，随着社会分工的细化和国家行政的膨胀，越来越多的领域既无法依赖"民意"达成一致意见，也无法判定法律对"民事权利"的保障边界在何处。比如说，学校禁止学生在学生宿舍使用大功率电器，某教师给学业表

---

❶ ［德］马克思·韦伯. 经济与社会（第一卷）［M］. 阎克文，译. 上海：上海世纪出版集团，2010：323.

❷❹ ［德］马克思·韦伯. 经济与社会（第一卷）［M］. 阎克文，译. 上海：上海世纪出版集团，2010：324.

❸ 刘杨. 法治的概念策略［J］. 法学研究，2012（6）：29-33.

❺ ［美］博登海默. 法理学［M］. 邓正来，译. 北京：中国政法大学出版社，2001：5-6.

现差的学生"不及格"的期末考评。因此，根据法律只能保障人们的基本权利，而各种衍射性利益则处于灰色地带，法院也难以干涉。因此，在国家机构内部，立法机关除了努力提高立法的科学性之外，还开始向行政机关授权，允许行政机关颁行一些具有法律性质的规章、条例；同时，授予专业性较强的活动者以较大的自由裁量权，避免司法审查时法院无法进行实质性审查的尴尬。当然，除法律之外，有其他社会规范仍然有用武之地，比如，行政、道德、习惯等。它们被用来补充或替代法律。

除了在司法、执法、立法环节下功夫之外，法律的生产与维护还强调"法治"应扎根社会，在生产生活中去影响和塑造人们的价值观念与行为倾向。"在没有了宗教或形而上学的后盾情况下，只问行动呵护法律与否的强制性法律要获得社会整合力，法律规范的承受者应当同时作为一个整体把自己理解为这些规范的理性创制者"。❶ 法律已经渗透进人们日常生活的每一个角落。法律人将法律活动视为教育民众的最佳途径，注意法律活动的公开、公平、公正，将法律实践活动作为人们施加潜移默化的影响，帮助社会公众形成权利意识，提升法治意识。

（二）惩戒的基本原理

惩戒是维持纪律的主要手段之一，也是证明纪律需要被遵守的主要方式之一。惩戒能够有效运转，依赖的是强制力。"强力是一种胜过很大障碍的能力。这同一个强力，当它也胜过那本身具有强力的东西的抵抗时，就叫作强制力。"❷ 我们通常把这种强制力称为权力。权力通过惩戒修复或者重塑纪律。

1. 惩戒的实质

惩戒的本质是主体对纪律的重申或重新编码，旨在避免既得利益或未得利益受到更大的损失。对于惩戒者而言，惩戒活动是在宣示纪律，兑现违纪者应当承担的责任。在惩戒者的主观意识中，违纪是一种破坏性活动，会造成不必要的损失。如果违纪带来的破坏后果超出了制止这类违纪行为所耗费的成本，那么惩戒就是必要的。这是一个理性判断的过程。也许有人认为惩与不惩的得失难以精确衡量，所以不要轻易采取惩戒措施。这并没有否定惩

---

❶ [德] 哈贝马斯. 在事实与规范之间 [M]. 童世骏，译. 北京：生活·读书·新知三联书店，2003：40.

❷ [德] 康德. 三大批判合集（下）·判断力批判 [M]. 邓晓芒，译. 北京：人民出版社，2009：303.

戒的合理性，只是暴露了人之理性的有限性。努力的方向是尽力提高人运用理性的能力，而不是消极规避。惩戒方式是人自由选择的结果，即是人为建构的。那种教育领域中的"自然惩罚法"实际上也是建构的产物。对于被惩戒者而言，不管其是否对其行为的后果有所预见，惩戒是导致其反思行为是否偏离规范、是否能够达成目标的重要原因之一。其他主体发起的惩戒作为人为的事实，会激发受惩戒者反思自己的行为，寻找失败的原因，从而建立新的规则或原则。对于被惩戒者而言，反思是一个重新编码的过程。

惩戒是促成合作的手段。"惩罚之所以能够促成合作，是因为惩罚改变了合作和背叛的预期报酬。惩罚强化了背叛的成本，使背叛得不偿失，也使合作变得有利可图。"❶ 博弈论建立的重复博弈的模型证明了惩罚促成合作的基本原理。在重复博弈中，惩戒规则是十分明确的——"以牙还牙"。即是说，你怎么对我，我就怎么对你；你选择对抗，我就跟你对抗；你选择合作，我就跟你合作。其前提是博弈方之间实力大致对等；对未来利益有共识；各方的信息交流流畅，能够及时得知新情况；博弈方形成的群体相对稳定，各方在未来仍会不得不多次交易，从而让博弈方有了"惩戒"背叛者的机会；博弈方对背叛者"改过自新"抱有善意。当惩戒的信息能够被第三者知晓时，惩戒就会变成扩展到第三者的社会互动信息源，从而影响第三者的决策。

2. 惩戒的类别

根据不同的视角或标准，可以将惩戒分为不同的类型。

（1）基础性惩戒与专制性惩戒

以惩戒的原因为划分依据，若是侵犯了自然人生存所必需的利益，对人和社会构成了直接的或者潜在的严重侵害，那么惩戒就属于基础性惩戒；若侵犯的是国家意识形态所认定的社会秩序，对人和社会直接的或潜在的危害并不严重，那么惩戒就属于专制性惩戒。❷ 以学校惩戒为例。如果某学生有杀人、放火、吸毒、抢劫、勒索、强奸、盗窃之类的凶恶行径时，不管是学校还是其他主体，都会认为该生应当受到惩戒。有时候，仅仅是有学生发出了威胁他人人身财产安全的信号，或者偷盗的仅是几元零花钱，但出于侵害利益的基础性，人们也会极为严肃地对待。同时，若学生在衣着打扮方面有些"出格"、上学迟到、未完成作业等，人们处理起来就有分歧了。"学生应当规

---

❶ 桑本谦. 私人之间的监控与惩罚——一个经济学的进路 [M]. 济南：山东人民出版社，2006：54.

❷ 强世功. 惩罚与法治：当代法治的兴起（1976—1981）[M]. 北京：法律出版社，2009：27.

规矩矩地遵守国家意识形态所认定的秩序"，这一命题只能赢得绝大多数人的认同。有的家长则可能认为教师或者学校是在小题大做，而他们觉得染指甲、染头发、背不出课文、未写完作业等无关紧要，老师不至于大动干戈请家长、罚站之类。这些属于专制性惩戒范畴的惩戒行为，其要赢得正当性，相比基础性惩戒而言有更高的要求。

（2）自动惩戒与非自动惩戒

根据违规之后惩戒是否会自动执行，可以将惩戒分为自动惩戒和非自动惩戒。这里的"规"不仅是指法律规范，而且还包括行为人自身的习惯、已将外在社会规范内化的道德标准、社会习俗、道德伦理等。

根据执行惩戒主体的不同，自动惩戒可以分为三类：第一类是行为人自己执行的惩戒。比如说，不欺骗同学。行为人会因为自己欺骗了同学而内疚，受到道德的谴责或觉得良心不安。这种惩戒是最高效的。第二类是由行为人的行为所指向的对方发起的惩戒。比如说，辱骂同学。被辱骂的同学立即以言语回击，乃至肢体攻击辱骂者。被辱骂的同学针锋相对的反应就是自动执行的惩戒。第三类是由第三方执行的惩戒。比如，知晓某学生有辱骂同学的行为后，他的同学逐渐都远离他，不与他说话、一起活动，不和他做朋友，使之成为班上被孤立的一员。第三方惩戒的主体很多，能够协调一致发起惩戒依赖的是成员达成的集体共识。自动惩戒无需专门的惩戒程序，也无需专门维护，是性价比高、灵活、适应性强的惩戒类型。

非自动惩戒主要由行政处分和法律处罚。这两种都是指由官方发起的惩戒，比如，学校、教育行政部门、派出所、法院……一般而言，行政处分较法律处罚更为灵活一些，但运行的模式是一样的。这种惩戒类型主要是按照"控辩对抗"的模式，即先由控方提出控诉，再由被控诉方辩解。这种模式通常具有正式的程序，由官方严格按照"罪刑法定"的操作原则进行。这种模式有优点，但也有缺点。其优点是严格照章行事，权威、准确、稳定等；缺点是其严格按照既定规则进行，需要耗费较多的人力财力，且易因形式而偏离实际情况。

（3）公共惩戒与私人惩戒

公共惩戒是指依法享有公共权力的权威主体执行的惩戒，私人惩戒是指由私人暴力执行的惩戒。此处的公共与私人是相对而言的。在现代社会，最小的私人单位是自然人（公民），最大的则是国家；在自然人与国家之间还有各种各样的大大小小的社会组织。组织对于组成成员而言，就是公共主体。

公共惩戒和私人惩戒存在竞争与合作的双重关系。在现代国家中，"国家的财政基础越雄厚，就越有条件缩小私人暴力的合法范围……由于警察很难组织正在发生的暴力侵犯，所以承认正当防卫的合法性就是允许和鼓励受害人在危急的情况下以私人暴力对抗暴力侵犯"❶。实际上，国家是无法完全垄断暴力的。国家在努力拓宽公共惩戒并缩小私人惩戒的领域时，这两类惩罚之间还存在着合作关系。私人惩戒可以在公共惩戒缺位或者虚弱的时候提供一种替代性或者补充性质的强迫机制，从而在集体中建立一种自发性的合作秩序。❷

3. 惩戒的功能

惩戒的功能是惩戒获得正当性的重要根基所在。邱兴隆曾出专著❸论述了刑罚的哲学根据，将刑罚分为报应论、预防论两大类，其中又细分一些小类。刑罚作为惩戒中最严厉的处罚，展现了人们对惩戒的理解与运用。世无无源之水。刑罚来源于生活，是日常惩戒的凝练与升华，仍然可以反哺日常生活中的惩戒，反哺学校教育中的惩戒，为惩戒实现预期功能提供参照。

（1）报应论

顾名思义，报应就是"罪有应得"。报应论之报应是对为害者而言的，主张为害者为自己的失范行为承担应尽的责任。不同的时代，人们对报应的内容和形式都有不同的理解。在历史上曾出现过三种报应类型：神意报应、道义报应、法律报应；报应形式也经历了从等害到等价的演进之路。

神意报应论认为上天或神明是万物主宰，一切皆源于神明的安排，违背神意将受到神明处罚的报应。其实，这只是借神之口表人之意，以"替天行道"为口号寻求惩罚行为的正当性。道义报应论将惩罚的原因从神明的意志转向人自身的道德，认为人的道德恶性及其引发恶行才是处罚的原因，人的心理动机与损害后果之间存在因果关系，判断罪责严重性和处罚严厉性的主要基准是道德过错。法律报应论则认为惩罚应该按照法律规定的形式来实现，提倡法律至上，违反了法律规范就应当受到惩罚。

报应形式可以追溯到刑法之中的"同态复仇"，即以牙还牙、以眼还眼。这种同态复仇又称私人复仇，其实现主要依赖个人意志，"既不以犯罪为起

❶ 桑本谦. 私人之间的监控与惩罚——一个经济学的进路 [M]. 济南：山东人民出版社，2006：144.

❷ [美] 埃里克森. 无需法律的秩序：邻人如何解决纠纷 [M]. 苏力，译. 北京：中国政法大学出版社，2003：149-203.

❸ 邱兴隆. 关于惩罚的哲学 [M]. 北京：法律出版社，2002.

因，又不受法律的节制，纯系个人恩怨的发泄"❶。后来由公共组织来制定和执行惩罚的规则，按共同意志来确定惩罚的形式被称为公力报复，使惩罚成为公意行为。这种"同态复仇"的指导思想是"等害报复"。但由于一些失范行为，比如，强奸、重婚等行为难以通过等害报复来实现惩戒，人们开始寻求"等价报应"，即根据行为危害的严重性、人的动机的恶性来衡量应该受到何种严厉程度的处罚。惩罚的规则逐渐从具体形象的同态复仇升华为完全抽象的计量惩罚。

在报应论看来，某种行为是否应当受到惩罚，首先是判断该行为是否应受到谴责，其次是由特定主体对过错行为的危害性和行为人的主观恶性施加同比例的处罚。报应是对特定规范的认可，要求有错必纠，有违必罚，将"罪有应得"视为最高正义。"严格意义上的报应正义又与刑法的宽容性相冲突，进而构成对个人自由的一种限制乃至抑制"，所以惩罚所追求的报应论应当是经宽容缓和后的报应正义。❷

（2）预防论

预防论可以分为一般预防论和个别预防论。

一般预防论认为社会至少有三类人构成：惩戒者、被惩戒者和旁观者。任何惩罚发生的时候，牵涉其中的不仅仅是惩戒者与被惩戒者，还有旁观者——其在旁观察并根据惩戒结果决定是否做出为害社会的行为。惩罚不仅可以是被惩戒者得到的报应，而且还可以震慑旁观者，起到预防的作用。

一般预防论的初始形态是重刑威吓论，即是轻罪重型，旨在杀一儆百，遏制为害行为的发生。后来，古典功利论以人是理性动物为人性假设，认为人是趋利避害的理性动物，会衡量为害行为的收益与被处罚的损失，提倡罪行法定，危害越大处罚越严重。其相较于重刑威吓论有较大进步。然而，古典功利论仍然有可能出现重刑威吓论的做法，因此三元遏制论兴起。三元遏制论认为刑法具有直接的一般预防作用和间接的一般预防作用。直接的一般预防作用在于威吓，间接的一般预防论则含有耻辱与形成习惯的作用❸。所谓耻辱，是指经惩罚向社会宣告为害行为是可耻的；形成习惯则是指强化人们的守法意识，促使旁观者形成守法习惯。一般预防论旨在遏制为害行为，其

---

❶　邱兴隆. 关于惩罚的哲学［M］. 北京：法律出版社，2002：14.
❷　邱兴隆. 关于惩罚的哲学［M］. 北京：法律出版社，2002：75.
❸　邱兴隆. 关于惩罚的哲学［M］. 北京：法律出版社，2002：91.

处罚必须是有效的、必要的、及时的、等比的、确定的、被广泛知晓的。❶

个别预防论同报应论一样，也是针对为害者而言的。个别预防论又可以细分为矫正论和剥夺犯罪能力论。

所谓矫正论，是指惩罚者认为为害行为是一种病理性表现，惩罚则是治疗手段，选择恰当的惩罚好比对症下药，对不同类型的为害者需采取不同的救治措施。个别预防论"着眼于社会安全，犯罪人的犯罪赋予了国家对之予以改造，使之不再危害社会的权利，而着眼于犯罪者本人，其是社会的成员，作为社会的管理者的国家有义务改善其景况，使之适应社会生活"❷。因此，针对为害行为采取的惩罚措施具有了教育、矫正和改造为害者的作用。

剥夺犯罪能力论是使通过物理强制作用是犯罪者无法再犯罪，亦即剥夺其再犯罪的能力。❸ 剥夺犯罪能力论者认为，为了使社会免受犯罪人的侵害，惩罚者要审慎判断犯罪行为的性质和危害程度、犯罪人的人格特征，并根据判断结果采取适应的惩罚措施。比如，经常行窃的小偷就可以被监禁起来，这样就可以大大减少小偷对社会的危害。

个别预防论认为每一位社会成员都肩负着社会责任。"个人是作为社会的分子而存在，其天然便具有不危害社会的义务。"❹ 即是说，不管个人的主观能力和意识状态如何，只要危害社会就要承担相应的责任。为了追究为害者的责任，人们必须被组织起来惩罚为害者，捍卫社会生存与发展的能力。此被称为社会防卫论。社会防卫论认为社会有维护自身生存的权利，而犯罪是对社会生存条件的侵犯，因此，着眼于社会生存的需要，社会管理者有防止犯罪发生的权利与义务；社会防卫包括预防犯罪和处理犯罪两方面的内容；惩罚措施只有被证明有助于使犯罪者不再危害社会时才被认为是正当的。❺

上述这种论述只是为了理论分析的便利，人们在实践中往往综合采用报应论、预防论。

4. 惩戒的权力

"即使我们假定绝大多数人在本质上是关心社会的和善良的，但社会中必定还会有少数不合作的和爱寻衅的人，而对付这些人就不得不诉诸强力以作

---

❶ 邱兴隆. 关于惩罚的哲学 [M]. 北京：法律出版社，2002：117-134.
❷ 邱兴隆. 关于惩罚的哲学 [M]. 北京：法律出版社，2002：167.
❸ 邱兴隆. 关于惩罚的哲学 [M]. 北京：法律出版社，2002：175.
❹ 邱兴隆. 关于惩罚的哲学 [M]. 北京：法律出版社，2002：191.
❺ 邱兴隆. 关于惩罚的哲学 [M]. 北京：法律出版社，2002：195-196.

为最后手段。"❶ 这种强力就是权力保障的惩戒权。谈到权力，人们通常会浮现出一个拟人化的统治者（如政府），然后将这个集体虚化为某种制度体系，并将之从个体力量中分化出来并与后者对立。简单地说，"对于臣民来说，理性效果使他们明白，国家用其法律和暴力机器维系了他们的存在和幸福"，"理性效果对于统治者来说，统治者要遵守政治统治术规则，也就是致力于人民的幸福"❷。然而，权力并非抽象的实体，其首先是个体欲望的对象。人通过劳动力战胜自然，通过权力战胜他人。借助权力，人可以实现对他者的支配，进而直接实现个人的欲求。所谓支配，是指"某些具体命令（或全部命令）得到既定人员群体服从的概率"❸。因为被支配者若不服从，权力所具有的强制力会对其施加惩戒，"权益的丧失或者痛苦的感受，是惩罚的直接体现或反映"❹，使被支配者受到不利影响。所以"任何名副其实的支配形式都会包含一种最低限度的自愿顺从，即（基于隐秘的动机或真正的同意）在服从中获得利益"❺。

人们早已耳熟能详孟德斯鸠的名言："有权力的人们使用权力一直到遇有界限的地方才休止。"❻ 纯粹的权力旨在实现对他人的绝对统治：一个拥有绝对权力的人试图将其意志毫无拘束地强加于那些他所控制的人。这种统治的显著特征是统治者出于一时好恶或为了应急而发布高压命令。❼ 若是人人都拥有权力，且权力不受约束却是件可怕的事情。

但是，为什么又要有权力的存在呢？因为权力的分配过程是利益的分配过程，也是生产生活秩序的建立过程，更是生产生活中的纪律被明确的过程。在马克思、福柯等专注于研究权力的先贤看来，权力不仅具有压制性，而且具有生产性，是提高人的有用性不可或缺的规训手段。

马克思在宏观层面分析了权力对生产力的解放和对利益分配的不公。"与同样数量的单干的个人工作的综合比较起来，结合工作日可以生产更多的使

---

❶　[美] 博登海默. 法理学 [M]. 邓正来，译. 北京：中国政法大学出版社，2001：242.

❷　[法] 伊夫·夏尔·扎尔卡. 权力的形式 [M]. 赵靓，杨嘉彦，等，译. 福州：福建教育出版社，2014：128.

❸　[德] 马克思·韦伯. 经济与社会（第二卷）[M]. 阎克文，译. 上海：上海人民出版社，2010：318.

❹　邱兴隆. 关于惩罚的哲学 [M]. 北京：法律出版社，2002：43.

❺　[德] 马克思·韦伯. 经济与社会（第二卷）[M]. 阎克文，译. 上海：上海人民出版社，2010：318.

❻　[法] 孟德斯鸠. 论法的精神（上）[M]. 张雁深，译. 北京：商务印书馆，1982：154.

❼　[美] 博登海默. 法理学 [M]. 邓正来，译. 北京：中国政法大学出版社，2001：371-372.

用价值，因而可以减少生产一定效用所必要的劳动时间。……这种生产力是由协作本身产生的。劳动者在有计划地同别人共同工作中，摆脱了他的个人的局限，并发挥出他的种属能力。"❶ 这种生产方式所节约的劳动时间是人获得解放，获得更多人类自由的兑现。虽然大生产依赖资本的权力明确了工人协作劳动的纪律，但由于资本追求剩余利润，为了协调工人之间劳动的管理、监督措施从一般的劳动蜕变为资本的权力。"资本是资产阶级社会的支配一切的经济权力。"❷ 马克思又指出这种被生产力解放出来的自由在分配上的不公："他们不仅仅是资产阶级的、资产阶级国家的奴隶，他们每日都受机器、受监工，首先是受各个经营工厂的资产者本人的奴役。这种专制制度越是公开地把营利宣布为自己的最终目的，它越是可鄙、可恨和可恶。"❸ 在此，马克思尖锐且直截了当地说明了两个问题：首先，权力作为规训手段，可以调整生产关系，能够为生产力发展创造极大的便利；其次，被解放出来的生产力若不以服务劳动者为目的，就会蜕变为专制压迫。在这一点上，马克思对权力的压抑性和生产性作了极其易懂和生动的阐述，具有强大的生命力和解释力。❹

福柯不仅充分肯定了权力机器对生产力发展的作用，而且对权力分配的关注从宏观转向微观，细致分析了纪律作为权力分配工具所产生的积极意义。"如果不拥有权力机器，就不可能发展资本主义的生产力。……必须有新的权力分配，即所谓的纪律，带着它的全套的结构和等级、检查、操练和各种制约。"❺ 在这种纪律中，"个人的美妙整体并没有被我们的社会秩序所肢解、压制和改变。应该说，个人被按照一种完整的关于力量与肉体的技术而小心地编制在社会秩序中"❻。权力的微观运作建立了规训社会，确立了各种各样的纪律。"各种纪律用'温和—生产—利润'原则取代了支配权力经济学的'征用—暴力'原则。这些技术使得人们有可能调整复杂的人群和生产机构的繁衍（这不仅仅是指狭义的'生产'，而且指学校中知识和技能的生产，医院

---

❶ 马克思恩格斯文集（第五卷）[M]. 北京：人民出版社，2009：382.
❷ 马克思恩格斯文集（第八卷）[M]. 北京：人民出版社，2009：31-32.
❸ 马克思恩格斯文集（第二卷）[M]. 北京：人民出版社，2009：38.
❹ 此用来比照当前的学校教育也十分妥当：学校教育中的许多做法，比如，整日的学习任务、严明的纪律、校方对学生的监控等本身是客观的，不应该作为批判的对象；应该被批判的是这些活动所指向的目的——究竟是对学生的奴役还是对学生的解放。
❺ [法] 米歇尔·福柯. 权力的眼睛 [M]. 严峰，译. 上海：上海人民出版社，1997：161.
❻ [法] 米歇尔·福柯. 规训与惩罚 [M]. 刘北成，杨远婴，译. 北京：生活·读书·新知三联书店，2007：243.

中健康的生产，军队中毁灭能力的生产）。"❶通过规训技术的变革，纪律使每一个因素都能以既最迅速又最便宜的形式发挥特殊功用，解决了资本主义起飞阶段人员聚集和资本积累带来的管理上的难题。"它（纪律）的目的是加强社会力量——增加生产、发展经济、传播教育，提高公共道德水准，使社会力量得到增强。"❷

5. 惩戒的技术

惩戒要提高效率必须依赖规则系统。因为规则系统能够让惩戒成为"人定法"，从而消除违纪者的侥幸心理。同时，在惩戒违纪者时，比例原则要求将惩罚造成的损失跟违纪所能带来的收益大致持平。过轻和过重都无异于鼓励违纪，前者是因为有额外收益，后者是因为有激发"一不做二不休"的潜在可能。

在宏观层面，有国家推行的法律制度作为惩戒的规则系统。一旦有人违反了法律规定，自然可以由国家启动法律程序来追究责任，施以惩戒。当前，国家已经以法律形式垄断了针对人身的暴力，并在宏观上构造了司法制度、警察制度，将暴力的行使权限定为"警察权力"。但是，这种宏观权力的运作既需要耗费极大的成本，也不可能关注到社会生活的每一个方面。在微观层面，纪律作为权力的化身对法律不予追究的失范行为进行规范。"规训机构的规章条例可以照搬法律，惩罚方式可以仿效陪审团的裁决和刑事惩罚，监事方式可以遵从警察模式。"❸倚仗类似于违法犯罪的处罚形式，纪律成为监控个体乃至群体行为的规训工具，贯通了最轻微的不规矩与最严重的犯罪，"从触犯法律过渡到对准则、常态、要求和规范的轻微偏离"❹。

纪律的目标是建造一种高效率的机制，把各种基本要素有序地组合起来，并使之相互协调，从而获得比单个力量简单相加而言尽可能强大的力量。规训不是为了惩戒或者奖励，而是为了更好的甄别和训练，尽可能地实现人的有用性。作为追求效率的产物，纪律是明确控制范围、控制对象和控制模式

---

❶　［法］米歇尔·福柯. 规训与惩罚［M］. 刘北成，杨远婴，译. 北京：生活·读书·新知三联书店，2007：245-246.

❷　［法］米歇尔·福柯. 规训与惩罚［M］. 刘北成，杨远婴，译. 北京：生活·读书·新知三联书店，2007：233.

❸　［法］米歇尔·福柯. 规训与惩罚［M］. 刘北成，杨远婴，译. 北京：生活·读书·新知三联书店，2007：346-347.

❹　［法］米歇尔·福柯. 规训与惩罚［M］. 刘北成，杨远婴，译. 北京：生活·读书·新知三联书店，2007：343.

的有效方法。"它（纪律）监督着活动过程而不是其结果，它是根据尽可能严密地划分时间、空间和活动的编码来进行的。"❶ 惩戒作为"奖惩两分法"规训手段的重要组成部分，是在对规训对象的训练与矫正过程中进行的，有着特殊的运用策略和衡量尺度。

规训主体评判被规训者是否应接受惩戒及何种惩戒的依据是纪律。"纪律能够重新分解空间，打破和重新安排各种活动。"❷ 人始终无法摆脱认识和改造世界的两种直观形式——时间和空间。通过对时空的切割、编码能够让人的活动有计划、有目的，且将不属于计划内的空间隔离，时间停滞，以便活动主体全心全意实现目标。为了确保目标实现过程不受影响，在时空单元的内部，规训主体必须随时对被规训者进行监视、检查，并事先制定规范化的裁决方案对未实现目标的被规训者进行惩戒。❸

其中，规范化裁决是使惩戒获得正当性的、合理性的重要技术。首先，构建微观惩罚制度，建立小型处罚机制。"它享有某种司法特权，有自己的法律、自己规定的罪行、特殊的审判形式。纪律确立了一种'内部处罚'。纪律分割了法律所不染指的领域。它们规定和压制着重大惩戒制度不那么关心因而抬手放过的许多行为。"❹ 其次，采用特殊的惩罚方式。惩罚的理由是不规范，不符合准则，偏离准则。这些准则的参照标准有两个：一是法律、法规、条例、计划明确规定的人为秩序；二是某种可观察到的自然进程，这种进程具有某种规律。再次，以操练、训练作为矫正性的惩戒方式，旨在重申纪律并经违纪者拉回既定秩序。最后，建立两元分殊化的等级评价图谱，并制订计算方法，对人员本身及其种类、潜力、水准或价值进行区分。"这种分殊化不仅仅是对行为的区分，而且是对人员本身及其种类、潜力、水准或价值的区分。通过对行为进行精确的评估，纪律就能'实事求是'地裁决每个

---

❶ [法] 米歇尔·福柯. 规训与惩罚 [M]. 刘北成，杨远婴，译. 北京：生活·读书·新知三联书店，2007：155.

❷ [法] 米歇尔·福柯. 规训与惩罚 [M]. 刘北成，杨远婴，译. 北京：生活·读书·新知三联书店，2007：177.

❸ 刘任丰曾在其博士毕业论文《学校制度的个案研究》中对规训的技术、手段及其运用过程均作了个案解析，在此不再赘述。参见：刘任丰. 学校制度的个案研究 [D]. 武汉：华中师范大学教育学院，2014.

❹ [法] 米歇尔·福柯. 规训与惩罚 [M]. 刘北成，杨远婴，译. 北京：生活·读书·新知三联书店，2007：201.

人。"❶ 最后，借助图谱标示出差距，划分出品质、技巧和能力的等级，并据此奖惩，促使被规训者脱离被定性为"差"的等级。总之，规范化裁决的目的是规范被规训者的行为，而非司法处罚。它把个人行动纳入一个整体，后者既是一个比较领域，又是一个区分空间，还是一个必须遵循的准则。❷

在具体操作惩戒时，人们主要完成以下步骤：第一，提炼事实。对违纪事实进行加工，按照纪律所设定的标准对违纪行为进行处理。一般而言，主要工作是切断该违纪事件与其他事件在共时性和历时性上的联系，将违纪情况制作成一个标准化、符号化的个案，使之符合惩罚的形式规定。第二，还原事实。将个案中抽象且标准的违纪情形返回现实生活，考虑当事人所处的具体情境和历史根源，使之能够在实质上符合人们的常识，并在作出处理时考虑更为实质的情理因素。第三，衡量惩戒措施。精确且有效的惩戒应当是高效率的惩戒，即追求最高的性价比。这种考虑会导致惩罚的类型化、职能化和专业化。第四，公平、公正、公开❸，通过惩戒过程强化纪律，散播正义、理性和平等的理念。❹

三、中小学惩戒的特殊性

中小学惩戒的特殊性产生于两个方面：一是中小学校方与学生之间的法律关系；二是中小学阶段绝大多数在校学生是未成年人，具有特殊的法律身份。

（一）校生之间的法律关系

学校与学生之间的关系是包括法律规范所调整的法律关系在内的各种社会关系。公共学校出现后，法律规范就不断解释、调整校生间的法律关系，在不同社会历史条件下形成了不同的法律关系学说。所谓法律关系，是指法律规范构建或调整的、以权利义务为内容的社会关系。法律关系的生成前提是法律规范，即由国家强制力保障的规则体系。任何个人或组织在未经另一

---

❶ ［法］米歇尔·福柯. 规训与惩罚［M］. 刘北成，杨远婴，译. 北京：生活·读书·新知三联书店，2007：204.

❷ ［法］米歇尔·福柯. 规训与惩罚［M］. 刘北成，杨远婴，译. 北京：生活·读书·新知三联书店，2007：201-207.

❸ 福柯为此提出全景敞视主义，任何人都可以成为监视者，从而避免权力冲出规范化裁决设定的权力运行轨道。

❹ 强世功. 惩罚与法治：当代法治的兴起（1976—1981）［M］. 北京：法律出版社，2009：140-159.

方主体同意的情况下，不得任意变更或废除法律关系的内容，不得侵犯另一方的权利或不履行应尽义务。❶ 法律关系原本是个民法概念，由德国学者萨维尼在私法领域首次系统使用❷。但因此概念不能涵盖"权力因素"，所以童之伟将法律关系的内容拓展为"权力、权利、义务"三者之间两两配对的三重关系，把权力、权利称为"法定之权"（简称"法权"），于是法律关系被分成了"权利义务""权力义务"两种形式❸。经此转变，法律关系消除了在其他部门法中运用的障碍。学校与学生之间也存在"权力、权利、义务"三者之间关系的重组与配对的法律关系，表现出"权力义务""权利义务"两种形式，即构成行政法律关系和民事法律关系。法律关系是抽象规定，只有在具体的个案中才能产生法律拘束力。

1. 特别权力关系说

特别权力关系说诞生于 19 世纪下半叶。特别权力关系是相对于公民与国家之间存在的一般权力关系，所产生的是公法上特殊的权利与义务关系。"特别权力"是基于公民的特别身份（如公务员、学生、罪犯等）和"目的取向"而创造的，是为实现行政目的而采取的不得已的行为。在特别权力关系中，一方公民（相对人）相对于他方公权力主体负有服从的义务的不平等性特别严重，与一般公法上公权力关系的情形有程度上的不同，并导出三个衍生的差异：一是义务的不确定性。即在特别权力关系下，权力人对相对人享有概括的下命令权，只要在达成行政目的的范围内尽可课予对方相当之义务。比如，公立学校针对学生制定的各种纪律规定，学生有"不定量"及"不定种类"的服从义务。二是"法律保留原则"不适用。权力方可以在没有法律授权的情况下限制公民（相对人）的基本权利，特别是在有关纪律的惩戒权方面，特别权力人可依凭"目的取向"来决定惩戒的种类及其实施要件。双方形成绝对的不平等地位。三是法律救济途径缺乏。特别权力人可以通过制定内部规章的方式来限制他方的基本权利，而且相对人只能忍受权力人给予的不利处置之决定。❶

在校生之间的法律关系方面，特别权力关系说是指公立学校在管理学生时享有"概括性的下令权"，学生只能服从校方的命令。学生若不服从学校的

---

❶　张文显. 法理学 [M]. 北京：高等教育出版社、北京大学出版社，1999：159-160.
❷　魏振瀛. 民法 [M]. 北京：北京大学出版社，2010：30.
❸　童之伟. 法律关系的内容重估和概念重整 [J]. 中国法学，1999（6）：24-32.
❹　陈新民. 中国行政法学原理 [M]. 北京：中国政法大学出版社，2002：63-65.

管理安排，将受到校方的惩戒，而后者只能忍受。因为这种命令权是一种模糊的权力，学生对此负有不确定的义务，所以学校与学生之间"形成不对等的命令与服从关系"❶。这种学说适用于法律规定比较笼统、司法资源较为紧张的法治环境。这种校生之间不对等的法律关系曾一度是保障学校正常运转的必要条件。比如，德国海德堡大学对学生实行紧闭的处罚。该校可以对学生酗酒、行为不端、违反公共利益的学生实施处罚，违反其中一项者，可禁闭 2 周；违反 3 项者，可禁闭 4 周，被处罚的学生不得提出申诉和司法诉讼。❷ 但特别权力关系说的缺陷也很明显，其可以成为权力人对抗法治的工具。随着第二次世界大战之后立法技术的提高、司法条件的改善，公民的基本权利逐渐得到法律保障，成为抵抗公权力入侵的有效防线。在学校管理活动中，捍卫公民基本权利逐渐成为抵抗学校行使特别权力（特别是在严重影响基本权利的情况下，比如，退学、拒绝颁发毕业证等）的有效理由，成为寻求行政救济和司法救济的基石。

2. 基础关系与管理关系说

第二次世界大战后，在"司法国"理念❸的影响下，司法审查过度侵入特别权力关系领域。为了化解"司法国"理念与"特别权力关系说"这两种极端理论的冲突，平衡公共行政目的与相对人基本权益之间的矛盾，乌勒将特别权力关系分为了"基础关系"和"管理关系"两类，对特别权力关系说做了修正。基础关系是指凡是有关特别权力关系之产生、变更和消灭者，类似于形成权之作用者。比如，学生违纪中影响到在校关系存续的开除学籍、勒令退学等。管理关系是指为了达到行政目的，权力人采取的一切措施。比如，学生在校着装仪容、宿舍管理规定、考试考核、生活作息等。这些规则及措施，应视为行政内部指示，属于行政规章范畴，不被视为行政决定，不可提起司法救济，不必依循严格的法律保留原则。❹

基础关系与管理关系说是对特别权力关系说的改良，其适用程度有了大幅度提高。但是，这种论说的缺点也较为明显：一是实践中的基础关系与管理关系存在界限模糊的特点，司法审查强度伸缩性过大，不利于相对人对维

---

　　❶❷ 李晓燕. 学生权利和义务问题研究［M］. 武汉：华中师范大学出版社，2010：170.
　　❸ "司法国"理念是指在依法治国的要求下，司法权对行政权享有完全的审查权，法院对行政机关的全部行政决策拥有司法审查权。这是一种极端的法治理念，不切实际. 陈新民. 中国行政法学原理［M］. 北京：中国政法大学出版社，2002：66.
　　❹ 陈新民. 中国行政法学原理［M］. 北京：中国政法大学出版社，2002：66.

护自身的正当权益形成较为稳定和精确的期待。二是部分国家司法实践中法律保留原则已经扩张到管理关系的范畴。比如，美国联邦最高法院在汀克诉德莫尼耶独立学区案中，依照《联邦宪法第一修正案》对在校学生的言论自由进行了保护，宣告学生在校时并没有丧失言论自由的权利。❶ 因此，此说在20世纪70年代也被人们修正为"重要性理论"，即除了'基本关系'之外，在"管理关系"范畴中涉及公民基本权利的，也必须由法律作出规定，而非权力人自行颁布行政规章来规制。至此，"举凡关于"基础关系"之事项，固应完全适用法律保留原则及司法救济程序外，其他基于行政管理之必要，为达到行政目的所为之必要措施，纵可不视为具体的行政行为，然法律保留之原则亦不可忽视，以示尊重基本人权之制度，并且使法治国家原则不致因特别权力关系，而形成'法治国之漏洞'。"❷

3. 替代父母说

替代父母说是指学生进入公立学校之后，公立学校会替代父母在子女教育中的角色，可以在父母的权力范围内做出管理和教育学生的行为，包括对学生的惩戒。因为司法机构将如何行使这种权力视为父母自由裁量的范围，尽可能不干涉学校扮演替代父母角色时的作为，因此受惩戒学生不能获得司法救济。"只要校规没有违反法律，法院就如同不能干预父亲在家中惩戒其孩子一样，不能去干预学校的决定。"❸ 校方可以如父母管教自己的子女一般对学生进行管教；教师对未成年学生的爱、期望和责任与父母所承担的一样，要尽力为未成年学生的健康成长创造良好的条件。"公立学校对学生的公民教育并不局限于书籍、课程、公民课堂。在如何构建文明社会秩序的问题上，公立学校必须为学生躬身示范。不管是有意识地还是无意识地，在学校生活中如何践行文明交往和政治表达方面，教师（甚至包括资历更老一些的学生）都必须以自身的一言一行做出榜样。毫无疑问，这就好似家长所扮演的

---

❶ Supreme Court of the United States，1969，393 U. S. 503. 具体案件内容详见［美］米基·英伯，泰尔·范·吉尔. 美国教育法［M］. 李晓燕，申素平，陈蔚，译. 北京：教育科学出版社，2011：102. 此外，还有1972年德国联邦法院公布的"刑事执行案件判决"（BverfGE 33，1）。该判决认为，以现代法治国家应保障公民基本权利的立场，认为监狱当局在没有获得法律许可的前提下，仅根据监狱内部行政规章《监狱管理规则》来检查犯人信件，是对犯人通信自由的侵犯。陈新民. 中国行政法学原理［M］. 北京：中国政法大学出版社，2002：67.

❷ 陈新民. 中国行政法学原理［M］. 北京：中国政法大学出版社，2002：67.

❸ 韩兵. 高等学校的惩戒权研究［M］. 北京：法律出版社，2014：13.

角色一样。"❶

根据替代父母说的基本观点，校方的惩戒权与父母的惩戒权应当具有同等的法律地位和适用范围。可是，替代父母说存在天然的不足。首先，学校与学生之间的关系不是亲缘关系，教职工不会视在校学生为自己的子女；其次，若家校之间在学生在校行为是否应受惩戒及受何种惩戒的问题上存在意见分歧，甚至冲突的情况下，替代父母说就会陷入严重的合法性危机。

父母惩戒子女的权利主要源于监护权，适用于子女的未成年人阶段。根据《民法通则》第 18 条❷、《侵权责任法》第 32 条❸，监护的范围包括：保护被监护人的生命财产安全，照顾被监护人的饮食起居确保身体健康，代理子女进行民事活动（包括诉讼活动），根据无过错责任原则承担被监护人侵害他人合法权益的民事赔偿责任，对未成年子女进行管教。中小学与学生的关系主要是管理和教育的法律关系，行使的权利是管教权，而且根据过错责任原则承担责任。这些不同之处表明校方的管教权与父母的监护权有着质的差别。

当然，如果教师个人行为源自未成年人监护人的委托，那么教师的管教行为并非履职行为，而是代行监护权的表现。接踵而来的问题是：履职行为的范围在何处？

4. 法律授权说

法律授权说认为学校的惩戒权是由法律、法规、规章等具有法律效力的规范性文件授权才获得的，具有行政权力的特征。《教育法》第 28 条规定学校有"对受教育者进行学籍管理，实施奖励或者处分"的权力。学校与学生之间的法律关系是行政关系、教育关系。

在行政关系中，学校是行政主体，学生是行政相对人。中小学作为事业单位法人，在惩戒学生方面具有行政主体资格，具有行政权。行政职权又称行政权，是相关机关和组织管理国家事务、社会事务必不可少的权力。相对于司法权力只是"照本宣科"式地确认相关主体的权利义务，行政权力的最

---

❶ Bethel School Distrit No. 403 v. Fraser，478 U. S. 675，106 S. Ct. 3159（1986），参见 http://www.law.cornell.edu/supremecourt/text/478/675.

❷ 《民法通则》第 18 条："监护人应当履行监护职责，保护被监护人的人身、财产及其他合法权益，除为被监护人的利益外，不得处理被监护人的财产。监护人依法履行监护的权利，受法律保护。监护人不履行监护职责或者侵害被监护人的合法权益的，应当承担责任；给被监护人造成财产损失的，应当赔偿损失。人民法院可以根据有关人员或者有关单位的申请，撤销监护人的资格。"

❸ 《侵权责任法》第 32 条："无民事行为能力人、限制民事行为能力人造成他人损害的，由监护人承担侵权责任。监护人尽到监护责任的，可以减轻其侵权责任。"

大不同之处在于它具有更强的能动性,能够通过制定规范赋予或者剥夺行政相对人权利,课以义务。相同之处在于它们都具有强制性、单方性,必须依法办事且无权任意处分。"在我国目前的情况下,某些事业单位、社会团体,虽然不具有行政机关的资格,但是法律赋予它行使一定的行政管理职权。这些单位、团体与管理相对人之间不存在平等民事关系,而是特殊的行政法律关系。他们之间因管理行为而发生的争议,不是民事诉讼,而是行政诉讼。"❶ 随后,《关于执行〈中华人民共和国行政诉讼法〉若干问题的解释》〔法释(2000)8 号〕在行政诉讼受案范围的第一条规定:"公民、法人或者其他组织对具有国家行政职权的机关和组织及其工作人员的行政行为不服,依法提起诉讼的,属于人民法院行政诉讼的受案范围。"此规定将被告的资格明确为"具有国家行政职权的机关和组织",不再局限于《行政诉讼法》第 25 条确定的"行政机关"。所谓行政行为,是指"行政主体运用行政权,实现行政目的的一切活动"❷。在此种语境之下,中小学惩戒应定性为管理手段。

除了法律明文授权外,中小学在事实上也应当享有某些行政权。以校园安保为例。根据保护未成年学生人身、财产安全的需要,学校需采取一些必要的行政性的安保措施,以阻止侵害行为的发生。通常而言,人身安全与自由是由国家保障的纯公共产品,依靠私人供给的成本极高;但政府通常只提供国防和社会治安方面的保障,自力救济仍然大量存在并被法律所允许。学校是公共场所,其安保理应由政府提供,但是在校园、班级潜藏着大量危害不宜预估的人身伤害行为,比如,学生之间的欺凌与羞辱、打架斗殴。若此类事情全部由公安机关承担,对于公安机关来说显然是不可能完成的任务。所以,法律采取了授权的形式将安保方面的公共行政职权进行了分工,并将部分行政权赋予了学校。比如,《义务教育法》第 23 条规定:"各级人民政府及其有关部门依法维护学校周边秩序,保护学生、教师、学校的合法权益,为学校提供安全保障。"第 24 条规定:"学校应当建立、健全安全制度和应急机制,对学生进行安全教育,加强管理,及时消除隐患,预防发生事故。"

在教育关系方面,教育法治化进程在加快。所谓教育关系,是指"政府、学校、教师、学生、家长、社会等各类主体在教育活动中形成的一种社会关

---

❶ "田永诉北京科技大学拒绝颁发毕业证、学位证行政诉讼案",参见:《最高人民法院公报》1999 年第 4 期。

❷ 姜明安. 行政法与行政诉讼法 [M]. 北京:北京大学出版社、高等教育出版社, 2011:152.

系"❶。教育作为有目的地培养人的活动❷，与其他社会活动的本质区别在于将保障公民的受教育权作为最终目的，将公民的教育利益作为核心利益。学校与学生之间的教育法律关系的综合性已经逐渐精细化。现代社会是分工合作的社会，学校教育在社会发展和人的社会化方面的功能日益重要。学校教育本身的规律性、学校教育与政治、经济、社会等不同部门的互动关系被人们进一步认识，学校教育的科学性提高。同时，法治国家进程要求学校与学生之间的教育关系纳入法律治理体系，从而促进国家治理的现代化。宪法已经明确规定"国家发展社会主义的教育事业……举办各种学校""公民享有受教育的权利和义务"。这为教育关系法治化提供了宪法基础。所谓教育关系法治化，是指"通过法律理清各教育主体权利义务责任边界，建立行为预期，保障教育权利，规范教育行为，实现教育公平、效率、秩序等目标的统一"❸。在这种教育法律关系中，中小学学生未达到各级各类法规政策所规定的发展水平而受到的惩戒应定性为教育措施❹，目的是激发学生改过迁善，实现国家期待与自身发展之间的协调。

在学校中，教育关系是根本关系，是学校区别于其他社会组织的本质所在。因此，学校中的行政关系服务于教育关系。它要求学校的行政管理行为弱化强制性，尊重教育活动本身的客观规律，以学生的教育利益为最终目的。同时，行政关系应当从属于教育关系。行政管理中出现的惩戒活动应关照未成年人的身心发展规律，注重教育潜力的开发，在制度育人、管理育人方面实现"润物细无声"的影响，培养学生适应现代社会生活的能力。

5. 民事关系说

民事关系最突出的特征是校方与学生之间的关系是平等的，所达成的言行规范是双方基于真实的意思表示而协商达成的契约内容。在学校中，学校与学生之间不仅存在管理与被管理、命令与服从的行政关系，而且还存在服务与被服务的民事关系。《教育法》第 31 条规定："学校及其他教育机构在民事活动中依法享有民事权利，承担民事责任。"中小学是具备法人资格的，在

---

❶ 李晓燕，巫志刚. 教育法规地位再探 [J]. 教育研究，2014 (5)：80-88.
❷ 王道俊，郭文安. 教育学 [M]. 北京：人民教育出版社，2009：6.
❸ 李晓燕，巫志刚. 教育法规地位再探 [J]. 教育研究，2014 (5)：80-88.
❹ 比如，学业表现未达毕业要求的学生不发放《毕业证》，未达到结业要求的学生不发放《结业证》。

登记时则确立为事业单位法人。学生在学校的民事活动受民法调整，校生间的法律关系属于民事关系，比如，到校内商店购买生活用品、向学校购买网络服务、餐饮服务等。学生在校期间的人身权、财产权属于民事调整的范畴。"学生与学校之间在教育教学活动中所产生的财产所有和流转以及学校对在校学生提供人身安全保护是这类关系的基本内容。"❶但是，学校具有教育、管理学生的法定职责，学生的民事活动不能违反学校纪律，否则学校有权终止校生间的民事协议，并对其违纪行为进行惩戒，比如，暂时扣押手机、取消校内泊车的资格等。当学生及其监护人认为学校的惩戒活动侵害了学生的财产权、人身权时，可以通过协商、调解等途径进行自我救济，也可以申请仲裁机关仲裁或提起民事诉讼寻求法律救济。

上述学说是主要的几类解释学校与学生之间法律关系的学说，均有特定的理论生长点，有各自的合理性。

首先，我们比较倾向于赞同法律授权说。原因有三：第一，立法是推进依法治教的首要条件。"工欲善其事必先利其器。"欲推行依法治教，就必须首先建立较为周密的法律体系，能够为各方教育主体依法享受权益，履行义务提供指南。特别权力说、基础关系与管理关系说、替代父母说、民事关系说这些学说均是在实质层面描述与解释学校惩戒权的来源，而法律授权说更倾向于从形式上确定学校的惩戒权责。各种学说均可以通过立法环节进入法律体系，成为法律规范的重要内容。即是说，前四种学说是内容，法律授权说是形式，内容与形式之间并没有冲突。第二，强调法律授权说有利于树立"法律至上"的法治观念。有法可依，有法必依，违法必究，执法必严的法制理念是建立法治社会应当推崇的行事准则。若各种学说出现分歧并相持不下，那么必须以效率打断理性的滥用。在法律实务层面，法律授权说受到实务工作者的欢迎就在于行之有效，不仅为依法解决惩戒纠纷提供了可行办法，而且将"什么样的法律规定"才是合情合理的问题推到了立法阶段，有利于避免有限司法资源的低效率使用。第三，法律授权说可以帮助政府行政部门、学校、教师等主体解决在行使惩戒权力时行为性质的定性问题。法律授权说严格遵照"法无明文即为禁止"的行事规则，一来可以避免教育主体超越职权滥施惩戒，二来也为教育主体辩护惩戒行为的正当性提供了理由。这有助于平衡惩戒者与被惩戒者之间的利益冲突。

---

❶ 余雅风. 学生权利与义务［M］. 南京：江苏教育出版社，2012：51.

其次，民事关系说应当被重视。第一，民事关系说有利于化解替代父母说的理论困难。监护权是民事权利。教师的履职行为代表校方，其享有的惩戒权已经纳入法律授权说进行规制，不宜用替代父母说解释。而教师的私人行为则不代表校方，仅代表教师个人。在履职行为的边界较为清楚的前提下，家长与教师之间的协议可以按照民事关系的套路处理。比如，教师因私人行为与家长发生冲突，校方不应为此承担管理责任。第二，在校生之间"服务与被服务"的关系中，他们的法律地位是平等的。学校提供的住宿、餐饮、娱乐、交通等服务，学生及其家长有自主权。民事关系的明确有利于推动教师聘任制度、学生管理制度的法治化，进一步理顺学校与教师之间、学校与家长之间、教师与家长之间的法律关系。法律关系明确后，当前学校对校内发生的各类纠纷承担"无限责任"的困境就会得到改善，以法律手段解决各类纠纷将更为方便。

（二）中小学惩戒权的法律性质

中小学惩戒权源于学校公共生活秩序维护的需要和学生个体权益保障的需要。根据法律授权说，中小学惩戒的权力性质应当属于公共权力中的国家教育权。与国家教育权并列的还有家庭教育权、社会教育权。家庭教育权的正当性扎根于亲权，属于自然权利；法律只需对其进行确认即可。国家教育权的正当性扎根于人民主权，是立法机关建构的一种公共权力，并通过法律授权赋予或委托给学校。社会教育权泛指除家庭教育权、国家教育权之外，自然人和社会组织能够对社会成员施加有目的地培养活动的权力。其正当性扎根于社会教育事业发展的现实需要。我国《宪法》不仅规定自然人和社会组织可以依法举办学校教育，而且允许多种形式管理国家事务❶；《教育法》也允许各类社会组织和自然人以适当形式参与学校管理❷。中小学的惩戒权虽具有行政权的性质，但本质是国家教育权。

1. 学校惩戒权是公权力

所谓公权力，又称公共权力，是指"由特定共同体成员认可，对公共事

---

❶ 《宪法》第19条规定："国家鼓励集体经济组织、国家企业事业组织和其他社会力量依照法律规定举办各种教育事业。"《宪法》第2条规定："人民依照法律规定，通过各种途径和形式，管理国家事务，管理经济和文化事业，管理社会事务。"

❷ 《教育法》第46条规定："企业事业组织、社会团体及其他社会组织和个人，可以通过适当形式，支持学校的建设，参与学校管理。"

务进行管理的一种公共权威力量"❶。随着行政国家的崛起，政权以暴力机器
为物质基础，逐渐取得了全方位管理公共事务的垄断地位，成为公共秩序的
维护者和代言人。

之所以说惩戒权是公权力，主要基于以下三个方面。

第一，中小学校方与学生之间的关系从属于公共关系。"公共关系是一种
管理职能，它用以认定、建立和维持某个组织与各类公众之间的互利关系，
而各类公众则是决定其成败的关键。"❷ 作为国家公共教育体系的一部分，中
小学的教育活动是相关利益主体的利益实现过程。学校要回应政府、社区、
企业、学生、家长以及学校本身等主体的合法利益需求，并且要积极回应这
些需求。尽管实践中有民办学校，但其承担的国民教育义务和"非营利"的
性质规定表明学校是公益性质的，隶属于公共教育体系。可以说，学校的管
理活动，包括针对学生的惩戒活动，性质应当为公共关系。

第二，政府授权学校管理学生，惩戒权从属于学校管理权。《宪法》第
19条规定，"国家发展社会主义的教育事业……国家举办各种学校"，将公共
教育权收归国有，公共教育权成为国家教育权。紧接着，国家教育权通过
《教育法》予以细化，其中第28条明确了学校管理学生的权力："……
（一）按照章程自主管理；（二）组织实施教育教学活动；……（四）对受教
育者进行学籍管理，实施奖励或处分；……（八）拒绝任何组织和个人对教
育教学活动的非法干涉；……"这些具体的权力都是通过授权实现的，学校
可以在上述条款权限范围内制定自己的管理制度，实施相应的管理行为（包
括直接强制行为）。

第三，校方的惩戒权属于国家权力形式的一种。目前，法学界的通说认
为公权力中只有司法强制和行政强制才是合法正当的，能够对自然人的人身
和财产进行强力限制。但须知，司法权力和行政权力都属于国家权力，各自
的强制权都是国家权力，只是分工不同而已。根据当前教育立法成果和教育

---

❶ 何美然. 个体权利与公共权力的关系及其调适 [J]. 前沿，2011（10）：50-53.

❷ [美] 斯科特·卡特里普，等. 有效公共关系 [M]. 汤滨，等，译. 北京：中国财政经济出版社，1988：8. 斯科特曾将理想的公共关系的管理范围总结为9条：1. 它是一个组织所进行的有计划的、持续的经营管理活动。2. 它研究一个组织与其各种不同公众之间的相互关系。3. 控制组织内外各种意识、舆论、态度和行为。4. 分析一个组织的政策、行为及整个活动程序对各种公众的影响。5. 对处于组织的生存与公众利益相互矛盾中的各种政策、行为、活动程序进行调整。6. 协助经营管理人员建立组织与其公众之间的互利的新的政策、活动程序和行为。7. 建立和保持组织与其各种公众之间的双向沟通。8. 在组织内外，对公众的意识、舆论、态度和行为方面制造一些特殊的变化。9. 建立一个组织与其公众的新的关系或保持原有的关系。

实践需要，学校享有的惩戒权是合理合法的，可以成为强制权的一种。当学校的惩戒权"失灵"时，司法强制和行政强制可以作为互补手段出现。只要公共利益和个体权利受到非法威胁或侵害，组织或个人以必要的强力消除威胁或阻止侵害就可以被认为是正义的，具有正当性。

学校应当享有的惩戒权与司法和行政两种权力相比的特殊性在于：首先，惩戒权本身是教育手段。学校教育是个体社会化和社会个体化的主要渠道。惩戒权不仅仅是要规范学生的言行举止，而且要让学生认识并理解人际交往规则背后的价值考量。这意味着需要从学生个体发展的内因着手，令其知其然并知其所以然。其次，惩戒权的主要功效在于防微杜渐。一方面，学校惩戒权的惩戒强度不及司法强制和行政强制；另一方面，前者却比后者的适用门槛更低，是更为普遍和基础的言行规制手段。再次，学校的惩戒权有助于教职工应对各种需要迅速且灵活处理的教育情境。学校教职工在面临学生各种各样的违纪情形时，为避免不利影响进一步扩大，有必要采取迅疾有效的处理措施。最后，学校具有惩戒权也算是题中之义。因为学校的教育权是国家权力，而国家权力本身就具有潜在的可能强制性。因此，当对教育秩序负有义务的相对人拒绝履行义务而使相应主体的权利处于不确定状态时，诉诸公力救济就是正当的，而学校在穷尽其他手段之后采取直接强制手段便理所当然是正当的。

2. 学校惩戒权是国家教育权

教育学生是学校的职权。作为国家专门委托的纪律输出机构，学校是学生社会化的主渠道之一；学校的制度生活是非常珍贵的教育资源。学校享有惩戒权有助于师生及早树立尊重他人权利的法律意识，培养遵守公共秩序的行为习惯，具有促进学生的个人发展并助其融入社会主流，也有助于形成良好的校风和学风。在当前的中小学教育中，直接对学生行使教育权的是具有法人资格的校方或其他教育机构及其教职工；各级人民政府、教育行政部门、有关部门、其他社会组织和个人必须为校方或其他教育机构及其教职工履行职权提供支持。除前文所述《教育法》第 28 条的相关规定对学校进行了授权外，该法条还规定："国家保护学校及其他教育机构的合法权益不受侵犯"，《教师法》第 7 条规定教师对学生的教育权力："……（一）进行教育教学活动，……（三）指导学生的学习和发展，评定学生的品行和学业成绩；……"第 8 条详细规定了教师教育学生的义务，特别强调："……（四）关心、爱护全体学生，尊重学生人格，……（五）制止有害于学生的行为或者其他侵犯学生合法权益的行为, 批评和制止有害于学生健康成长的现象; ……" 第 9 条规定: "…… (四) 支持教师制止有害于学生的行为或者其他侵犯学生合法权益的行为……" 这些职权因为无法放弃或转让, 所以需要派生出惩戒权来实现学校及教师的教育权。同时, 由于学校是公共场所, 维护安全、和谐、有序的校园环境是所有人的共同义务和责任。因此, 在学校教育中, 学生及其家长或监护人不能破坏正常的学校教育教学秩序, 或者对其他学生的受教育权及人身、财产权利造成实质且明显的不利影响。一旦学生有违纪行为, 学校及其教职工可以按照 "教育权—教育惩戒权—惩戒权" 的逻辑纠正学生的违纪行为, 帮助其反省和改正自身错误。

(三) 未成年人的法律地位特殊

"未成年人" 是个法律概念。受教育者是 "未成年人" 的特殊性, 令中小学惩戒在惩戒原则、惩戒形式上具有与行政惩戒、司法惩戒显著不同的特征。未成年人与成年人相对, 是对自然人的理性和意志是否达到自主自立水准的法律界定。不同的法律部门对未成年人的界定有所不同, 表面上均以年龄作为划分标准, 实际上则是以责任能力为参考标准。

1. 《民法》

《民法通则》根据民事行为能力的大小对未成年人作了明确界定。民事行为能力有狭义和广义之分。"狭义的民事行为能力是指民事主体通过自己的行为参与民事法律关系, 取得民事权利, 承担民事义务的资格; 广义的民事行为能力不仅包括实施民事法律行为等合法行为的能力, 而且包括实施不合法行为的能力, 即对不法行为和不履行义务行为负责的责任能力。"❶ 该法第 17 条规定: "十八周岁以上的自然人为成年人。不满十八周岁的自然人为未成年人。" 第 18 条规定: "成年人为完全民事行为能力人, 可以独立实施民事法律行为。十六周岁以上的未成年人, 以自己的劳动收入为主要生活来源的, 视为完全民事行为能力人。" 第 19 条规定: "八周岁以上的未成年人为限制民事行为能力人, 实施民事法律行为由其法定代理人代理或者经其法定代理人同意、追认, 但是可以独立实施纯获利益的民事法律行为或者与其年龄、智力相适应的民事法律行为。" 第 20 条规定: "不满八周岁的未成年人为无民事行

---

❶ 魏振瀛, 徐学鹿, 郭明瑞. 北京大学法学百科全书·民法学·商法学 [M]. 北京: 北京大学出版社, 2004: 650–651.

为能力人，由其法定代理人代理实施民事法律行为。"由上述法条和学生实际上学年龄分布的大致情况可知，小学三年级以下的学生主要是完全无民事行为能力人，小学中高年级学生及中学生主要是限制民事行为能力人，高中生中有少数是完全民事行为能力人。

2.《刑法》

《刑法》虽然没有对未成年人的年龄界限做明确规定，但是根据刑事责任能力的大小对公民的四个年龄段做了如何追究刑事责任的划分。根据《刑法》第 17 条❶的相关规定，这四个年龄段分别是：①十四周岁以下的完全无刑事责任年龄段；②已满十四周岁至不满十六周岁，对特定罪行负刑事责任并从轻或减轻刑事责任年龄段；③已满十六周岁至不满十八周岁，对所有罪行负刑事责任并从轻或减轻刑事责任年龄段；④已满十八周岁的完全刑事责任年龄段。刑事责任能力的判断标准主要是看犯罪主体对犯罪行为是否具有辨认和控制能力。"辨认能力指行为人对自己的行为在刑法上的意义、性质、作用、后果的分辨认识能力，即行为人对自己的行为是否为刑法所禁止、所谴责、所制裁的认识能力；控制能力即行为人选择和决定自己是否实施触犯刑法之行为的能力。"❷一般而言，是否具有辨认能力是判断犯罪行为是否具有主观故意，是否应被追究刑事责任的前提条件；而控制能力不仅需要认知作为基础，而且需要有意志去选择和决定主体行为。四个年龄段的划分方法是较为合理的，符合从不知到知，从他律到自律的个体身心发展规律，也设计了知行逐渐统一的过渡阶段。

3.《未成年人保护法》

我国《未成年人保护法》对未成年人做出明确界定。该法第 2 条规定："本法所称未成年人是指未满十八周岁的公民。"对于未成年人保护工作主要遵守三条法律原则："（一）尊重未成年人的人格尊严；（二）适应未成年人身心发展的规律和特点；（三）教育与保护相结合。"❸在这三原则的指导下，该法第 38 条明确规定了"任何组织或者个人不得招用未满十六周岁的未成年

❶《刑法》第 17 条：已满十六周岁的人犯罪，应当负刑事责任。已满十四周岁不满十六周岁的人，犯故意杀人、故意伤害致人重伤或者死亡、强奸、抢劫、贩卖毒品、放火、爆炸、投毒罪的，应当负刑事责任。已满十四周岁不满十八周岁的人犯罪，应当从轻或者减轻处罚。因不满十六周岁不予刑事处罚的，责令他的家长或者监护人加以管教；在必要的时候，也可以由政府收容教养。

❷高铭暄，王作富，曹子丹. 中华法学大辞典·刑法学卷 [M]. 北京：中国检察出版社，1996：667.

❸《未成年人保护法》第 5 条。

人，国家另有规定的除外"。"任何组织或者个人按照国家有关规定招用已满十六周岁未满十八周岁的未成年人的，应当执行国家在工种、劳动时间、劳动强度和保护措施等方面的规定，不得安排其从事过重、有毒、有害等危害未成年人身心健康的劳动或者危险作业。"未满十六周岁的未成年人无法就业意味着不能依靠自己的劳动独立生活，需要得到监护。此不仅有利于确保未成年人的学习时间，也有利于避免未成年人在人生观、世界观和价值观未充分稳定之前过早地受到社会不良影响。

此外，与上述法律配套的还有《预防未成年人犯罪法》《行政处罚法》《治安管理处罚法》等法律。这些法律不仅共同界定了未成年人及其法律责任，而且建立起了呵护未成年人、保障未成年人合法权益的法律体系。

（四）基于教育学立场的反思

在教育学视野中，从未成年人到成年人的过程是个体不断发展的社会化过程。"儿童的发展过程也就是儿童的成人过程。"❶ "儿童发展的未成熟性、未完成性，蕴含着人的发展的不确定性、可选择性、开放性和可塑性，潜藏着巨大的生命活力和发展可能性。"❷ 法律意义上的责任能力是在后天的社会化过程中逐渐形成的。在此之前，未成年人必须有一个受教育的过程，去了解、掌握法律的内容，从而使自身行为符合法律规范的要求。当然，这不是一蹴而就的。学校除了教授法律内容之外，还要建立一定的惩戒制度，来填补法律在未成年人日常生活中的惩戒盲区，为培养熟悉法制社会行为规则的社会成员做准备。

1. 未成年人受到法律的特别保护

在我国的法律体系中，未达到一定年龄的未成年人受到法律的专门保护，见表1-1。在刑事责任和行政责任（行政处罚）方面，未成年人可以不承担或者从轻、减轻法律责任；在民事责任方面，具有权利能力而不具有完全民事行为能力。

---

❶ 王道俊，郭文安. 教育学 [M]. 北京：人民教育出版社，2009：28.
❷ 王道俊，郭文安. 教育学 [M]. 北京：人民教育出版社，2009：30.

表 1-1　我国法律对未成年人的保护条例

民法		刑法		行政处罚法、治安管理处罚法	
8 周岁以下	无民事行为能力	14 周岁以下	无刑事责任能力	14 周岁以下	不予行政处罚
8-16 周岁	限制民事行为能力	14-16 周岁	部分刑事责任能力	14-18 周岁	从轻或者减轻行政处罚
17-18 周岁不依靠自己收入生活者	限制民事行为能力	14-18 周岁	减轻或从轻处罚	——	
16 周岁以上依靠自己劳动收入为主要生活来源	完全民事行为能力	18 周岁以上	完全刑事责任能力	——	

法律责任有广义和狭义之分。广义的法律责任是指法律规定的需要履行的义务。这种义务主要依赖行为主体自觉履行，但有国家强制力做保障。狭义的法律责任是指主体违反法律规定后必须为其违法行为承担的不利后果，即由国家强力追讨违法者不履行义务的代价。❶ 本书指的是狭义上的法律责任。法律责任的认定、追究和归结由国家特别设计并由专门机关按照法律规定的程序进行。法律责任虽然是"人定法"事先设计好的，但在具体运作时却如同客观存在的事物一般，国家特设的专门组织或专门机关要做的就是发现违法行为与法律责任之间的对应关系。

未成年人虽然享有民事权利能力，但是民事行为能力受到限制。所谓行为能力，是指"法律关系参加者能够以自己的行为依法行使权利和承担义务，从而使法律关系发展、变更或消灭的能力或资格""行为能力意味着权利主体能理解、支配自己的行为并能对自己的行为负责"❷。未成年人因其在法律意义上的责任能力不足而无需、减轻或从轻承担刑事责任、行政责任（行政处罚）。所谓责任能力，是指"责任主体因实施了违法行为而独立承担法律责任的能力。责任能力包括责任主体对自己行为的辨识能力和控制能力，即主体能够

---

❶ 张文显. 法理学［M］. 北京：高等教育出版社、北京大学出版社，1999：167.

❷ 孙国华. 中华法学大辞典·法理学卷［M］. 北京：中国检察出版社，1997：462.

认识自己的行为是法律所禁止且具备决定自己是否以行为违反法律的能力"❶。

但是，未成年人可以不承担或者从轻、减轻承担法律责任，并不是说其就可以肆意作出"失范行为"。在现实生活中，极少数未成年人知法犯法，借助年龄的法律划分逃避法律责任的情形较多。❷ 因此，在法律规范内部，需要专门赋予享有教育权的主体一定惩戒权力，特别是学校机构。同时，在法律规范之外，道德伦理、公序良俗等"另类规范系统"也需要被调动起来压制、纠正未成年人的失范行为。但是，这些"规范系统"是作为未成年人外部的规则体系，且法律规范是他们未来必须遵守的规则体系。我们必须解决外部规则如何被未成年人认识、理解并遵守的问题。对此，学校应当承担起主要责任。虽然未成年人不承担或减轻、从轻承担法律责任，但是其享有民事权利和部分政治权利，并且需要为成年后享有更多的法律权利做准备，比如，选举、被选举的政治权利。当然，学校活动中的惩戒必须尊重学生的法律权益，尽可能避免侵权行为发生。

2. 中小学惩戒要恪守教育本位

在校未成年学生有了失范行为，学校除了依法惩戒之外，还要注意引导学生正确认识惩戒，意识到惩戒是兑现责任的"权宜之计"。教师一方面要教会学生全面客观地看问题，树立起责任意识，勇于承担责任；另一方面要去了解学生、关照学生，赏识学生的进步，对其进行正强化。根据笔者的田野观察，教师与学生之间的正强化互动是双向的，师生交往的氛围会变得和善且易于沟通。当学生的理性能力尚不足以处理惩戒问题的时候，教师、同学的点滴关照将有利于促进师生之间的信任，有助于学生正确认识错误，树立起改过自新的信心。

对于未成年人来说，法律是严格且冰冷的。它只对违法犯罪行为作出"是否"的两分判断，并且作出的是"报应性惩罚"，即通过一些物理手段将惩罚物化，比如，拘留、有期徒刑等，来兑现惩罚。尽管法律规范与道德伦理、公序良俗等规范系统有着密不可分的联系，比如，杀人、放火等被各规

---

❶ 孙国华. 中华法学大辞典·法理学卷 [M]. 北京：中国检察出版社，1997：501.

❷ 14岁的刘某和15岁的阳某曾因五次盗窃被捕，因年幼免于追究刑事责任，检察官和公安机关耐心教育后将其释放。可是，被释放的他们不思悔改，知法犯法且更加肆无忌惮，竟然从偷盗发展为抢劫。最终，冷水江市人民法院以抢劫罪将他们依法逮捕。参见：冯芯琼. 盗窃未定罪竟然去抢劫两少年仗着年幼知法犯法 [DB/OL]. 2008-04-29 [2015-03-12]. http://hn.rednet.cn/c/2008/04/29/1496095.htm.

范体系视为"异端"；但是法律的严肃性和权威性会令违法者在其所生活的群体里难以立足，加剧社会对他的排斥，使其难以回归社群的主流，从而出现一种恶性循环。其他规范系统的惩戒模式则要宽容得多。比如，道德伦理，其可以通过谴责、警告、劝解、抵制等形式实现对违纪者的惩罚。当然，这种宽容也造成惩戒的不确定增加，惩戒的主体、形式、效果等都会被打上一个问号。惩戒表现出弥散化、碎片化的特点。但有一点，这些法律之外的"规范系统"的主要目的不是要"定罪"，而是要促进违纪者反省自身过错，纠正失范行为，从而回到规范系统所认可的行为模式之中。从这个意义上讲，非法律的规范系统是将惩戒视为一种教育形式。学校教育需要充分利用这些"规范系统"。

中小学与其他教育主体之间是一种既竞争又合作的教育共同体关系。教育是有目的地培养人的活动。凡有目的地增进人的知识技能、影响人的思想品德、增强人的体质的活动都属于广义的教育。影响未成年人成长的因素极多。好与坏、善与恶、美与丑、真与假……教育主体必须对上述内容作出选择判断，表明态度，不管其是否是自觉行为。尽管在不同类型的规范体系之间，关乎个人生命、健康、财产、自由的内容总是有聚焦的共同之处。但是，这些规范体系之间却有着不同的惩戒模式。尽管大多数时候这些惩戒模式相互平行，互不干扰，但是它们之间并非总是协调一致。"5+2＝0"的公式不得不让人重视除学校教育之外的教育主体的影响力。家长、学校、社会其他组织和个人的影响在实际上形成了一种既合作又竞争的教育共同体关系。学校作为专门的教育组织，"它是根据一定社会的现实和未来需要，遵循受教育者身心发展的规律，有目的、有计划、有组织地引导受教育者主动学习，积极进行经验的改组和改造，促使他们提高素质、健全人格的一种活动"❶。学校应该从自身运行模式和规律着手，在学生表现出失范行为时采取积极有效的教育措施，根据法律、道德等规范系统的价值追求来开发作为教育手段的惩戒办法。

中小学惩戒规范应当在各种规范体系中谋求一种平衡。根据"有目的、有计划、有组织"的要求，惩戒规范要设计一种"人为的"在校秩序，明确学校纪律，并且不断训练学生，使之适应入校学习的"新节奏"。"井蛙不可以语于海者，拘于虚也；夏虫不可以语于冰者，笃于时也；曲士不可以语于

❶　王道俊，郭文安. 教育学［M］. 北京：人民教育出版社，2009：26.

道者，束于教也。"❶ 人不可能生而知之，社会对每一位成员而言都是有待探索的客观外部世界，需要不断认识。惩戒必须建立在未成年人对学校所推崇规则的有效认知之上，否则惩戒就会沦为奴役。我们不仅要让学生知晓纪律，还要训练学生建立纪律的能力。中小学最重要的任务是用社会主流价值体系同化未成年人，即教学生学会做人。特别是在义务教育阶段，学校应当成为维护社会的积极力量，让学校生活与社会生活联系起来，为未成年人成功融入社会开拓道路。❷

---

❶ 见《庄子·秋水》。

❷ 在此，"什么知识最有用"的问题会再次浮现。个人认为，与生计紧密相关的知识最重要。这包括两个方面的内容：一是与自然打交道；二是与人打交道。最迫切的莫过于掌握生产技能和道德法律规范。当然，如果音乐、美术之类的艺术知识在生计层面被运用，那也是可以的。学校要以此为提高"人之有用性"的根本出发点。

第二章　中小学惩戒的实质合法性

实质合法性的经典观点认为：判断理由是否正当、规则是否有效，不能仅从既有的法律规范中去寻找唯一正确的答案，还应该从现实生活中的道德伦理、风俗习惯、利益交换等方面的综合衡量中去考察主体行为的正当性。其中，形式合法性强调的法律规则的确定性、稳定性和逻辑自洽性只是实质合法性关注的一个方面，更为重要的是当事各方能够达成最低限度的共识，认可并服从校方的惩戒活动。对于中小学惩戒而言，校内惩戒规范是否正当、有效，需要深入到学校纪律运转的具体情境中去，"具体问题具体分析"。惩戒规范的正当性、有效性是从一个个惩戒个案的处理经验中反思而来的，为中小学惩戒的形式合法性进一步完善提供了依据。"尽可能高效地实现利益最大化"是各个主体的行动逻辑。学校场域中，中小学惩戒实质合法性的实现过程是相关利益主体的利益再平衡过程。人们在这个过程中反复博弈。

一、中小学惩戒反映的利益格局

在中小学场域中，直接的相关利益主体有各级教育行政部门、学校、教师、家长、学生等主要群体。各级教育行政部门主要通过控制学校实现自身利益，比如，课程、资金、人事、评估等方面的安排；其代表的是公共利益。中小学校方除了落实政府部门安排的任务之外，还有自身的特殊利益，比如，学校声誉、办学特色等。教师、家长、学生等群体自然有自身的利益期待，比如，谋生活、创事业、学知识、考大学，等等。相关利益主体的利益期待最终都细化到具体的个人，在个人的物质利益和精神利益的生产与分配中得以实现。

（一）中小学校方认定的违纪行为简介

违纪行为是中小学惩戒的对象。各中小学的《违纪处理办法》或者类似性质的文本集中反映了学校对各种利益的价值判断。通过对搜集到的《违纪处理办法》的整理，以可能的危害后果为标准，我们可以将这些违纪行为分为如下五个类型。

1. 具有危害生命权、健康权、身体权性质的行为

（1）在校期间打架斗殴。包括：虽未动手打人但利用各种方式扩大事态的情形，比如，恐吓报复、言语挑逗、挑起事端、偏袒一方（拉偏架）、提供斗殴器械等；动手打人的情形，比如，持械斗殴、聚众斗殴；策划斗殴的情形，比如，邀约他人斗殴等。

（2）在校期间持有违禁物品或者管制刀具。包括：自己持有或者给他人提供枪支、管制刀具、其他凶器、毒品、火种（如打火机、火柴）等。

（3）其他相关行为。包括：在校园内持有或传播淫秽物品、吸烟、酗酒等。

2. 具有危害校方或他人财产权性质的行为

这些危害行为包括：偷窃校方或他人财物、敲诈、抢劫、勒索他人财物、借钱不还、损坏公私财物等。

3. 具有危害他人名誉权性质的行为

这些危害行为包括：比如，恶语相向、起哄、戏弄、辱骂、造谣、诽谤等。

4. 危害学校的管理权的行为

这些危害行为包括：迟到、早退、旷课、考试作弊、上课期间干与学习无关的事情、上课期间干扰他人学习、不交或晚交作业、不参加集体活动、公共场合打闹喧哗、公共场所乱扔垃圾、在校期间进出青少年不宜的场所、在校期间不请假外出、在校期间参与打牌、打麻将等具有赌博性质的活动、不遵守学校作息时间、私自调换宿舍、私接电源、私自使用学校禁止使用的物品、在校内焚烧易燃物品、不按要求着装、打扮、作伪证阻碍校方调查、违规占有、使用电子产品、屡次违纪等。

5. 其他个人不良行为

这些危害行为包括：骚扰、纠缠同学影响到他人生活学习的安宁，隐匿、毁弃或偷窥他人隐私、非法侵扰、接触他人身体等。❶

以上列举的方式虽不能穷尽，但能简单勾勒出直接或间接的损害他人及学校的合法权益和学校正常教育教学秩序的失范行为的大致面貌。这些行为已经被证明或大或小地影响了学校教书育人职能的实现。

---

❶ 有的是有待商榷的行为，如谈恋爱。

（二）学校场域中的利益类型

人的生存、发展建立在各种各样利益的满足之上。马斯洛对这些利益的分类和排序的做法在法制中早已出现。

作为自然人，在校师生等相关利益主体享有利益可以大致分为基本利益和政治利益两大类。其中，基本利益主要是人权、政治权、教育权等法定权利。其内容大多已被宪法明确，并由民法、行政法、刑法、教育法等法律部门予以了细化。具体来说，民事权利有生命权、健康权、身体权、姓名权、肖像权、名誉权、隐私权、人身自由权、贞操权、荣誉权、一般人格权、物权（财产权）等。这些权利都属于消极权利，任何组织和个人不得非法侵害。政治自由和权利主要有宪法规定的言论、结社、出版、集会、游行、示威、宗教信仰、选举与被选举的自由权，对国家机关和国家工作人员提出批评建议的权利、申诉、控告、检举的权利、获得国家赔偿的权利、休息权、劳动权、受教育权等。这些自由和权利主要以国家行政的方式实现给付，以司法、行政活动中的"准司法"等方式实现救济。

作为社会组织，学校的主要利益表现为校园内部稳定的教育教学秩序。校方本身创造一个良好、安全的教学环境。这是学校落实国家教育方针的前提性条件，也是根本目的。学校有权拒绝任何组织和个人对学校教育教学活动的非法干涉❶，即使是举办或参与其他社会活动，学校本身也不能影响正常的教育教学活动。

（三）学校场域中的权利位阶

存在先于本质。首先，对于教育教学秩序而言，学校场域内自然人的生命健康权是最基本和最优先的基本权利。生命健康权是与自然人每时每刻都息息相关的生存权。如果人身已然处于危险境地，那么还能坚持教学并且要实现发展的可能性就微乎其微。对于学生而言，受教育权是发展权，与当下人际交往和未来的职业发展密切相关，但其实现的伸缩余地较大。而对于教职工而言，其权利情形如出一辙。其次，财产权也是根本性的基本权利。不光是自然人的生活离不开物质保障，而且社会组织（学校）也以特定时空的物质存在为保障。学校教育以文化为载体，文化以物质为根本。尽管财产权

---

❶ 《教育法》第 28 条第 8 款。

需要保障的程度不如生命健康权那么迫切，但受损达到相当程度时，也应当考虑对个人生存发展和教育教学秩序的破坏性影响。除上述两项权利外，学校的教育教学秩序是否受到实质性的影响是判断校方是否作出反应的根本标准。

学校承担的教书育人之基本职能是保障正常教育教学秩序的正当性基础。上述已经权利化的各种利益必须通过学校这个主渠道达到人人知晓的程度。这意味着法治教育要整合到教育计划之中。师生首先是公民，享有公民应当享有的公民权利，履行公民义务。可是，在连自己享有哪些权利义务都不知道的情况下，那些权利义务又有何意义呢？所以，学校维持正常教育教学秩序的利益是学校实现基本职能的前提，是表现为公共秩序的公共利益。在校期间，其他各类权利的行使是否具有正当性的判断标准之一就是是否破坏了学校的公共秩序。

当然，这并不是说学校因此而享有与其他主体的"特别权力关系"，而是说学校不会主动耗费成本去救济这些法益，而是采取类似"不告不理"的行动策略。只不过，中小学在具体处理时需要将法治要求与教书育人结合起来。

(四) 学校场域中的利益主体及其惩戒策略

在学校场域里，相关利益主体都是潜在的利益维护者。直接的相关利益主体有政府、校方、教职工、学生、家长，间接的相关利益主体更多，主要有公安机关、社区居民、媒体等。在现实生活中，相关利益主体关心的是自身利益的实现效率。对于未成年人在校期间的失范行为，理性会促使各相关利益主体计算围绕惩戒可能发生的收益与损失，从而决定自己的惩戒策略。

政府实施惩戒依靠的是国家权力。国家权力是各种公权力中最强大也最昂贵的权力。法规政策是不会去处理在学校中存在那些危害性质极其轻微的失范行为的。一是这些失范行为由未成年人发起，而国家法规已经对他们给予了特别的宽容乃至保护，未达到相当危害程度是不会被司法追究的；二是政府以司法、行政等手段去追究危害性质极其轻微的失范行为会耗费大量公共资源，得不偿失。因此，政府在法律体系中划定了政府出面干预的公共惩戒的介入门槛，而将达不到这些门槛的失范行为交由其他主体处理。在门槛内部，惩戒又进一步分为司法惩戒和行政惩戒。行政惩戒相较于司法惩戒更灵活也更廉价，但相较而言仍较昂贵。

校方实施惩戒依靠的是源自政府授权的国家权力。国家权力以法规的形式划定校方惩戒权力的行使边界。校方在授权或委托的职权范围内依法实施惩戒。当前，我国的法律授权或委托并不完善。以惩戒方式为例。教育部或省级教育行政部门出台了学籍管理规定、普通高等学校学生管理规定等文件对学校惩戒予以了规范，在校内确立了类似于行政处分的惩戒形式，比如，警告、记过、记大过、留校察看、开除等。不过，这些形式作为"法定形式"在全国或者省域内通用，不一定适合学校的具体需要，所以政府也会默认学校在法律规定范围之外的一些惩戒形式。校方将惩戒权委托给教师，以教师履职行为的形式具体落实，在操作模式上模仿政府行政活动中的惩戒操作模式。

以上属于公共权力保障的校方惩戒，类别上属于非自动惩戒。其虽严谨精确但耗时费力，还要依赖公共资源的保障。加之校园中危害性质轻微的失范行为种类太多（参见前文学生违纪行为简介部分），而且在个体日常生活中普遍存在。若全部采取非自动惩戒的方式，成本实在太昂贵。"国家为维持法律实施的垄断，通常会对私人惩罚手段（尤其是私人暴力）进行限制，但为节省公共资源的支出，法律又必须在某些场合容忍甚至利用私人之间的监控与惩罚，公共惩罚资源的有限性迫使国家把私人之间的监控与惩罚视为一项重要的社会资源。"❶ 既然轻微的违纪行为在干扰学校正常的教育教学秩序的同时，也可以对师生个人生活的安宁造成相当大的影响，那么将公共利益与私人利益协调起来，由师生启动自动惩戒也是可行的。对于自动惩戒的形式不能有效解决的问题，再由非自动惩戒的形式来解决是有助于节约公共成本的。除了暴力的使用由法律垄断调整之外，自动惩戒的其他内容都可以通过道德教化、习惯培养等方式实现。

二、中小学校方惩戒的实质合法性困境

中小学校方惩戒实质合法性困境是指由校方执行的校内惩戒制度难以被在校教师、学生、家长及社会舆论认同，遑论遵守。据文献资料和田野调查的结果，中小学校方惩戒的文本规则与实践规则并不总是一致的，甚至可以说是"各自为政"，彼此之间相离甚远。

（一）部分惩戒形式无实际效果

在绝大多数中小学的《违纪处理办法》中，最为常见的是口头警告、写

---

❶ 桑本谦. 私人之间的监控与惩罚———个经济学的进路 [M]. 济南：山东人民出版社，2006：140.

检查、警告、严重警告、记过、记大过、留校察看、勒令退学、建议转学、开除学籍（适合非义务教育阶段），此外还有全校通报评、取消评优评先资格、撤销学生干部职务、撤销荣誉称号、取消加入党、团、少先队资格、不得享受保送和推优待遇等。同时，为了档案工作的完备和显示惩戒的严肃性，受到了较为严厉的惩戒（比如，警告、记过、留校察看、开除学籍等）的个案材料会进入该生的学籍档案；此外，校方还建立撤销处分制度，在考察期表现合格经一定程序可以撤销处分并将违纪材料销档，体现了对违纪学生"知错能改"的关怀与肯定。

在调研中发现，大多数违纪学生并不畏惧校方的这类惩戒。有学生曾经说道："要罚让他罚，关我什么事?！我无所谓！"这类"无所谓"的现象在很多"薄弱学校"里普遍存在。何谓薄弱学校？按社会大众的通识理解，就是升学率低的学校，不管是城市还是乡村，这些升学情况较差的中小学的学校纪律都存在这样或那样的问题。尽管有"薄弱学校"试图整顿校纪，并对违纪学生采取了"非自动惩戒"，但仍不断有违纪学生我行我素甚至变本加厉的情况出现。

> **案例1**：2008年2—4月期间，某中学初一的4名学生多次欺负、殴打郑某同学，致使郑某受到了应激障碍伤害。经郑某家长向学校反映后，该中学将这几次殴打事件定性为在校学生违纪伤害案件，并先后几次进行了违纪处分、通报批评、大会检查、勒令一名学生退学等处理。❶

在此案例中，针对殴打郑某的行为，学校也算是及时做出了相应的违纪处分。可是，这四人非但不改过，还多次殴打郑某，学校多次惩戒违纪学生并直至有打人者被退学处理。类似这样的案例在调研过程中也曾出现过。经过访谈，我了解到学生反复违纪的大致原因有：

一是读书无用论。许多学生认为读书没有用，在校认真学习是在浪费时间，倒不如初中毕业了就打工挣钱或者直接辍学打工。在这样的观念影响下，在学校的学习变得百无聊赖。"读书无用论"的抬头有深刻背景。首先，改革开放创造的很多就业机会不需要学历。我曾问一名农村初二的学生是否有读高中或职校的计划，以后想干什么。他直截了当地回答："不读！早就不想读了！等初中毕业了就去打工。"事实上，很多劳动密集型行业的从业人员，比

---

❶ 参见：（2014）张民终字第606号。

如，餐饮、酒店、制衣、建筑、运输、做生意、务农、在工厂当一线工人、跑销售等，的确不需要太多中小学的"书本知识"。其次，简单的体力活儿虽然技术含量不高，但只要有吃苦耐劳的品质，比起大学生的"白领岗位"来说，也能挣不少钱；因为很多体力劳动者的生活期望较低的缘故，幸福感也相对容易获得。笔者在羊年春节在家时，发现村里勤奋踏实的20来岁小伙儿中，不管干什么，多数都已有一技之长，而且对生活充满希望。他们十六七岁就外出打工，到目前为止多已在城里或镇上购房，为谈婚论嫁紧锣密鼓地准备着。同龄人多已成家立业。相较之下，上海大学一位文科博士在其返乡笔记中感慨"知识无力"，[1] 虽然嫌"书本知识"无用的酸味太重，但对难以实现"老婆孩子热炕头"这样的生活期望来说，何尝不是"知识无力"呢？！最后，当前的日常生活只需要基础的读写能力，小学毕业时掌握的"书本知识"就能应付自如。人们生产生活所运用的大量知识是在社会交往中学来的，学校教育脱离现实生活的情况的确存在。

二是争当校园小霸王。校园小霸王指的是能够在争夺学校教育资源的非正当竞争中抢占更多资源的学生。所谓非正当竞争，在学校场域来说，就是不遵守校方承认或者设计的活动规则，按照个人意志随心所欲地活动。比如说，食堂打饭要排队，可是校园小霸王就是不排队，直接插队或者让人替他把饭打好；学生宿舍里最好的床位是靠窗的床位，学校已经默认了按"先到先得"的规则分配床位，可是他虽然是后来者，但是强行赶走先占者等。几乎所有中小学，特别是升学率较差的学校，都有校园小霸王。吴新民曾在《柏拉图的惩罚理论》一书中介绍了苏格拉底的主体道德论观点"无人自愿作恶""无人自愿失败""知识即美德"，阐述了无知是失败与作恶的原因。[2] 在中小学中，不少违纪行为是学生为当校园小霸王而产生的。如果说在官方眼中，小霸王们的霸道行为是"作恶"，很"失败"，那么小霸王们则有自己的一套编码方式。在这类学生中有相当部分是与学校管理"唱反调"的人，"破坏校方的规矩"甚至能够成为此类学生的行为原则。访谈中，有教师表示非常头疼："大错没有，小错不断。你处分他，倒如了他的意。他可以在同学中炫耀被处分的经历，把惩罚变成'成长的标签'——不挨个处分，都不好意思说自己可以在学校里称王称霸。"一个"小霸王"告诉我："你不挨处分，

[1] 王磊. 一位博士生的返乡笔记：近年情更怯，春节回家看什么 [DB/OL]. 2015-02-25 [2015-03-12]. http://www.nandu.com/html/201502/25/1051261.html.

[2] 吴新民. 柏拉图的惩罚理论 [M]. 北京：中国社会科学出版社，2010：78-131.

别人怎么晓得你的威力，哪个还怕你。"其实，小霸王背后的逻辑是：为了证明有能力实现自己的目的，或者有效"整治"不服从我的人，我可以无视或者对抗校方权威；被欺负的人找学校也没有用，照样治你！其实，这些"小霸王"通常是学业上的失败者，只是他们渴望赢得他人的肯定和尊重的需求以这种失范的行为模式表现出来而已。

三是惩戒形式与受惩学生未来关系不大。当前中小学惩戒的惩戒形式主要沿袭的还是计划经济时代"单位制"的操作模式——学籍档案可以成为影响学生未来升学、就业的重要参考资料，惩戒记录会影响到违纪学生能否在国家企事业单位谋职的不利因素。当这一情况遭遇"体制外谋生活"的前提时，惩戒记录能否对违纪学生未来生活产生影响就发生了彻底改变。首先，改革开放建立的市场经济崇尚能力本位，雇主已经不再关注应聘者在中小学阶段是否受过违纪惩戒了。其次，我国分化为两级的劳动力市场中，非正规劳动力市场根本不需要档案。结合读书无用论，太多违纪学生根本不在乎学校给的所谓的"纪律处分"。即使是正规的劳动力市场，民企中在乎应聘者是否在中小学阶段受过纪律惩戒的也越来越少。笔者在访谈时了解到，有的违纪学生低头认错的主要原因是父母、教师的态度以及自己对功过是非的理解，并非纪律处分。再次，丧失考好大学希望的学生也不在乎纪律惩戒。职业学校在生源紧张的情况下，为招到学生（也可以说是"抢学生"）也不考虑学生是否受到过纪律处分。最后，处分撤销机制让很多学生觉得只要不再严重违纪，取消处分而且将材料销档只是"走程序"，因此根本不用焦虑。

（二）违纪行为范围规定有争议

前文在讨论惩戒类型时，已说明按照惩戒缘由为标准，可以将惩戒分为基础惩戒和专制惩戒。其中，专制惩戒主要是指校方为了贯彻落实国家教育方针政策，对不会实质性危害到师生的人身财产安全以及学校教育教学秩序的行为实施的惩戒。从某种程度上讲，专制惩戒可以被定性为维护意识形态的管制手段。由于社会价值取向的多元化导致学校权威削弱，校方诸多惩戒对象被学生或家长视为专制惩戒，主要集中在表达权、财产权方面。

所谓表达权，主要是指公民或社会组织依法利用各种媒体以各种形式自由表达自身意志的利益。它是一种权利。根据权利形态，"表达权可以分为应有表达权、法定表达权和现实表达权三种存在形态"；根据权利性质，表达权可以分为个人权利、政治权利和社会权利。❶ 个人权利是指公民作为独立的个体所享有的权利。作为个人权利的公民表达权，是指"公民所享有的依法自主决定其意思而不受国家和他人任意干涉的自由的权利"❷。作为政治权利的表达权，是指公民参与集体事务和向集体寻求救济的表达自由的权利。作为社会权利的表达权是指需要国家权力提供积极帮助才能实现的表达自由权。❸在中小学惩戒中，作为公民的学生在三种权利性质的维度中均享有相当的法律权益，只是在行使表达权要遵守明显且即刻的危险原则、利益衡量原则、禁止事先抑制原则、法律规定精确限制明确原则、最小限制必要原则、公共利益原则、预防危险倾向或有害倾向原则等法治原则。具体来讲，表达权存在争议的行为表现主要为以下两个方面。

1. 中小学学生的恋爱行为

在我国，未成年学生的恋爱行为是学校、家长倍感焦虑的问题——中小学教师负有教育、管理和保护在校未成年学生的义务，不可能像高校教师那样对学生谈恋爱不管不问；家长因有监护职责，更是谈虎色变，担忧子女在恋爱中受到各种各样的可能伤害。如何处理未成年学生的恋爱问题，学校和家长经常陷入两难。其实，恋爱行为是自然人主体性觉醒和发展的重要外在表现，是社会活动及个体生活的重要组成部分。在我国，谈恋爱是公民享有的私权利，没有任何法律条文规定禁止未成年人谈恋爱；即使有法条禁止，恐怕也难以落实。

现在中小学学生恋爱行为较为普遍。虽然人们通常将中小学学生的恋爱行为定性为"早恋"，可是现在不仅中学生谈恋爱，连小学生都以"恋爱"定性自身的交往行为❹了。有记者在新华路小学和晨光小学门口，随机采访30名小学生，其中有24名表示同学间有恋爱"绯闻"，有18人承认有喜欢的对象。❺ 有学生说："如果把莱州一中谈恋爱的学生都开除，那学校能空出一座教学楼！"❻

---

❶ 李海新. 公民表达权及其保障研究［D］. 武汉：武汉大学，2011：7.
❷ 李海新. 公民表达权及其保障研究［D］. 武汉：武汉大学，2011：34.
❸ 常见的有科学研究的权利。
❹ 刘勇. 小学生谈恋爱行吗？［N］. 贵州都市报，2012-10-14（A09）.
❺ 佚名. 小学生谈恋爱成潮流　女生写情书要求做亲密动作［DB/OL］. 2014-04-02［2015-03-12］. http://hen.chinadaily.com.cn/n/2014-04-02/NEWS16460.html；类似新闻还有：佚名. 小学生早恋盛行　外貌成为第一"恋爱准则"［DB/OL］. 2012-10-05［2015-03-12］. http://news.xinhuanet.com/local/2012-10/05/c_123788105.htm.
❻ 孙华. 30 余学生因恋爱被开除？［N］. 济南时报，2011-04-08（A09）.

中小学生心智不成熟，并不能承担恋爱带来的不利后果。未成年学生恋爱引发的纠纷也非常多，少数人甚至为此付出了生命的代价。比如，南县天益初中初二学生代某（化名）与数名同学在警告陈某与另一女同学"不准谈恋爱"而遭到拒绝后，发生肢体冲突；结果陈某掏出弹簧刀刺中代某心脏部位，代某经抢救无效死亡。❶ 同时，恋爱行为也会分散学生精力，不仅会影响学生自身的课程学习，而且还会影响学校正常的教育教学秩序。

综合权衡利弊，很多中小学对在校学生的恋爱行为持否定态度，并在违纪处分办法中予以明确规定。比如，"男女同学互传纸条，发生早恋现象者，给予一级处分"❷，"谈恋爱，给予严肃批评，或警告处分；情节严重者，给予严重警告、记过处分；情节特别严重者，给予记大过处分"❸，"有谈恋爱行为的，经教育无效的给予处分：严重警告"❹，"中学生不准谈恋爱，不听劝导，给予记大过以上处分，造成不良影响的给予劝退处理"❺ ……有类似规定但言语暧昧的还有"男女生交往过密，在同学中造成不良影响者""男女同学交往过密，造成恶劣影响的""男女同学之间发生不正当交往行为，造成恶劣影响的"……在学生管理实践中，少数学校开除谈恋爱的学生的新闻在网络上广为流传，比如，"曝泉州实验中学 4 名同学因谈恋爱被停课 20 天"❻，"云南祥云县两高中生谈恋爱被开除"❼，"高中生因早恋先后被两所学校'开除'"❽ 等。这种态度和做法也得到了绝大多数家长的支持。

但是，质疑的声音也从未消失过。其主流观点认为，恋爱是人的自然权利，不仅是表达感情的重要形式，而且属于隐私领域，不应被学校不当干预；解决未成年学生的恋爱问题依靠"禁绝令"是不行的，相反要集中各方教育力量，采取各种防范和疏导措施。比如，要在中小学中积极开展性教育和青春期教育，教学生学会保护自己的身体健康；反复强调学生要树立志向，在

---

❶ 佚名. 13 岁中学生警告同学禁止和女生谈恋爱被刺死 [DB/OL]. 2013-12-22 [2015-03-12]. http://legal.people.com.cn/n/2013/1222/c42510-23910140.html.

❷ 见《陕西省祁州市定襄县宏道初中学生违纪处分条例》。一级处分是指留校察看、勒令退学。

❸ 见《福建省南安市玲苏中学学生违纪处分规定》。

❹ 见《贵州省遵义县第六中学学生违纪处分规定》。

❺ 见《上海华东师范大学大松江实验高级中学学生违纪处分规定》。

❻ 傅恒，黄墩良. 泉州实验中学 4 名同学因谈恋爱被停课 20 天？校方否认 [DB/OL]. 2014-04-06 [2015-03-12]. http://fj.qq.com/a/20140406/005714.htm.

❼ 普焘. 云南祥云县两高中生谈恋爱被开除 [DB/OL]. 2014-11-16 [2015-03-12]. http://society.yunnan.cn/html/2014-11/16/content_3453286.htm.

❽ 王国彬. 高中生因早恋、不守校规先后被两所学校"开除" [N]. 新文化报，2014-10-30 (B04).

学校期间认真学习，在具备谈恋爱的责任能力之后再谈恋爱等。学校给谈恋爱的未成年学生以行政处分是不妥当的。学校教职工一般都采取回避策略。若发现有学生谈恋爱的，在没有影响到班风、校风，没有实质性地干扰教育秩序的情况下，教师通常都是先通知家长，由家长表态并给予教育；如不见效则再与家长沟通，商量教育对策，比如，与学生谈话，劝其收心等；最后才是给予纪律处分。

2. 不良生活习惯类的行为

不良生活习惯的判断标准通常来自学生行为规范、治安管理处罚法等规范性文件。但上述规范性文件中，学生行为规范是倡导性的，属高标准严要求类型；而治安管理处罚法则是法律规范，属低标准严要求型，触犯即违法，适用于未成年学生的程度不高；而且这两个规范性文件的规定也不足够细致，对未成年学生具体的行为指导达到操作化水准还需要进一步细化。在这些"官方认定"的不良生活习惯中，有些对生命财产安全并不构成即刻且危险的危害的，比如，抽烟、喝酒、打牌等行为，逐渐成为学生质疑校方管理行为的对象。

有很多学生的个人生活习惯存在问题的原因不仅有来自同辈群体之间社会不良生活习气的浸染，而且也有来自教师、家长为主的不良示范。笔者在调研中发现，有很多教师自身有吸烟、喝酒、打牌、染发、穿衣打扮过于暴露、戴首饰、爱吃零食、乱扔垃圾等各种各样的不良生活习惯。即使是在校工作期间，他们这些不良行为也未收敛，给中小学生提供了不良示范。能让这样的教师去教学生吗？有的教师将零食放在办公桌上，下课后回办公室时吃。结果去办公室的学生都看到了。笔者曾问一个上课吃面包被老师批评的学生，该生只承认不能上课吃，认为下课了是可以吃的。还有一次，学校闭路电视的监控中有一个学生上自习课时在课桌里摸索啥东西，老师们（包括该生班主任在内）都围在监控前看，结果发现该生摸到一颗葵花籽并磕来吃了。老师们哈哈大笑！然后就没有下文了。言传身教，从何谈起！更有甚者，有的教师还私下里跟学生称兄道弟，以递烟、一起吃饭喝酒等形式作为拉拢违纪学生的交往手段。

除了教师个人的教育自觉性低之外，还有不少教师视这种做法为确保教育目的实现的"以小恶避大恶"的无奈之举。

案例2：吴老师（化名）是重庆某乡镇初级中学的教导处主任。虽然在校学生只是初中生，但是行为不良者甚多，学生管理难度很大。吴老师在处理学生违纪问题时，时常采取一些"灰色套路"。因为学校里的"小霸王""老油条"是非常明确的，吴老师在认为需要教育引导他们时，通常会将学生喊到办公室里，把门关起来"处理"。如果学生抽烟，他就会递烟，并帮其点燃；自己也点一支，然后才开始"说事儿"。有时候，他甚至会请"小霸王""老油条"学生到家里吃个便饭，喝点小酒，在谈天说地中对学生进行指引。（资料由访谈所得）

笔者追问为何会采取这样"另类"的教育办法，吴老师大倒苦水："你当年读书的时候，见老师们这样做过没有？那时候根本不用这样搞，直接在现场就把你们干净利落地收拾了，对不对？现在时代变了，你板起脸来训，他比你还凶！社会风气变了，学校不可能跟'大势'作对。以前的家长会当着孩子的面给教师塞包袱送礼不？不会吧？现在会！以前老师给家长说个啥，家长听得进去不？现在啊，我只能说'呵呵'了，娃娃还不看一样学一样？你也晓得，我们这一块打牌成风，莫说过年过节，就是平时有空的时候，哪个不在桌子上去摸两把？从老的到小的，没有不会的。加上现在老师的社会地位又低，我们这个学校的学生想读书、愿读书的少，怎么想办法把学生平平安安地送出校门才是把饭碗端稳的关键。你不要小瞧这些才十三四岁的学生，不得了啊！你不想办法跟他们搞好关系，工作根本做不动！只要他们不捅大娄子，平时一些小毛病就算了。当然，就是抽烟喝酒这些事儿，你还得和他们约好，什么场合可以做，什么场合不可以做，提醒不要影响其他同学，否则就要挨整。先让班主任去唱黑脸，我再唱个红脸。这都不一定管用。反复搞都不行，那就要把屡教不改的学生踢出学校，让社会去教。××（我的名字）啊，你可能也知道，现在中小学老师，特别是我们这样的老师，不好当啊！走一步看一步吧！"❶

现在，有很多违纪处罚办法中规定的"不良行为"被学生及其家长定性为"性质轻微"，不认可学校的惩戒行为。比如，未在星期一升旗时穿校服、私改校服等。以中学生染发为例。《中学生日常行为规范》第2条规定："穿戴整洁、朴素大方，不烫发，不染发，不化妆，不佩戴首饰，男生不留长发，女生不穿高跟鞋。"绝大多数学校将此作为校规的硬性要求，要求中学生不得

---

❶ 以前将农村、农业、农民的问题简称为"三农问题"，现在我想大声疾呼：农村学校真危险，农村教师真无奈，农村学生真可怜！这是农村教育的"三农问题"。

染发。但是，现在很多中学生，特别是极少数职业中学的学生喜欢染发，且拒不遵守校规，挑战校规的严肃性、权威性。校方为了规范学生此类行为，通常会采取一些强制措施，直至退学、开除。与此同时，来自家长、学生的质疑也逐渐出现。

案例3：16岁男孩晓峰（化名）因留长发并染发被学校拒绝到校上课，因此晓峰一直请假直至达到退学处分的标准，被学校开除学籍。其母罗女士认为校方的做法对晓峰造成了心理伤害，起诉该校并要求赔偿书本费300元，精神损失费10万元，精神抚慰金5000元。法院最终裁定返还书本费300元。罗女士讲了三点理由：一是晓峰喜欢动漫。晓峰将头发染成红色是因为其在8月参加动漫角色表演的需要，她已习以为常，不认为是问题。二是晓峰留这样的发型是想让自己看起来凶一些，避免重演初中受欺负的悲剧。三是晓峰头发经过三次理发，罗女士认为发型已经达到学校要求。❶

此次冲突的实质是学生染发的私权利与学校管理的公权力之间的冲突。从形式合法性的角度而言，学校有《中学生日常行为规范》和校规作为正当性辩护的依据，指出男生头发"前不遮眉，后不过颈，侧不过耳"，但这并未得到学生及其监护人的认可。因为《中学生日常行为规范》的软法性质，我们只能转向实质合法性，寻求观念的认同。就事论事而言，此事校方还有改善的空间。首先，晓峰发型不合校规要求而被停学"整顿"的同时，应当告知罗女士有可能引发的更多惩戒。其次，校方应当告知罗女士可能的救济渠道。重庆市早在2008年就颁布了《重庆市学生申诉办法》，让罗女士有更多也更廉价的救济渠道。最后，校方和罗女士要在冲突未升级、情况未恶化之前及时沟通，寻求有效合作。

关于中小学认为学生发型不合格并采取管理行动的个案还有很多。比如，一名初二女生李某头发过长，教师催其家长带她剪发被她激烈拒绝，她从自家5楼窗户跳下，经抢救无效身亡。有的学校则直接将发型不合格的学生集体停课并带至美发店理发。有的学校更为严格，要求男生将发型剪成板寸。❷倘若上述案例中的李某家长因女儿之死而到法院状告学校，或者上访要求处

❶❷ 周舒曼. 儿子发型不合格被退学？母亲告学校索赔10万余元［N］. 重庆商报，2014-09-25（9）.

分学校相关人员，我们应当如何面对呢？在软法面前，学校的权威应建在何处？我们只能通过沟通来寻求共识，希望各方达成谅解，避免冲突升级和恶化。在校规已经是现成的且剪发对学生利益影响轻微的情况下，家长应当以学校所代表的公共利益为重，先服从（即使内心不服或者认为学校的规定不合法）；同时，学校也要搭建家长参与学校校规修改的途径，让家长了解国家政策，表达自身诉求。

（三）携带违禁物品难以被发现

中小学携带违禁物品进校园的违纪行为难以被发现。有很多物品被校方定性为违禁物品，比如，携带管制刀具、爆炸物、毒品、毒药、烟、酒、麻将、纸牌等。在这些违禁物品中，有很多会对在校师生的生命财产安全形成严重的潜在威胁，使学校的教学生活陷于危险之中；有的则被作为学生从事"娱乐消遣"的道具，成为影响学生作息和学习的不利因素。在现实中，通常是学生的违纪行为被校方发现之后，其携带的违禁物品才能被校方扣押，但往往已经是"亡羊补牢"。

案例4：住读生熄灯后喝酒醉亡，学校承担50%的责任❶

2014年6月8日下午，初中生张某乙、黄某、张某甲等几名同学相约在饭店吃饭，其间喝了啤酒。其中，张某乙喝了半瓶，黄某喝了三瓶，张某甲喝了两瓶多。饭后，众同学到就读学校报到，准备上晚自习，开始一周的学习。

2014年6月8日晚上11点30分许，晚自习下课后，张某乙与另外13名同学共同在105宿舍为孟某甲补过生日。他们在老师查完夜后，将电源灯熄灭，用手电筒作光源，聚会喝酒。聚会时共饮白酒3瓶，啤酒4瓶。酒水系赵某甲、祝某于6月8日下午买好后带入学校，并藏在宿舍内，供晚上聚会饮用。6月9日凌晨许，聚会结束，张某乙已喝醉，被赵某甲扶回108宿舍。凌晨1时许，与张某乙同住的学生发现张某乙身体出现异常，向老师报告并通知120，经120到场检查，发现张某乙无自主呼吸，瞳孔放大，对光反射消失。经法医鉴定，确定死因为：酒后导致反流性窒息死亡。血液检验发现每一百毫升血液中含乙醇487毫克。

另查明：张某乙已满17周岁，不满18周岁。每周星期日晚到周五

---

❶ （2014）尉民初字599号。

中午期间，学生一直处于学校的管理之中。该校学生多，老师少。查夜的一名老师负责宿舍的两层，夜晚管理学生的老师宿舍位于2楼。

在此案中，该校已经采取多种教育和管理手段来规范学生行为。首先，该校有七项校内规章制度，规定了饮酒、住校生不按时就寝、熄灯后串寝室等是明令禁止的行为。相关管理制度悬挂于校内显眼之处。其次，学校有《致家长的一封信》《住校管理协议书》，说明该校已经向家长提示过住校生在校时的安全问题，以及在校生住校时应遵守的规定，并且和家长签订了《协议书》。再次，学校老师在熄灯前已经查过夜。可见，学校已经尽到了相关教育、管理及安全保障的义务。同时，按照常理，已满17周岁的张某乙已经具备了接近成人理智水平的认知与意志能力，不仅应该对学校禁止饮酒、按时就寝、熄灯后禁串寝室等规章制度的规定应当有充分认识；而且应该对自己的酒量和身体状况有清晰的判断。张某乙及其同学饮酒的行为完全可以定性为"明知故犯"，否则不会"偷偷进行"；张某乙因喝酒醉死所造成的责任后果应由其承担主要责任，这一责任最终由其监护人代为承担。学校已经尽到教育、管理和保护的责任，无需承担责任。

但是法院认为，未成年人因生理、心理发育不完全，不能对自己行为作出准确、合理、合乎安全的判断。学校要在学生在校时进行必要的教育、管理和指导。这样的要求难免过于苛刻。法院在《判决书》中指出，学校的这种管理可以是在合理时间、合理地点采取必要、合理的措施，如通过减少学生自由活动的时间，特别是晚上自由活动的时间，也可以通过询问、目视、简单的接触及时发现学生违反学校规定的行为，将隐患解决在萌芽状态。学校与家长签订《协议书》十分必要，但更重要的是将学校的管理规定付诸实施。学校老师在查完夜后，张某乙及其他13名同学不在规定的时间就寝，而是聚在一起为同学过生日，管理老师居然没有发现，因此学校在管理上有疏漏，存在过失，未尽到职责范围内的义务。❶

法院的陈述理由是难以让笔者信服的。其一，试问如何减少学生自由活动，特别是晚上自由活动的时间？一方面，晚上具体何时熄灯就寝与学生聚会喝酒并没有直接的因果关系；另一方面，学校是不可能把学生返校时买酒

❶ 参见：(2014) 尉民初字599号。笔者妄自揣测，法院之所以这样判，其根据可能是弱者保护原则或公平原则；法院认为自然人及其家庭相对于保险公司来说抵抗风险的能力明显处于劣势。在学校购买了校方责任险的前提下，判学校赔偿的埋单者是保险公司。而自然人及其家庭得到相应的补偿，有利于缓和社会矛盾。

的时间挤压掉的。其二，学生在凌晨活动时，且在只有 1 名值班老师负责两层学生宿舍的情况下，要求老师不睡觉来楼上楼下巡查，难免脱离实际。老师在二楼睡觉休息时，无法发现一楼房间内部学生的动静也是常理。其三，老师在熄灯就寝前查夜点名，在管理上的确已尽到义务，不存在过错。老师只是兼职宿管，次日需要工作，也需要休息。其四，法院所谓合理的时间、地点、措施是指什么？要求一名普通教师的侦察能力达到或超过警察的程度吗？即便是警察，身边走过背包里装着几瓶酒的人会觉察出吗？其五，学校已经联合家长对学生进行教育和管理活动，且签订了《住校管理协议书》。如果说有瑕疵，那就是根据文书不能看出学校在教学活动中专门组织学生学习了学校的规章制度。

因此，问题的关键在于校方管理学生的权限中没有搜查和扣押的警察权力。这种权力的本质是暴力。在现代社会，暴力已经被国家垄断，暴力行使的形式、范围必须有法律授权才能使用。可以说，搜查和扣押在性质上是一种行政强制措施，即"在行政过程中出现违反义务或者义务不履行的情况下，为了确保行政的实效性，维护和实现公共利益，由行政主体或者行政主体申请人民法院，对公民、法人或者其他组织的财产以及人身、自由等予以强制而采取的措施"[1]，是一种具体行政行为。因为行政强制的目的是"为制止违法行为、防止证据损毁、避免危害发生、控制危险扩大等情形"[2]，所以搜查与扣押的正当性与目的也应当定位于此。

校方管理学生的行为，有法律授权和委托的属于国家行政的范畴，即公共行政；没有法律明确授权和委托的，虽有公共行政的实质，但在形式上仅属于私人行政。也就是说，在没有法律明文授权和委托的情况下，虽然搜查和扣押在实质上具有合理性，但是性质为违法行为，是对学生人身权和财产权的非法侵犯。在我国，中小学并没有在形式上获得法律授权，除申请公安部门执行或"违法执行"之外，便束手无策。可是，公安机关的警力负担较为沉重，根本无法顾及校方可能的搜查与扣押行为。笔者调研时曾了解到，武汉某中职学校的校园安全压力较大，会不定期进全校范围内的随机搜查，没收学校认定的违禁物品。该校校长每次都会请派出所的一名公安干警到场。为提高效率，保安人员中除必须要坚守的岗位之外，全部参与搜查活动。搜查出来的各类违禁物品可谓"不计其数"，其中的管制刀具装满了校长办公室

---

[1][2] 姜明安. 行政法与行政诉讼法 [M]. 北京：北京大学出版社、高等教育出版社，2011：287.

的一个大抽屉。在没有警察到场的情况下，如果学生及其代理人以此向学校提出质疑或向法院提起诉讼，学校败诉并不意外。法院会不会再次说如下话语呢？"在合理时间、合理地点采取必要、合理的措施，如通过减少学生自由活动的时间，特别是晚上自由活动的时间，也可以通过询问、目视、简单的接触及时发现学生违反学校规定的行为。"

(四) 违纪处理的结果难保公平

违纪处理的结果难保公平可以分为两个层面：一是对中小学校方而言不公平；二是对学生个体而言不公平。

在校方层面，学校教育、管理和保护的职责边界模糊，给校方行使惩戒权带来了实质性的困难。从学理上讲，校方只对学生在校期间从事学校主导或监管之下的活动负有管教责任，并具有对学生违纪行为进行惩戒的职权。但在实际操作中，学校职责的时空范围被不断延伸，学生离校期间的作为也被有些主体视为学校的管教对象。这给学校增加了过重的管教负担，进而引发一系列的不公平。

案例5：向某某诉重庆市某学校其子溺亡案（后文简称溺亡案）

2013年6月，重庆市綦江区教委下发做好防暑降温工作的通知，要求各校及时通过短信、电话等形式告知家长行课安排、防暑降温、防溺水等安全防范的要求。若有学生申请回家，需由家长签字完善手续，由家长亲自带回等。该区某小学决定在6月19—21日放"高温假"，同时制作了《预防高温天气告家长书》（后文简称《告家长书》）说明相关情况，并向家长发放。五年级走读学生何某（2002年4月18日出生）的母亲向某某在《告家长书》的回执上签了字。6月19日下午，何某在谷口河"桥洞"处游泳时溺亡。

法院审理认为：学校采取的《告家长书》存在一定缺陷，无法确保放假后未成年人能及时处于监护人看护下，为事故发生埋下了隐患，故学校应该承担一定的责任。一审判决学校承担15%的赔偿责任，二审维持原判。

——资料来源：重庆五中院❶

---

❶ 佚名. 向某某诉重庆市某学校其子溺亡案 [DB/OL]. 2014-06-09 [2015-03-12]. http://www.chinacourt.org/article/detail/2014/06/id/1311796.shtml.

在此溺亡案中，法院裁定学校需承担 15% 的赔偿责任的判决理由值得商榷。

首先，《告家长书》的告知效果不低于短信、电话等形式。《告家长书》作为家校信息沟通的形式之一，应当具有法律效力。向某某在回执上签字，说明其阅读了相关内容并确知学校的放假安排，包括防溺水的事项。家校之间通过回执达成了在校与离校时间节点家校交接的"事前约定"。同时，向某某对学校未按照綦江区教委下发的文件中要求的短信、电话形式通知家长的质疑也不成立。因为教委的文件要求是一个开放式的条款："学校应该通过短信、电话等方式告知家长课程及安全防范……"❶ 其中，"等方式"说明学校可以采取与短信、电话所具有的信息沟通功能相当的方式与家长联系。《告家长书》作为纸质载体，与短信、电话具有同等的通知效果。换言之，采取何种方式通知家长是可以由校方自由选择，属于自由裁量范畴；通知家长高温假的学校课程安排及假期注意事项则必须由学校作出，属于职责范畴。

其次，法院混淆了学校管教权与家长监护权的适用时空。学校管教权的时间范围是在校期间，空间范围是学校主导的活动场所。放学意味着"在校期间"结束，离开学校意味着离开了"学校空间"。监护人应当自觉履行监护职责，教育子女要在放学回家的路上不要私自下塘下河游泳，以防止溺水，或者作出其他可以起到同样效果的监护行为。学校已经通过《告家长书》的形式，具体落实了"学校、教师可以对学生家长提供家庭教育指导"的权利和义务。家校之间已经通过《告家长书》达成事前约定，没有义务再以短信、电话的形式告知向某某学校课程的安排情况。何况何某本身是走读生，放学回家是日常活动。加之，学生放学之后的下河游泳的校外行为，校方既无法监控，也无力进行实质性的约束。法院要求学校对学生溺亡事故承担赔偿责任是强人所难。案件的实质是监护人没有尽到监护责任，谨慎注意的程度不够，应当承担全部责任。若按照法院的逻辑，同样是放假，学生在回家途中因交通事故、与同学打架斗殴等原因出现人身伤害事故，因品行不良等原因出现盗窃、抢劫等侵害他人财产权的事件是不是都要由学校承担赔偿责任呢？

基于上述两点理由，法院的判决理由不能成立。学校承担的管教责任是有限责任。我们不能因为出了人命就在适用法律时有所偏向。

再回到中小学惩戒的问题上来。若学校要对学生"离校期间"的失范言

---

❶ 佚名. 校外溺亡 《安全告知书》不能让学校免责 [N]. 重庆晚报，2014-06-01（04）.

行承担责任，那么对失范言行进行惩戒就属于管教职责的应有之义。现在的问题是：学校管教职权的边界到底在何处？只有在管教职权的范围内，校方才有对违纪行为的惩戒权。如果将学生"离校期间"的失范行为作为惩戒对象，那么势必有大量的违纪行为无法被学校得知；即便校方得知，也需花大量精力去调查核实。这无疑会使学校原本有限的教育资源被用于行使司法机关才享有的"警察权力"，偏离了教育的本质。挤占教育系统的资源用于校园之外的社会管理活动，对于学校而言是不公平的。有限的教育资源被用于处理学生离校期间的校外违纪行为，对于规规矩矩在校学习的学生而言是不公平的。退一步讲，如果学校按照"发现一起处理一起"的原则严格执行，那么大量没有被发现的违纪行为，甚至是在学生家庭中出现的失范行为是不可能被追究的。因此，对离校期间的违纪行为进行惩戒对被惩戒者而言是不公平的。

在学生个体层面，多数被惩者可以被称为"困难学生"。学业表现与行为表现之间的关系很密切。学校给予惩戒的学生多数学业表现差，是社会弱势群体，存在社会资本不足的问题。社会资本这一概念最初由法国社会学家布迪厄提出，主要是指能够为主体带来收益的各种社会关系。这些社会关系直接影响到学生的在校表现符合社会期待的程度。调研中发现的很多惩戒个案中，学生违纪的主要原因并非是学校的惩戒规范过于严苛，而是在学校之外的因素影响了该生的在校表现。家庭因素是主因之一，包括所属的家庭是单亲家庭、家庭中父母关系恶劣或者是家长根本无暇或无力管教、家庭贫困等；学生间的歧视也是主因之一，包括因长相、肢体残疾、性格特征、行为特征等。新闻报道中也有很多极端个案。比如，高三女生成绩不如他人受到嘲笑，因自尊心受伤而刺死嘲笑者❶，平乡一中15岁中学生王某因被张某嘲笑他爱与女生一起玩，故以鼠药投毒报复张某，❷ 等等。

站在教育的立场，这些困难学生需要的是学校的"雪中送炭"似的帮助。但是很多学校的做法并非如此，而是视此类学生为需要惩戒的对象，是学校借以在学生中树立权威的"牺牲品"。笔者在调研中发现，校方在处理学生违纪问题时，学业表现好与学业表现差的学生存在区别对待的情况。对于成绩好的学生，校方多倾向于"人性本善"的假设，认为违纪是事出有因。同时，

---

❶ 韩影. 高三女生刺死2名同学　因成绩不如他人受到嘲笑 [DB/OL]. 2015-01-16 [2015-03-12]. http://www.dnkb.com.cn/archive/info/20150116/144619147620050_1.shtml.

❷ 张会武. 中学生投毒报复同学 [N]. 燕赵都市报，2011-06-08（09）.

学生的家庭经济条件较好，或者父母社会地位较高，在同学、老师之间的声誉较佳等因素被校方视为"社会控制的稳定因素"，有助于该生改过迁善，因此处分时倾向于从轻处理，以免影响学生的"前程"。学业成绩差、行为习惯不符学校规范的学生则被校方视为"惯犯"，是故意为之。若再因请家长后无效果，或屡次要求请家长而家长没有不到场，该违纪学生即便没有从重处理，也会依照惩戒的预先标准执行。当然，"被学校、教师放弃者"除外。一样的违纪行为，不同的学生受到的是区别对待。个别教师在辩解时把"因材施教"作为行为正当化的理由，但是从惩戒要教人改过迁善的角度出发，麻木或机械的"严格执法"并未与违纪学生的人格完善有效结合。

（五）校方惩戒不当或违法惩戒

校方惩戒不当或违法惩戒是指校方在对学生进行惩戒时违背了一些基本的法治原则，甚至违背现行的教育法律规定。

一是中小学开除义务教育阶段的借读学生。

案例6： 呼和浩特市39中一名初中生朴某上到初二时，违纪行为已经相当恶劣：从发型到着装均不符学校要求，累计旷课已经接近一年，在校期间打架斗殴事件不断，携带管制刀具进校，勒索同学财物，且与社会人员来往密切，已多次被公安干警传讯。39中将其定性为严重违纪，并以朴某是借读生为由将其开除。❶

借读是我国学校教育中特有的择校现象。所谓借读，是指学生的学籍所在学校与学生实际就读的学校不是同一所学校，学生在实际就读学校的学位是"借来的"。通常来说，按正常的招生秩序，学生因自身条件达不到"优质学校"录取的标准，只能就读于教育质量相对较差的一些学校，并由后者建立和保存就读期间的学籍；然后再以"借读"的形式到优质学校就读。家长是争取借读机会的主体。为了子女有更好的升学机会，家长们会通过利益交换或利益输送争取到"升学率高、教育质量好"的学校的借读机会。而"薄弱学校"因为学生借读不仅不会占用本应划拨给该生的教育资源，而且升学成绩会计入自己的办学成果。这样，家长、薄弱学校、优质学校之间相互达

---

❶ 刘畅，穆瑶. 呼和浩特市39中一名初二学生被开除 校方称严重违纪［DB/OL］. 2012-05-14［2015-03-12］. http://www.northnews.cn/2012/0514/786697.shtml.

成一致意见，借读就可以在事实上执行了。

义务教育阶段，借读和开除两种行为本身都是违法的。《义务教育法》第12条规定，义务教育阶段的适龄儿童、少年在其户籍所在地，或者父母或其他监护人的工作或者居住地接受义务教育。同时，《义务教育法》第27条规定，义务教育阶段不得开除学生。借读本身已经是"造假"行为。在借读学生违反学校纪律之后，以"借读"为由"开除"违纪学生的处理方法根本没有法律形式上的依据，在法理上也是违法的。如果说以非法手段获取的证据被称为"毒树之果"的话，那么义务教育阶段学校在接收借读生之后，再以借读为名"开除"学生也是"毒树之果"。

案例中朴某的违纪行为的确相当严重，学校"开除"处理实属无奈之举，但错在地方人民政府不作为。从制度原因来讲，省级教育行政部门和当地教育行政部门存在不作为的嫌疑。《义务教育法》第12条明确规定，"当地人民政府应当为其提供平等接受义务教育的条件。具体办法由省、自治区、直辖市规定。"对于普通学校难以管教的学生，既不让学校开除，又不给学校以"出路"，仅仅是"批评教育"，是无法维护大多数学生的正当教育利益的。

二是中小学违法劝转、劝退"困难学生"。

案例7：2012年3月，湖南省滨州市桂东县启动"春季分流"行动，将义务教育阶段成绩偏差的学生从义务教育学校"劝进"桂东县中等职业技术学院。经分流，有370多名成绩偏差的学生被"劝走"；城关中学每个班级都被"劝走"了十几个，原本拥挤的教室空了一大半。分流的这些学生一样能参加毕业会考，拿到初中毕业证。

其中，小王先后被教师找去单独谈了几次，但他拒绝分流。随后，老师布置给他的作业"成倍暴增"，最多的时候甚至连吃早饭的时间都在写作业。作业问题成为老师严厉批评的对象，小王最终在一次批评之后怒而逃学。在沙田二中的小李也遇到了类似的境遇，老师突然间变得非常严厉，"最后实在受不了，只好到职校来了"。❶

案例中的"春季分流"是在桂东县教育系统策划并推动之下完成的。初中未毕业或未结业意味着没有完成国家规定的九年义务教育，提前分流进职

---

❶ 佚名. 300余名初三学生因成绩差被校方劝进职校［DB/OL］. 2012-05-07［2015-03-12］. http://www.zzjy.gov.cn/jydt/gnjy/05/1019735.shtml.

校的做法违反《义务教育法》，应当追究相关责任人的法律责任。在目的达不到的情况下，假借"严格要求学生学习"之名严厉、苛刻地对待学生，"罚写作业"、态度严厉成为变相驱逐的表现形式，实乃以合法之名行不法之事。对于被"劝转"的学生而言，这些"待遇"无异于异化的惩戒。小王父亲到校讨公道，被警告"不要无理取闹"，学校"不存在逼迫学生"的情况，且"欢迎回来读书"。究其原因，"一个说法是，将差生分流到职校，既提高了中学的升学率，又缓解了职院招生难的燃眉之急，还凸显了地方领导的政绩，一举三得"❶。在强大的行政权力面前，这些学生和家长没有有效保障自身受教育权的手段。可以设想，如果小王仍旧完不成作业，那么天天待在城关中学遭受教师的严厉批评，无异于受虐。

在此案例中，教师布置的作业"倍增"、陡然严厉的动机值得怀疑，若属于基于不良目的采取的惩戒行为，性质为滥用惩戒权。

三是中小学以惩代教，惩罚偏离教育本位。

案例8：2012年1月10日第三节晚自习期间，济南市某中学（高中）有6名男生和3名女生在该校女厕里滞留。其间，厕所里传出"我们是美女，我们扒光腚"的话语，被带班领导、值班女教师、保安抓了现行，发现时厕所里还有很浓重的烟味。随后，该校出具了《关于1月10日晚自习学生严重违纪事件的调查及处理决定》，将9名学生的行为定性为"严重的在校学生违纪事件"，经校长办公会讨论，决定对违纪学生作出劝其退学处理。处理决定作出几天以来，学生家长一直在争取同校方协商的机会。2月25日，学生家长致电记者，称校方同意先由学生写《检讨书》，待学校研究决定后再作处理。❷

案例9：2014年12月，陕西某学院向《华商报》反映，称学校为防止学生发生旷课、迟到、早退等违纪行为，要求每位学生每学期开学缴纳100元"违纪保证金"。学校每月考勤，遵守纪律的学生每月退还20元，不遵守纪律的学生扣除20元。❸

在案例 8 中，校方应当按章办事。如果济南市某中学有学生违纪处理办法❶，则应根据该办法定性学生违纪行为的性质，然后采取办法所规定的相应的处分形式；而非以"迄今为止最严重的违纪行为，反映了这些学生毫无规则意识和纪律观念，胆大妄为，对严格的校规校纪置若罔闻，语言低级污秽庸俗"定性并作出劝退处理。校方此举，有以罚代教的嫌疑。

首先，学校到底有没有制定《学生违纪处理办法》，这是校方学生管理工作是否在制度建设上尽到职责的问题。如果校方没有制定《违纪处理办法》，那么以什么作为惩戒学生的根据呢？学生又如何知晓哪些行为是违纪行为？并会接受什么样的处分呢？"无法可依"的处境让学校作出的"劝退处理"缺少正当性。

其次，假设在校学生的吸烟行为、进异性厕所、旷课、说下流话等行为是应当予以管教的行为对象，且违纪处理办法已经对此有明文规定，那么如何处理应当根据规定进行。针对多种违纪行为竞合的情况，学校在处理时听取多方意见或者参照刑法中数罪并罚的原理处理。比如，案例中的学生吸烟行为。学生吸烟在很多学校都有校纪规定。比如，"初次发现，批评教育；情节严重，警告处分"❷，"情节特别严重者，给予记大过处分"❸。有的学校则没有，比如，重庆市万州第二高级中学。根据案例中的情形，在评估危害后果时，应当可以考虑将"聚众吸烟""进异性厕所"等作为情节严重的考虑因素。因为"旷课"则通常有次数的累计，所以正确做法是在学生违纪记录上"记一笔"。因此，综合考虑，案例 8 中的违纪行为处分决定的严厉程度应当不超过留校察看。

案例 9 中，学校将"先收费，后退费或扣费"作为整顿纪律的手段，虽然是"创新"之举，但是超出了学校自由裁量权的适用范畴，属违法行为。因为学校管理学生时所行使的权力性质是公共权力，在法律层面没有明确的收费规定时，收费是违法的。同时，学校仅以扣钱的方式督促学生守纪律，容易误导学生，让学生形成"违纪"可以买卖、有钱万能的认识，不利于树立良好的道德风尚。

以上两个案例都有"以罚代教"的嫌疑，出发点或者动机虽值得肯定，但可能的不良结果有可能偏离教育本位，值得商榷。

---

❶　笔者登录了该校官方网站，没有找到类似文件。
❷　见《重庆育才中学学生违纪处分条例》。
❸　见《福建省南安市玲苏中学学生违纪处分规定》。

（六）师德堕落冲击校方惩戒规范

在调研过程中，笔者多次发现教师师德堕落、功利性太强误导学生的案例。"为达目的不择手段"的做法令很多学生认为违纪行为只要不被"追究责任"就是可以做的。其中，最典型是升学考试的应试技巧中作弊策略的讲授行为。

做人要讲诚信。学校的日常教学和各类考试是铸就诚信品质的良好载体。可是，现在有很多学校为了在考试中获得好成绩已经到了师德沦丧的地步。笔者一位读高三的亲戚告诉我，他班上的教师在备考冲刺中讲授应试技巧时，明确要求学生抓住剽窃他人答案的机会，还说："有机会不抄，那是傻子！"同时，他"劝"在考试时分到一个考场的同班同学要"相互关照"，对不认识的同学就没有必要关照了。亲戚说班上很多学生当时就笑场了。而在2000年左右，教师们的师德还没有沦落到如此地步。笔者回想起自己读初一时发生的一起"作弊检讨事件"。那只是一次平常的随堂测验，但相对又比较正式，试卷是要给成绩并排名的。同学们都非常重视，希望自己能考个好成绩。由于当时的考场是诚信考场，无人监考，所以有的同学没有克制住便抄了起来。教室里人多，一个人抄引起了很多人抄。班主任知道之后非常生气，让作弊的同学自觉站起来并写《检讨书》。当时，有位同学在《检讨书》中写"老实人吃亏，只要不站起来就不会被罚写检讨"的话语，被班主任在全班不点名批评。❶ 两相对比，师德师风的沦丧令人堪忧。

追问其背后的原因，也许有很多老师会以"社会大环境如此，老实人吃亏""你不做别人做"之类的"劣币驱逐良币"的理由来辩解。不可否认，社会浮躁功利的风气、制度规则的漏洞给人一些投机钻营的机会，"劣币驱逐良币"的现象的确有蔓延的趋势。但是内因是事物变化的根本原因，问题就出在教师身上。一方面，教师平日里就应加强业务学习，尽可能高效地提高学生的学习成绩；另一方面，即使"唯分是从"的评价标准不对，也应该通过其他的合法渠道表达意见，而非"以毒攻毒"，丧失师德操守乃至将学生推向违法的险境。

有位曾经监考高考的教师曾向我说过他的想法："在高考考场上，只要不是太过分，到了欺负人智商的程度，我还是得饶人处且饶人的。读书读了12

---

❶ 笔者也很无奈，虽然指出了抄袭不对，但也默认了可以抄袭的做法。这是不是"平庸之恶"在蔓延呢？请原谅笔者的"平庸"！

年，为的就是高考。高考一科成绩记零分，那等于是废了。我们去抓作弊的，太严了的话，自己压力也大啊！考试那两天是人家一辈子的大事啊！平时学得好的，他就是不抄也能考个好成绩。平时成绩差的，就是抄，高考场上能抄到几分？实力是最根本的。话说回来，高考监考，一个考场至少两个老师，别人没有看到，你看到了，就你能干?!"❶ 这虽然只是个别教师的想法，但是很能说明问题。

三、中小学教师惩戒的实质合法性困境

按道理来讲，校内惩戒规定对学生纪律提出了要求，也为教师处理学生违纪行为提供了指南。可是，若对"违纪"的判断和处理仅仅只是依靠校内惩戒规定就可行的话，那么师生只需"按图索骥"就万事大吉了。文本上的"纪律"是抽象规则，远离了具体且开放的事实。从抽象规则到具体行为，不仅需要有享有权力的人来强制落实，而且需要师生自觉维护，发自内心的服从。在学校的日常教学中，教师运用惩戒维持纪律是必要手段。但是，这种惩戒本质上是权力在发挥强制性作用。它会出现所有权力都会有的缺点——没有监督的权力必然会被滥用，过度限制的权力会丧失活力。

(一) 教师滥用惩戒

教师滥用惩戒主要表现为将惩戒权随意转授、随意惩戒、专断惩戒和违法惩戒几类，主要原因是教师享有各种制度和非制度的权威，学生缺乏监督能力，外界监督无有效渠道等。

1. 教师滥用惩戒的表现

(1) 教师滥授惩戒权

教师滥授惩戒权主要有两个方面：一是让学生干部承担部分维持班级秩序的任务。教师允许班干部（包括值日生）采取一定的方式对不遵守课堂纪

---

❶　2014 年 6 月 8 日上午，辽宁省阜蒙县高考考场发生监考老师组织考生作弊，被考生从背后飞踹并连踢几脚的恶性事件。当时，受害老师住医院都担心遭报复。而该生因殴打他人被处以行政拘留 10 日，罚款 500 元的行政处罚。参见：于力，汪伟. 网曝辽宁一高考考生殴打监考员被拘留 [DB/OL]. 2014-06-10 [2015-03-12]. http://news.xinhuanet.com/legal/2014-06/10/c_1111073666.htm；2013 年 6 月的全国高考，湖北省钟祥市高考考场出现了群体围攻外地监考老师的恶性事件，起因是这些外地监考老师在监考时抓作弊。雷磊，张文宇，周楠. "不作弊，不公平"一个高考"强"县的养成　湖北钟祥集体围攻监考人员调查 [DB/OL]. 2013-06-20 [2015-03-12]. http://www.infzm.com/content/91555.

律的同学施以惩戒。比如，当面对违纪学生进行批评教育，或者将名字记录在"违纪本"上，待下课或放学之后交给教师。二是让学生之间相互监督。笔者在小学进行田野观察时曾发现，这样的监督方式本意在于促进学生学习，通过相互监督维持学习秩序，但是学生则采取的是教师维持班级秩序时的做法，比如，直接干涉（拍击讲话同学的桌子），或者写下违纪记录。接受维持纪律任务的同学高强度地"监视"班上同学的活动。但是，因为小学生毕竟年龄较小，而且同学之间也没有教师所具有的那种权威，纪律维持的有效时间并不长。只要有人开始做小动作或者讲小话，不仅制止违纪行为会跑题为"谁和谁关系好""谁偏袒谁"之类的"讨价还价"，而且班级秩序根本好不了。但是，只要有教师在教室门口或者教室的窗口一站，班级纪律立马好转。可见，将维持纪律的任务交给小学生是有难度的。

（2）教师惩戒太随意

在实践中，教师不按照校内惩戒规定处理学生有违纪行为的情况也极为普遍。一类是直接的随意惩戒。比如，初一男生甲和男生乙在上课时趴在桌子上睡觉，授课教师直接用书拍打两位睡觉学生的头，并转身离开。学生被拍醒之后，该教师也不与他们交流，不要求睡觉学生对上课睡觉的事情作出说明或解释，并不关心学生睡觉原因。两位学生似乎知道是该老师所为，也不追究，调整一下身体姿势继续慵懒地趴在桌子上……再以作业未完成为例。教师在上课时间让学生到教室门口的阳台上去写，写完作业再回教室上课。另一类是较为隐蔽但更为伤害学生的做法。比如，不理会学生，即使学生举手要求回答问题，或者参与课堂互动，教师也视而不见。学生在这样的课堂上很容易被沮丧的情绪笼罩，进而丧失学习的兴趣。❶

（3）教师惩戒太专断

师生之间地位不平等直接影响到惩戒行为能否实现教育目的。由于教师享有管教学生的权力，容易令教师在处理学生违纪问题时单方面强调自己的立场和意志，忽视学生的体验和感受，以致师生之间不能通过平等对话实现有效沟通。这种教师处理学生违纪行为时不公平、不公正的现象比较多。

以初二某班主任管教上课时讲话的某男生甲为例。

上课自习时，教师将讲话的男生甲某叫到教室外的走廊上。

---

❶ 资料从武汉市某九年一贯制学校的田野观察中得来。

教师（直视学生甲某）：上自习课时不准说话，你不知道吗？

学生甲某点了点头，没作声。

教师：说话影响其他同学学习，知道吗？

学生甲某（抬起头）：讲话的人不光只有我——

教师（打断甲某）：我看到你讲话了！

学生甲某：……

教师：上课不准讲话，听到没？

学生甲某点点头。

教师（拍了学生甲某的胳膊）：以后上课不要再讲话了，进教室吧！

学生甲某走回教室自己的座位上。

——资料源于田野观察

从这个简短的小片段中，我们可以发现教师自始至终都没有给学生甲某申辩的机会，而是在强调上自习课时不能讲话。当学生甲某试图争辩，对该教师只将他一个人叫出教室进行批评教育的做法表示不公平时，教师根本没有理会学生甲某的申辩意图，反而再次强调学生甲某讲话的事实。其实，学生甲某在说"不光只有我"的时候，我们已经可以推定他承认了"上自习课讲话是违反纪律的"。最终，教师再次申明"上自习课不准讲话"，对学生甲某上自习课讲话的原因并不知晓。因为教师说了一句"说话影响其他同学学习"，所以笔者推测该生是不是学业表现较差（并非有歧视或者暗示教师有歧视的意思）。事后，笔者从其他同学的口中基本上证实了推测。在我尝试和学生甲某谈论他上课讲话的事情，他觉得该教师有点故意找他差错的意思，被老师抓住是"运气不好""倒霉"。可以说，学生甲某不是认为上课讲话"真的就错了"，而是将教师的批评教育演化为了"私人恩怨"。

（4）教师违法惩戒

教师违法惩戒主要表现为惩戒时侵权，比如，生命健康权、身体权、人格权等。首当其冲的是体罚❶。尽管法规三令五申不得体罚学生，但在实践中体罚仍然大量存在。其次是各种侵权性质的惩戒行为。在中小学中，除了有

---

❶ "变相体罚"的说法实难准确理解和运用，有待法规进一步解释。笔者认为，主要可以从动机、后果两个方面来考虑。如果动机是"善意"且无明显伤害，则可以通过协商化解矛盾；如果动机是善意且伤害明显，那么则按过失侵权处理；如果动机是"恶意"的，不管是否有明显后果，均应按侵权处理的程序追究教师的责任。其中，善意的标准应界定为"教育本位"。

绿领巾、红校服❶这种标签行为外，更严重的还有蓝印章（即把本应盖在作业本上的蓝印章盖在学生脸上）。

2. 教师滥用惩戒权的原因

当每位儿童从家庭走进学校，获得"学生"身份的那一刻，他/她就必须受控于学校的立场和安排。从那一刻起，儿童受到了学校权力的控制与支配。"所谓权力是相对于力量而言，后者表示一种自然的、工具的能力，即我们可以做什么事情的能力，而前者则作用于人的意志，它是一种影响的能力，即允许我们可以做什么、不可以做什么的能力。"❷儿童无疑有着蓬勃发展的力量，学校权力通过教师将这种力量纳入社会规范的运行轨道，塑造成为建设性的力量。学校会发布各种命令让学生服从，并许诺服从将会得到"好处"。其最低限度为——不受惩戒。

（1）教师享有各种权威

"当权力被提升的时候，它就演变成了权威，权威的影响力不只是在当下，而是具有历时性的影响。"❸韦伯将权威分为三种纯粹类型：一是理性权威，即对已制定规则的合法性信仰以及对享有根据这些规则发号施令者之权力的信仰，又称职务权威；二是传统权威，即对悠久传统的神圣性以及根据这些传统行使权威者的正当性的牢固信仰，又称角色权威；三是超凡魅力权威，即对个体的罕见神性、英雄品质或者典范特性以及对他所启示或创立的规范模式或秩序的忠诚，又称领袖权威。❹

当前，教师的权威是上述三种权威类型的综合体。首先，学校是国家法律承认的科级组织。在这个科层组织内，教师群体被分别赋予了各种各样的职务，比如，校长、副校长、德育处主任、年级主任、班主任、科任老师……不同职务所暗含的是科层制下权威大小的等级排序。其次，教师在传统文化中享有崇高的地位，扮演神圣的角色。"天地君亲师"将教师纳入五圣之列，"一日为师终身为父"将教师与父等同……此虽然在很大程度上是由于传统社会中拜师意味着"学习做人做事，获得谋生技能"，但是现代社会也并

---

❶ 高巍. 绿领巾 红校服 都是给孩子的心灵涂上灰色 [DB/OL]. 2011-10-30 [2015-03-12]. http://news.liao1.com/epaper/hscb/html/2011-10/30/content_240167.htm.

❷❸ [法] 伊夫·夏尔·扎尔卡. 权力的形式 [M]. 赵靓，杨嘉彦，等，译. 福州：福建教育出版社，2014：160.

❹ [德] 马克思·韦伯. 经济与社会（第二卷）[M]. 阎克文，译. 上海：上海人民出版社，2010：322.

未逃出"传道授业"的范畴。只不过，如今的教育变成了"流水线"，教师的分工更细，可替代性更强了而已。最后，"教书育人"是专业，教师是专业人员。在教师与学生、教师与家长的关系中，教师依赖专业知识和丰富经验享有专业权威。相较于其他人，教师能够在"教书育人"方面做得更出色，更有效率。可谓"年轻有活力，成熟有魅力"。如果说现代社会的知识普及使教师享有的"角色权威""专业权威"受到冲击，那也是权威内部的冲击，是社会力量在冲击政府力量；但权威对外部而言仍旧很有力量（学段越高越明显）。"职务权威"也因现代法治得到法律制度的认可和保障。

由于教师享有各种权威，学生及其家长在教师的命令和建议面前的选择并不多。"进学校了要听老师的话"仍然是家长叮嘱子女的口头禅。

（2）学生缺少监督能力

学生缺少监督能力的原因有三：一是教师享有的权威令儿童处于服从的地位。权威意味着信仰，意味着效忠和服从。二是儿童的生活阅历、判断能力均不足以挑战教师的权威地位。教师的言传身教往往被儿童认为是社会规范的典型代表，是被学生学习和模仿的对象。学生对教师管教的"盲从"说明儿童还缺少反思与批判的能力。三是儿童缺少自我保护的能力。中小学学生是未成年人，在作为成年人的教师面前处于天然的弱势。缺少保护的后果不仅仅是成为受害者，而且会导致"三观"不正且行为失范。湖南省益阳市某小学教师周某曾长期猥亵多名女生。很多受害者因害怕周某打骂、罚作业或者害羞等原因而未主张权利，有的受害者甚至意识不到是受到了伤害。"班里虽然大部分女同学都讨厌这样，但是还是有女同学把'老师摸自己'当作老师喜欢自己的一种表现，甚至有女孩因此而炫耀"。❶依靠教育培养的能力却在教育中被遏制。

（3）"墙壁"将教师与外界隔离开

首先，学校作为专门的教育场所，围墙将校园的物理空间与外界隔离开。现在，非学校学生和工作人员要进入学校往往需要事先和教师预约，或者经教师证明才能通过保安那一关。任何事物都具有两面性。现代社会又称风险社会，学校作为公共场所需要保障师生安全。可是，校方在加强校园安全防护力度的同时，也使自身的作为难以被外界所了解。如果学校是封闭式的寄宿制学校，

---

❶ 王晓芳. 湖南六旬小学老师课堂猥亵女童　老人：20 年前就这德行 [DB/OL]. 2014-11-28 [2015-03-12]. http://www.sc.xinhuanet.com/content/2014-11/28/c_1113445120_2.htm.

这种倾向会更严重。其次，教室将教师的工作分割成一个个相对独立的时空。同事之间的交流通常发生在教室之外。基于这两个方面的原因，教师个人在教学过程中滥施惩戒的行为被师生之外的第三方现场发现的概率不大。

不管权力大小，缺少监督的权力被滥用已经被历史经验证明无数次。教师惩戒权也不例外。

（二）教师不敢惩戒

教师不敢惩戒主要是由于自身利益无法有效保障。这背后既有法律制度不完善的问题，也有评价机制的问题。

1. "杨不管"现象及其追问

（1）"杨不管"缘由及其处理

2008年6月12日上午10时许，安徽省某中学七年级二班的两个学生杨某和陈某在课堂上因座位纠纷发生冲突而相互推打到一起，持续时间约1分钟。正在上地理课的教师杨某某发现并批评道："你们要是有劲，下课到操场上去打。"随后两位同学把他们拉开，杨某某继续上课。但是，杨某随后坐立不稳并被送医，最终抢救无效死亡。公安机关初步认定打架致诱发了杨某的潜在疾病，死因并非暴力致死，死亡年龄14岁。在当地政府和教育部门的协调下，杨某某承担了10万元赔偿费用，并被处以调离教师岗位和行政记大过处分；该中学承担7.5万元赔偿费用，校长万某某也被免掉职务并处以行政记大过处分；陈某家承担3万赔偿费用。❶县教育局向县委、县政府作出深刻检查。❷

（2）"杨不管事件"被媒体热炒

意外发生后，媒体很快就进行了报道，成为推动事件发展的重要影响力量。有据可查的最初报道是2008年6月14日中安在线——安徽新闻发布的《课堂上，同桌打架一人死亡》❸的报道。该报道的确给人一种"杨不管"的印象。但即使这样，也不能说明中安在线有"媒体审判"的嫌疑。因为杨某

---

❶ 何宗渝，王圣志. "杨不管"事件：老师被调离岗　校长被免职［N］. 新华每日电讯，2008-07-17（1）.

❷ 李光明. 安徽把保障学生安全作为教师"底线"［DB/OL］. 2008-07-16［2014-10-30］. http://www.legaldaily.com.cn/bm/content/2008/07/17/content_902263.htm.

❸ 殷平，袁星红. 课堂上，同桌打架一人死亡［DB/OL］. 2008-06-14［2014-10-30］. http://ah.anhuinews.com/system/2008/06/14/002038693.shtml.

某作为最重要的当事人之一没有接受采访；而他的从教名声——"皮憨老师"说明"他平时上课就只顾着上课，对学生讲话或者睡觉这些小动作不管不问"——在多个媒体报道中被相互印证❶，说明杨某某本身的从教观念也存在很大的问题。教书不育人，杨某某并非真的就"尽到责任"了。

由于种种原因，更多信息未及时且充分地披露，杨某某被误认为是"冷漠的看客"。网友戏称杨某某为"杨不管"，并由此引发了人们对他海啸般的声讨，以及对教师职业伦理与法律职责"一边倒"式的批判。❷ 然而，事发一个多月后，沉默的杨某某不堪舆论压力，接受了《河南商报》的采访以进行自我辩护；也有其他媒体进行了更加深入的跟踪报道。因此，更多的事实陈述开始"还原现场"。杨某某说："看到他们推打，也没有多大动作，也不知道两个人下手的轻重，只觉得没有大碍，就连忙让3位学生把杨某送到吴店卫生院就诊。同时，我也派学生向班主任和校长汇报，班主任与校长相继到现场后，我认为我已经尽到责任了。"❸ 即使事情仅仅是到此为止，"我认为已经尽到责任了"的自我辩护也许仍不充分，批判"杨不管"现象仍旧具有足够的正当性。但并非巧合的是：2007年12月，"该校老师崔某因批评一名迟到的初中生，被这个学生用桌上的录音机把眼镜砸到地上，并用脚踩碎。崔老师让他第二天通知家长来学校，没想到这个学生第二天居然带着刀冲进教师办公室，将崔老师4根手指砍断"❹。"要不是老师用手挡一下，他的脑袋就会被劈成两半。"❺ 因此，"我认为我已经尽到责任了"显然有更多的阐释空间，悲剧产生的原因也远非"不管"这样简单。

为什么杨某某由沉默转向辩护？杨某某在发声前选择承担"没有向学校汇报打架"的失职之责并保持沉默是他觉得"愧对杨某"，为了"慰藉死者家属""减轻他父母的伤痛"。之所以接受媒体采访是因为"杨某家人曾到我

❶ 参见：CCTV《大家看法》栏目. 中学课堂同桌打架一人死亡 老师还在上课 [DB/OL]. 2008-06-30 [2014-10-30]. http://news.xinhuanet.com/video/2008-06/30/content_8463736.htm；关于所谓"杨不管"老师的一些情况 [DB/OL]. 2008-07-16 [2014-10-30]. http://bbs.hefei.cc/3g/thread-2208360-1-1.html 等。最早采访、探察事件真相的合肥《广报》的记者鬼蓝的报道。

❷ 王晓顺，王圣志，张建新."杨不管"事出有因，老师应有"惩戒权" [N]. 新华每日电讯，2008-11-12 (2).

❸ 陈凤. 杨不管首次开口 叫我"杨不管"是对我的侮辱 [N]. 河南商报，2008-07-17 (A15).

❹ 王晓顺，王圣志，张建新."杨不管"事出有因，老师应有"惩戒权" [N]. 新华每日电讯，2008-11-12 (2).

❺ 陈凤. 杨不管首次开口 叫我"杨不管"是对我的侮辱 [DB/OL]. 2008-07-17 [2014-10-28]. http://www.dahe.cn/xwzx/sz/t20080717_1347698_1.htm.

家找过我，声称'整死我'，为避免冲突，我躲出去了"，"仅凭一家之言就给我带帽子"，"对我精神上的伤害是无法估量的，妻子因此寝食不安，以泪洗面，孩子也劝我想开点，我知道'杨不管'这个词对孩子也是个阴影。小儿子已经25岁，还没对象，我不知道这个'杨不管'对孩子将来的影响有多大？"❶ 由此，我们可以判断得出杨某某为自己辩护的原因有3点：第一，杨某家人并不领情。其不仅跑到杨某某家撒气，还威胁他的生命安全。第二，媒体报道严重不符合事实。在杨某某发声之前，他被描述成为"冷漠和逃避的看客""不闻不问的旁观者"❷，是师德沦丧的典型。第三，舆论压力给他及其家人带来了精神伤害，甚至有可能影响到小儿子的婚姻。也就是说，为了能够把事情处理下去，赔钱、调离岗位、行政记大过都是可以接受的；但是威胁到他生命安全、从教的声誉或名誉、家庭安宁、子女婚配是不能容忍的——杨某某此时已经无路可退。

为何杨某某已经有了"杨不管"的代号，妻子仍不愿丈夫接受《河南商报》采访，继而又向《河南商报》哭诉"谁又能替咱说说话……"❸那是因为媒体手握着足以使其成为"无冕之王"的是否报道、如何报道的话语权。随着越来越多的媒体报道和自媒体讨论，人们的关注对象才从"杨不管"的"作壁上观"逐渐转变为反思学校教育、家庭教育、社会教育中学生管教存在的问题。人们不禁要问："杨不管"是如何炼成的？

（3）地方政府和教育部的态度差别

各级政府部门也先后有了反应，但态度有所差异。

长丰县相关部门❶认为杨某某有3点错误：一是没有认真组织教学、维护教学秩序和严肃课堂纪律；二是学生在课堂上打架时没有及时制止；三是没有亲自送杨某到医院救治，在爱护和关心学生方面存在失职行为。该中学则违反了《教育法》《安徽省中小学安全责任制和行政责任追究暂行规定》和

---

❶ 陈风. 杨不管首次开口　叫我"杨不管"是对我的侮辱 [N]. 河南商报，2008-07-17 (A15).

❷ 钟一苇."杨不管"如此心态　全社会必须警醒 [N]. 光明日报，2008-07-14 (005).

❸ 陈风. 杨不管首次开口　叫我"杨不管"是对我的侮辱 [N]. 河南商报，2008-07-17 (A15).

❶ 此处相关部门是指长丰县县委、县政府成立的调查处理领导组、县教育局、县公安局、双墩镇政府. 秦鸣. 吴店中学"命案"以20.5万元"私了" [DB/OL]. 2008-06-29 [2014-10-30]. http://www.hf365.com/html/01/01/20080629/144149.htm. 李光明. 安徽把保障学生安全作为教师"底线" [DB/OL]. 2008-07-16 [2014-10-30]. http://www.legaldaily.com.cn/bm/content/2008-07/17/content_902263.htm.

县教育局与学校之间达成的安全责任状。当地政府和教育部门牵头组织相关各方协调并最终达成调解协议。❶ 2008 年 7 月 15 日，《安徽省未成年人保护条例》启动了实施 14 年以来第一次修订论证会。修改草案要求学校、教师及时劝阻损害未成年学生合法权益的行为。❷

教育部则针对一些教师，特别是班主任不敢管学生、不敢批评学生、放任学生的现象，在 2009 年 8 月 12 日出台的《中小学班主任工作规定》第 16 条规定："班主任在日常教育教学管理中，有采取适当方式对学生进行批评教育的权利。"❸ 教育部在刊发此文件时，在"导语"中明确规定："为了进一步加强中小学班主任工作，发挥班主任在中小学教育中的重要作用，保障班主任的合法权益……"❹ 后来教育部基础教育一司在阐释该文件的亮点时，指出"在强调尊重学生、维护学生权利的今天，一些地方和学校也出现了教师特别是班主任教师不敢管学生、不敢批评教育学生、放任学生的现象"，第 16 条的规定有利于保障和维护班主任的合法权利，使班主任在正面教育手段之外有了"适当方式批评"的教育方式。❺ 从立法目的上来说，教育部此举是希望以此来保障班主任管教学生的权利，为班主任打气撑腰。

地方政府倾向于强调教师的义务，教育部则倾向于强调教师的权利。但强调的这些内容本身是权利和义务统一的。上述订立或修改法规规章的做法已经是重复性工作，较以往的立法工作而言并没有实质性的突破。在《教育法》第 32 条规定："教师享有法律规定的权利，履行法律规定的义务，忠诚于人民的教育事业"，第 27 条规定学校有"拒绝任何组织和个人对教育教学活动的非法干涉"的权利；《教师法》第 8 条规定教师有"制止有害于学生的行为或者其他侵犯学生合法权益的行为，批评和抵制有害于学生健康成长的现象"的义务，第 7 条有"指导学生的学习和发展，评定学生的品行和学业成绩"的权利。这些权利和义务都已经是法律明确规定了的内容。换句话说，问题的关键不在于重申校方和教师的管教权，而是管教权无法操作化的问题。

---

❶ 何宗渝，王圣志."杨不管"事件：老师被调离岗　校长被免职 [N]. 新华每日电讯，2008-07-17（1）.

❷ 秦矿玲，刘媛媛. 安徽拟立法处罚"范跑跑""杨不管"们 [N]. 中国县域经济报，2008-07-24（009）.

❸ 佚名. 教育部：班主任就该管学生 [N]. 北京晨报，2009-08-24（01）；施剑松. 教育部出新规　中小学班主任有权管学生 [N]. 北京晨报，2009-08-24（02）.

❹ 教育部关于印发《中小学班主任工作规定》的通知（教基一〔2009〕12 号）。

❺ 佚名. 教育部解读《中小学班主任工作规定》称有 4 亮点 [DB/OL]. 2009-08-23 [2015-03-12]. http://www.chinanews.com/edu/news/2009/08-23/1830619.shtml.

（4）"杨不管"管了会怎样？

人们之所以称杨某某为"杨不管"，其主要原因在于他没有及时制止学生的打架行为。且不说他此前"皮惫老师"的教风是否正确，就算他之前认真负责地组织教学，维持课堂教学秩序，诚如被砍断4根手指的那位班主任一样。两位学生相互掐架并相持不下足足有一分钟。有过劝架拉架经验的人应该都知道一点：不用强力控制住双方，想要双方同时收手是小概率事件。那么，假如杨某某当时上前拉扯制止了这两个学生的打架斗殴行为，结果导致杨某隐性疾病被触发，最终治疗无效去世。

首先，杨某家长会不会因此而放弃到校闹事、上访等行为呢？按照杨某家长登门找杨某某并威胁杨某某生命安全的做事逻辑，杨某家长会不会采取一样的做法呢？杨某某站在讲台上呵斥被称为"杨不管"，那么出手制止会不会被定性为是"简单粗暴""动作不当""体罚"呢？若真是如此，"有谁能站出来说句公道话"？

其次，校方和教育局会如何反应呢？学生未满14周岁，无须承担法律责任。可是，人死了。家长指责老师处理问题简单粗暴乃至体罚导致其死亡，校方和教育局又该如何应对？倘若联系到"过失致人死亡罪"，恐怕就不是简单的调离教学岗和赔偿10万元那么简单了。就事论事地讲，杨某某管与不管都会是错！

> **案例10：**2013年10月16日，某小学五（1）班的美术课教学过程中，学生董某某不服教师彭某某管教。两个人发生争执和拉扯，致董某某肋骨骨折、气胸（经医院鉴定为十级伤残，属于轻伤）。区教育局认为彭某某行为是性质恶劣的体罚行为，并责令该小学即日起解除其聘用合同关系，对该小学负责人进行诫勉谈话；对该小学予以通报批评；取消该小学所有本年度区级及以上先进集体申报资格、年终评优资格。❶

学生不服教师管教，并与之冲突，教师应该怎么办？在案例10中，师生间的"拉扯"的确是与董某某受伤有直接的因果联系，但是董某某已经是五年级学生，难道不知道上课应当服从教师的安排吗？学生公然违抗教师管教的行为难道不是有错在先吗？面对课堂教学实质性地打断，难道教师彭某某

---

❶ 刘冠霖. 拉扯中致学生肋骨骨折、气胸——教师体罚学生被解除合同　汶河小学相关责任人亦受处分［N］. 扬州晚报，2013-10-25（A02）.

也要选择当"彭不管"吗？笔者在田野调查时，有位副校长曾表示说："老师教，学生学。学生不听老师的话，可以给家长通报情况，重在口头教育，尽量别去拉拉扯扯，出事儿了吃不了兜着走！"❶ 在案例 10 中，区教育局责令解除该小学与彭某某聘用合同的行为已经侵犯了该小学的人事权，而取消该小学评优评先资格的做法也是在滥用行政权力，泛化惩戒措施。《教师法》第37 条规定："体罚学生，经教育不改的"才会被处以行政处分或解聘。可是，"有谁能说句公道话呢"？

校方和行政部门这种"只管堵不管疏"的做法有违教育规律，没有尊重教师法定管教权，其必然会招致教师群体的反抗。除了前文已经讨论的"不管"这一消极对抗方式，现实中还出现了"罢课""罢教"等形式。2014 年12 月 16 日，某新闻报道了云南省某市中学教师集体罢课的事件。事件直接起因有二：一是高中部某学生当众羞辱班主任；二是初中部某教师遭 4 名学生殴打，并致眼眶骨折。❷ 这两件事情令该校教师不得不以"担忧人身安全"的理由发起集体罢课行动。

2. 教师不敢惩戒的法制原因

(1) 学生权利过度解读和张扬

"保护儿童身心健康，维护学生正当权利"是解放儿童的口号。过分主张权利，忽视履行义务会导致过犹不及的效果。罚站是体罚，罚写作业是变相体罚❸，将学生赶出教室是侵犯学生的受教育权，"心罚""冷暴力"被用来描述教师的"变相体罚"……体罚和变相体罚已经是我国法律明令禁止的。因此，只要是被称为"体罚""变相体罚"的，那就是教师侵犯了学生权益。试问：怎么做才不是体罚和变相体罚？其判定依据是什么？

"管教"是法律概念。《预防未成年人犯罪法》第 35 条规定："对有本法规定严重不良行为的未成年人，其父母或者其他监护人和学校应当相互配合，采取措施严加管教，也可以送工读学校进行矫治和接受教育。"《未成年人保护法》第 25 条规定："对于在学校接受教育的有严重不良行为的未成年学生，

---

❶ 首先，必须感谢被访者的真诚与坦率。其次，此处对态度予以描述有"出卖"之嫌，请原谅。但是，真实情况不说出来，问题就一直会处于隐性状态。中小学的惩戒教育现状实乃堪忧。教师也是人，高层的行政人员和司法系统的法官们能为一线的教师考虑考虑吗？

❷ 周宽玮、周婷婷. 云南一中学多名老师连遭学生辱骂和殴打，老师害怕集体休假 [DB/OL].2014-12-16 [2015-03-12]. http://www.thepaper.cn/newsDetail_forward_1286304.

❸ 参见：(2014) 鄂樊城民二初字第 00096 号。

学校和父母或者其他监护人应当互相配合加以管教；无力管教或者管教无效的，可以按照有关规定将其送专门学校继续接受教育。"这说明管教未成年人是家长、学校等主体共享的正当权利。惩戒是管教的手段之一，体罚又是惩戒的手段之一，变相体罚则属于体罚范畴。

个人权利应当以不侵犯他人权利为限。当学生直接顶撞和违抗教师的常规教育指令时，其不仅放弃了自己受教育的权利，而且没有尽到接受教育和服从学校管理的义务。当学生行为实质性地打断或扰乱了教育教学秩序时，那么他就已经侵犯了其他同学接受教育的权利。教师惩戒是正面干预学生失范行为的积极措施，属于教师管教手段的一种方式。学生权利被过度解读，权利过于张扬使校方正当的管教权利受到挤压，以至于不敢惩戒。学生正当的基本权利是必须被法律保护的，但必须是侵害到一定程度。问题的关键是弄清楚"度"在何处。现在教师都尽可能避免与学生有正面冲突，避免作出惩戒决定。惩戒学生要冒着被指责为"体罚""变相体罚"的风险。

(2) 教师管教权缺乏细致规定

虽然法律规定了教师有管教权，但是管教权究竟如何具体操作没有细致规定。当然，在制度设计上，很多学校都有在校内适用的校内惩戒规定作为惩戒指南，但是教师是不会轻易"走程序"的。原因很多，现大致说明如下：一是"走程序"是"无能"的表现。在调研中，有的教师遭遇学生违反课堂纪律的情形，会尽可能避免向年级组长或者政教处汇报，多是自己解决或者"轻描淡写"地告诉班主任。若教师对付学生根本没办法的才会想起来依靠校内惩戒规定。同事之间还会相互开玩笑："××，今天要给谁警告处分啊？"二是按校内惩戒规定操作过于苛刻和烦琐。如果说教师对学生的违纪行为进行口头的批评教育是"低成本"的，那么正式提出警告以上的行政处分就需要写材料，给年级组长汇报，讲明事件的原委和处分意见。一来惩戒意见不易被采纳，二来耗时耗力，"瞎折腾"。三是部分违纪学生根本无惧校内惩戒规定。很多学生根本就不在乎学校的行政处分。一方面是学生不太了解行政处分背后的惩戒意义，只是认识到违纪行为不适当，因为老师和家长都批评了，所以应当予以纠正，以后不犯错就可以了。另一方面是很多学生对自己未来的期望并不是进"国家机关"，成为"单位人"，而是以打工、做生意等方式自谋生路。在档案中的违纪处分记载对其没有实质上的"威慑力"。

(3) 规制教师管教的手段泛化

在前文的案例中，我们可以见到取消评优评先资格、解除聘用合同、通报批评等处分教师管教学生"不当"的方式。除此之外，还有扣除绩效工资、班主任津贴、取消职称评选资格等。严格地讲，教师既不清楚哪些行为有可能踩到"体罚或变相体罚"学生，或者对学生造成"身心伤害"的红线，也不清楚踩了"红线"之后会遭到什么样的处分。因此，"法不明则其威不可测"，多数教师宁可少一事也不愿多一事，或者干脆对学生放任自流。

（4）教师惩戒的评价标准不良

在教育一线，"责任承包制"是较为普遍的管理办法。所谓"责任承包制"，即是将办学的任务要求层层下拨，由"中央—省—市—区县—学校"的脉络往下推，最后落到教师身上。当师生间、家校间因惩戒发生纠纷后，一些学校校领导或者教育行政人员不细致调查事件的原委，只是因为"出了问题"向教师、学校施压，遵从"摆平就是水平"的做事原则。事件处理以"息事宁人"为标准。由于上级在人事与福利方面对下级握有"生杀大权"，下级往往倾尽全力，最终做出一些违背常理的事情来。笔者在调研时，曾有一位"依法治校"出了名的高中校长告诉我："很多人都把校长当个官，有点事就怕掉乌纱帽。我不怕。这个校长也不是我想当的。家长来闹事，说要去教育局告我。按法规政策办事，闹一回两回不起作用，后面自然就规矩了。其实教育局有些人也是怕，怕什么怕！我按法规政策办事，该打官司就打官司，最后倒还节约了钱和精力。他们也不说什么了。"

（5）教师缺少相关的法规知识

当前教师管教学生多凭借经验，或者按照传统习惯行事。很多教师平日里忙于课程教学，缺少法律法规的学习与提升。这样的状态在没有出现师生冲突、家校纠纷的情况下是不会出问题的，而一旦出状况就会缺少"底气"和"勇气"，惩戒失去章法，出现侵权或者消极回避的情况。

第三章　中小学惩戒的形式合法性

合法性包括形式合法性与实质合法性两个方面●。在现代社会的语境下，形式合法性是非人格化的理性规则系统的形式化表征，是特定时期人们对实质合法性维度价值判断内容的提炼与总结。这符合纪律的生成原理，即追求效率的最大化。● 中小学惩戒的形式合法性主要聚焦于中小学的惩戒制度，对其开展静态的考察。从法理上讲，惩戒规范是不同位阶规定的集合，要对教育关系中的主体产生约束力，首先必须要具有形式合法性。

一、中小学惩戒形式合法性的基本逻辑

(一) 权力与权利的平衡论

尽管学校享有的惩戒权是教育权力，但是具有行政权力的性质属于公共权力的范畴。如何规范惩戒权的运转，避免出现惩戒权的滥用或者主体权利的过分扩张成为相关主体必须面对的难题。由于我国教育法的法律地位在理论和实践上均尚未成为独立的法律部门，一直隶属于行政法，所以我们将注意力转向行政权力的运转。

罗豪才曾经将权力与权利的"对决"情形总结为三类：管理论、控权论和平衡论。管理论强调"命令—服从"，主张行政权力相对于行政相对人的权利而言，具有压倒性优势。为了高效率地实现行政目标，行政主体可以倚仗行政权力实现对行政相对人的支配，至于程序是否正当、是否能够救济、是

● 因为时间精力有限和研究意义的考量，笔者不会也不可能皓首穷经地去梳理合法性是如何演化出形式合法性与实质合法性两个方面的历史脉络。本书以现代社会为节点做截面分析。

● 诚如马克思批判资本主义所表达的：生产力的发展解放了人类。这一点上，马克思并没有异议。他不满的是资本主义的利润分配方式，因为按资分配养活了不劳而获的食利阶层，而真正劳动的底层民众却没有获得应得的份额，成为了资本压榨和剥削的对象。换言之，生产力无罪，分配方式有罪；手段无罪，目的有罪。人们经常拿第二次世界大战之后对德国纳粹审判中暴露出来的"恶法是否非法"的问题来质疑形式合法性，认为形式合法性应让位于实质合法性。这实际上是混同了目的与手段。就好似汽车一样，用它来运输还是撞人？不仅汽车制造技术与此没有直接的必然联系，而且还可以通过完善相关技术来防止或减轻交通事故对人身造成的损害。形式合法性与实质合法性之间是相互支持的关系，而非彼此对立的关系。

否公平公正等方面的问题较少考虑。"控权论"源于西方的社会契约理论，认为行政机关是执行立法机关决策的主体，其存在的根本价值在于落实公民经由立法程序表达出来的"公意"，保障公民和社会组织的基本权利，将行政权力的活动范围限制在尽可能小的范围内❶。其根本目的是尽可能保障相对人的权利。平衡论则要求在公共利益和个人利益之间谋求平衡，在力求摆脱行政权力肆意滥用和相对人权利无度扩张的困境的同时，积极采取激励措施调动行政方和相对方的参与。❷当然，不管是哪一类情形，权利始终是推动行政权力落实方式的起点。

平衡论提出了调和管理论与控权论弊端的指导思想，将如何处理公共权力与私人利益的问题提升到了新的高度——寻找并确认权利与权力之间的边界。就中小学惩戒权而言，它不仅要求不能非法侵犯法律已经明确规定的合法权利，而且要能动性地推动教育权与受教育权在惩戒活动中的具体落实。不侵犯权利是从消极意义上而言的，实现权利则是从积极意义上而言的，它们对学校教育提出了不同的要求。客观地讲，不侵犯权利是一种外部观察的视角——侵犯何种权利及其救济途径已经由惩戒规范作出了规定；实现权利则是一种内部参与的视角——不仅要考虑当事人的主观意见，而且需要结合专业知识进行判断。这给外部观察设置了较高的门槛。因此，非教育机构需要尊重教育机构的专业性，避免自身的审查活动脱离教育实际。

(二) 评判形式合法性的基本标准

评判形式合法性的基本标准分为内部标准和外部标准。内部标准是指就形式论形式，有其基本维度；外部标准源于实质合法性，主要是各种法律原则。

1. 基本维度

中小学惩戒的形式合法性主要参照行政权力的标准予以考察。其大致可以分为惩戒权的权力来源、权力的行使范围、权力的行使程序三个维度，涵盖设定、施行、救济等环节。

在权力的来源维度，主要考察惩戒权的成文法的法律渊源、惩戒权的分

---

❶　福利国家兴起之前，西方的政府理论一度将政府定位为"守夜人"，期望政府尽可能少地干涉公民的生产和生活。

❷　罗豪才，宋功德. 行政法的失衡与平衡 [J]. 中国法学，2001 (2)：73-90. 罗豪才. 行政法学与依法行政 [J]. 国家行政学院学报，2000 (1)：53-59.

配架构、惩戒规则的制定程序。在权力行使的范围维度，主要考察惩戒权的"管辖对象"、相关条款是否科学可行。在权力的行使程序维度，主要考察惩戒权的运作流程、学生权利的救济途径。

2. 基本原则

基本原则是针对具体规则的规范，对惩戒权的设定、施行、救济等环节均具有指导、调整的作用。参照行政权力运行的基本原则，我们认为学校惩戒权也应当遵照下述原则：第一，是依法惩戒原则，即根据法治（rule of law）的要求在法律规定的范围内行使。在理想状态下，惩戒权运转的各个环节、条件均需要有明确的法规规定；没有明文规定的，要按照法律原则，比如，公正、公平、公开、及时等原则实施惩戒行为。第二，是越权无效原则。越权无效原则是指："行政机关必须在法定的权限范围内，一切超越法定权限的行为无效，不具有公定力、确定力、拘束力和执行力。"❶ 享有惩戒权的主体只能在惩戒的职权范围内开展惩戒活动。第三，是尊重和保障权利与自由原则。我国《宪法》第 33 条确立了保障人权、保障公民享有宪法和法律规定的权利的规范。中小学生首先是公民，享有大量的公民权利和自由，比如，言论自由权、人格权、身份权、财产权、批评建议权、申诉权等。惩戒行为不能侵犯这些合法权利和自由。第四，是信赖保护原则。信赖保护又称诚信原则、禁止反言原则，起初的基本含义是指："一个人提出或陈述了某种事实或意见，别人以他提出或陈述的事实或意见为依据做出了某种对他不利的行为，他不能再否认或收回原已提出或陈述的事实或意见，即使这种事实或意见有误或者不真实。"❷ 当然，对于校方而言，特别情况除外。这些特别情况包括：自身行为存在越权、违法或严重不当的情形，以及公共利益特别需要变更的情形。第五，是比例原则。具体包括必要性原则、适当性原则、最小损害原则，强调惩戒目的的预期收益与惩戒手段的成本之间应适当或者适度。第六，是正当程序原则。"正当程序原则的基本含义是行政机关做出影响行政相对人权益的行政行为，必须遵循正当法律程序，包括事先告知相对人，向相对人说明行为的依据、理由，听取相对人的陈述、身边，事后为相对人提供救济途径等。"❸ 惩戒对学生而言是不利影响，应当严格遵守正当程序原则。

---

❶ 姜明安. 行政法与行政诉讼法 [M]. 北京：北京大学出版社、高等教育出版社，2011：71.
❷❸ 姜明安. 行政法与行政诉讼法 [M]. 北京：北京大学出版社、高等教育出版社，2011：75.

二、中小学惩戒权的设定

《学生违纪处理办法》（后文简称《校内惩戒规定》）是中小学惩戒制度的集中体现，是惩戒违纪学生的最主要依据，是学校管理制度中不可或缺的制度之一。作为"遏制学生在学期间不端言行"的规范性文本，校内惩戒规定的形式合法性依赖于整个教育法制体系；学校惩戒规则科学与否直接关系到它在中小学学生管理实践中的权威性和可行性。

（一）我国的立法秩序审视

从成文法的法律渊源看，只有享有立法权的特定国家机关颁行的规范性文件才是"法"。若以司法活动中法官需遵守的强制性规范为限，在我国能够被称为"法"的有：宪法、法律、行政法规、地方性法规、行政规章、司法解释；在司法实践中没有"法"之名却有"法"之实的还有经法院司法审查后被认为有效力的其他规范性文件。《最高人民法院关于审理行政案件适用法律规范问题的座谈纪要》指出，"行政审判实践中，经常涉及有关部门为指导法律执行或者实施行政措施而作出的具体应用解释和制定的其他规范性文件，主要是：国务院部门以及省、市、自治区和较大的市级人民政府或其主管部门对于具体应用法律、法规或规章作出的解释；县级以上人民政府及其主管部门制定发布的具有普遍约束力的决定、命令或其他规范性文件。"❶

从这些"法"的产生❷来看，享有立法权的国家机构和产生形式都是多样化的。我国《宪法》和《立法法》对此有集中规定，初步建立起了有序的立法秩序。

首先，根据所享有立法权的位阶由高到低排序，立法主体有全国人民代表大会及其常务委员会、国务院、省级人民代表大会及其常务委员会、国务院下属部级机关（包括最高人民法院、最高人民检察院、中央军事委员会）、省人民政府、经济特区、省会所在的市、地方较大的市。在这些立法主体中，只有全国人大及其常务委员会处于绝对的权威地位，其他权力主体之间构成了较为复杂且独具中国特色的立法权力分配结构。

其次，法律产生的形式有制定并颁布法律文本、解释法律文本、监督法

---

❶ 最高人民法院关于印发《关于审理行政案件适用法律规范问题的座谈会纪要》的通知（法〔2004〕第96号）。

❷ 此处立法并不简单只是法律文本制定与颁布，还包括法律解释、法律监督。

律实施三类。

在制定并颁布法律文本方面，全国人大及其常务委员会确立了法律保留和法律优先的立法原则。其中，《立法法》第 9 条确立了法律保留原则，即"本法第八条规定的事项尚未制定法律的，全国人民代表大会及其常务委员会有权作出决定，授权国务院可以根据实际需要，对其中的部分事项先制定行政法规，但是有关犯罪和刑罚、对公民政治权利的剥夺和限制人身自由的强制措施和处罚、司法制度等事项除外"。具体来说，全国人大及其常务委员会在法律文本的制定和颁布方面允许"现行先试"，但有立法保留。立法保留可以分为相对立法保留和绝对立法保留。有关犯罪和刑罚、对公民政治权利的剥夺和限制人身自由的强制措施和处罚、司法制度等事项属于绝对立法保留事项，其他事项属于相对立法保留事项。通过法律保留原则，可以起到限制其他立法主体肆意行使立法权力功能，确保公民基本权利得到强有力的法律保障。所谓法律优先，是指下位法服从上位法，即效力位阶低的规范服从效力位阶高的规范。这一原则有助于确保法制统一，提高除全国人大及其常务委员会对立法活动的管控能力。

在解释法律文本方面，"谁制定谁解释"的原则并未彻底贯彻。《宪法》明确规定了全国人民代表大会常务委员会有解释宪法和法律的职权；《立法法》规定需进行法律解释的情形有"法律的规定需要进一步明确具体含义的"和"法律制定后出现新的情况，需要明确适用法律依据的"，但全国人民代表大会常务委员会的解释是开放性的。它既可以自己解释，也可以授权其他国家机关进行解释。《全国人民代表大会常务委员会关于加强法律解释工作的决议》❶ 将法律的解释工作分为"法律条文本身的解释"和"法律条文具体应用"两类。法律条文需进一步明确界限或做补充规定的，由全国人大常委会进行解释或用法令加以规定。在法律条文具体应用过程中，审判工作中遇到的法律、法令问题由最高人民法院解释，检察工作中遇到的法律、法令问题由最高人民检察院解释，在行政工作中遇到的法律、法令问题由国务院及主管部门进行解释。❷ 地方性法规的条文本身解释由地方省级人大常务委员会解释，法规条文的具体应用问题由地方省级人民政府主管部门解释。解释主体

---

❶ 全国人民代表大会常务委员会关于加强法律解释工作的决议（1981 年 6 月 10 日第五届全国人民代表大会常务委员会第十九次会议通过）。

❷ 在此《决议》之后的审判与检察的实务工作中，部分地方法院和检察院也曾制定过一些司法解释，因扰乱了法制建设的统一秩序而被制止。参见：《最高人民法院最高人民检察院关于地方人民法院、人民检察院不得制定司法解释性质文件的通知》（法发〔2012〕第 2 号）。

多元化造成各自理解、各行其是，直接后果是"法出多门"。由于享有立法权的权力机构较少行使"法律解释权"，使审判、检察、行政出现冲突时相持不下，难以高效率地解决利益冲突，也给法律文本的理解带来了不确定性，直接造成实际工作中法律权威的弱化。这给法制建设带来了现实挑战。

在监督法律实施方面，特定机关主要通过改变、撤销的方式对相互冲突的法律规定实施监督。《立法法》在第五章"适用与备案审查"整章对法律监督的事宜进行了细致规定，对不同位阶的立法主体及其法律文件进行了排序，建立起了立法权限和法律效力的等级结构，并为解决法律内部冲突构建了裁决制度。法律监督制度的构建思路除了直接秉承制定和颁布法律文本时所确立的法律保留和法律优先原则之外，还确立了正当程序原则。《立法法》第 87 条规定了五类改变和撤销的理由："（一）超越权限的；（二）下位法违反上位法规定的；（三）规章之间对同一事项的规定不一致，经裁决应当改变或者撤销一方的规定的；（四）规章的规定被认为不适当，应当予以改变或者撤销的；（五）违背法定程序的。"根据《立法法》第 88 条所构建的法律监督制度，我们可以清晰地看到类似于指定与颁布法律文件的"权力金字塔"，但是法院和检察院却并无法律监督权。这背后是一个现实隐忧：根据"谁制定谁解释"的解释原则，行政法规、规章、地方法规、地方规章的解释权在制定主体手中。倘若这些法规（特别是地方法规和规章）本身是不合理甚至不合法的，其纠正只能由享有法律监督权的特定国家机关来实施，法院和检察院必须按照"恶法亦法"的原则开展司法活动。即使是事后补救❶，"法不溯及既往"的原则依然会使案件当事人的正当利益得不到及时的保护与救济。

（二）法规效力等级的基本结构

由上述分析可知，在学理上应由全国人大及其常务委员会垄断的立法权在实践中被分别授予了权力机关以及审判、检察、行政等权力机关的职能系统。那么，立法权力分散后所形成的效力等级的基本结构是什么样的呢？我们根据效力等级由高到低的顺序做了形式上的整理，见表 3-1。

---

❶ 《立法法》第 43 条。

表 3-1　制定法之效力链条的基本结构

效力等级	立法主体	立法职能	依据
1	全国人大	修改宪法	《宪法》第 62 条第 1 款
		监督宪法实施	《宪法》第 62 条第 2 款
		制定和修改刑事、民事、国家机构的和其他的基本法律	《宪法》第 62 条第 3 款《立法法》第 7 条第 2 款
		授权国务院可以根据实际需要，对其中的部分事项先制定行政法规	《立法法》第 9 条
		改变或者撤销全国人大常务委员会制定的不适当的法律	《立法法》第 88 条第 1 款
		撤销已被批准的省级自治条例和单行条例	《立法法》第 88 条第 1 款
2	全国人大常务委员会	解释宪法，监督宪法的实施	《宪法》第 67 条第 1 款
		制定和修改除应当由全国人民代表大会制定的法律以外的其他法律	《宪法》第 67 条第 2 款《立法法》第 7 条第 2 款
		在全国人民代表大会闭会期间，对全国人民代表大会制定的法律进行部分补充和修改	《宪法》第 67 条第 3 款《立法法》第 7 条第 2 款
		授权国务院可以根据实际需要，对其中的部分事项先制定行政法规	《立法法》第 9 条
		解释法律	《宪法》第 67 条第 4 款
		撤销国务院制定的同宪法、法律相抵触的行政法规、决定和命令	《宪法》第 67 条第 7 款
		撤销省、自治区、直辖市国家权力机关制定的同宪法、法律和行政法规相抵触的地方性法规和决议	《宪法》第 67 条第 8 款
		裁决法律之间对同一事项的新的一般规定与旧的特别规定不一致，不能确定如何适用的情形	《立法法》第 85 条第 1 款
		裁定地方性法规与部门规章之间对同一事项规定不一致时国务院认为适用部门规章的情形	《立法法》第 86 条
		裁定授权制定的法规与法律规定不一致，不能确定如何适用的情形	《立法法》第 86 条

续表

效力 等级	立法主体	立法职能	依据
3	国务院	规定行政措施，制定行政法规，发布决定和命令	《宪法》第89条第1款 《立法法》第56条
		改变或者撤销各部、各委员会发布的不适当的命令、指示和规章	《宪法》第89条第13款 《立法法》第88条
		改变或者撤销地方各级国家行政机关的不适当的决定和命令	《宪法》第89条第14款 《立法法》第88条
		撤销被授权机关制定的超越授权范围或者违背授权目的的法规	《立法法》第88条
		裁决行政法规之间对同一事项的新的一般规定与旧的特别规定不一致，不能确定如何适用的情形	《立法法》第85条第2款
		裁定地方性法规与部门规章之间对同一事项规定不一致时适用地方性法规的情形	《立法法》第86条
		裁定部门规章之间、部门规章与地方政府规章之间对同一事项的规定不一致的情形	《立法法》第86条
4	省级人大及其常务委员会	制定地方性法规，报全国人民代表大会常务委员会备案	《宪法》第100条 《立法法》第63条
		改变或者撤销它的常务委员会制定的和批准的不适当的地方性法规	《立法法》第88条
		改变或者撤销下一级人民政府制定的不适当的规章	《立法法》第88条
		撤销本级人民政府的不适当的决定和命令	《宪法》第104条
		撤销下一级人民代表大会的不适当的决议	《宪法》第104条
		裁决本机关制定的新的一般规定与旧的特别规定不一致的情形	《立法法》第86条
	自治区的自治机关	根据本地方实际情况变通性地执行国家的法律、政策	《宪法》第115条
		制定自治区的自治条例和单行条例	《宪法》第116条
	国务院直属机构	在本部门的权限内，发布命令、指示和规章	《宪法》第90条 《立法法》第71条

续表

效力等级	立法主体	立法职能	依据
5	较大的市的人民代表大会及其常务委员会	制定地方性法规	《立法法》第63条
		撤销本级人民政府制定的不适当的规章	《立法法》第88条
6	省级人民政府	制定地方性规章	《立法法》第73条
7	较大的市的人民政府	制定地方性规章	《立法法》第73条
8	其他层级的地方人民代表大会	撤销本级人民政府制定的不适当的规章	《立法法》第88条

通过表3-1，我们可以大致看出不同立法主体之间立法权的分配结构，也可以看出不同形式的法律规范所构成的效力链条。在这个效力链条的基本结构中，最高人民法院、最高人民检察院除了可以以审判或检察活动中对法条的具体应用作出解释的形式分享立法权之外，主要是提建议的权力，包括向全国人民代表大会常务委员会提出"法律解释要求""书面提出进行审查的要求""向全国人民代表大会提出法律案"。这三项权力并非最高法和最高检所独有，而是与其他立法主体共享。要确保所有立法主体所立之法不是"非法"的，必须要有强有力的审查机构对所立之法进行合法性审查。但是，立法主体的多元化导致"合法性审查"是一项较为复杂和困难的活动。司法审查本为检视法规是否合法的核心环节，可在我国无法对行政形成实质性的监督作用，导致司法权威大大降低。同时，实际工作中各种行政性质的以通知、通告、批复、函等为名的大量文件调整着人们诸多重大利益，是人们行动的直接依据，但这些文件却游离于"法律规范"的范围之外。

(三) 中小学惩戒规范的规则体系

中小学惩戒规则的体系基本上是完整的，但一部分镶嵌在上述法制体系之中，另一部分则游离于法制体系之外，比如习惯。下面梳理一下中小学惩戒规则的效力等级。

完整的效力链条是中小学惩戒规则法制化的必然要求。因此，有必要梳理各立法主体出台的有关中小学惩戒规则的文件在相互之间的衔接关系。

首先，《宪法》为中小学惩戒规则的形式合法性追溯提供了终极依据。

《宪法》是我国的根本大法，是现有法规体系的"基本规范"与"承认规则"的最直接且简洁明快的展现方式。《宪法》第19条规定："国家发展社会主义的教育事业，提高全国人民的科学文化水平""国家举办各种学校，普及初等义务教育，发展中等教育"；同时，第46条规定："中华人民共和国公民有受教育的权利和义务"。这两个具体的宪法条文为中小学存在提供了两个基本依据：一是国家举办中小学，尽到提高人民科学文化水平的义务；二是公民有受教育的义务，即必须要到学校接受义务教育。中小学存在的正当性在《宪法》未作出修改之前不容置疑。那么，为学校教育活动开展建立秩序，确立行为纪律则成为题中之义。

其次，《教育法》《教师法》《义务教育法》《未成年人保护法》《预防未成年人犯罪法》《儿童权利公约》等法律为中小学教育进一步操作化奠定了初步的法制基础。《教育法》作为教育领域的基本法，构建了涉及各级各类教育的学制系统，为社会主义教育指明了方向。其他单行法律和国际法在各自的领域深化《教育法》的立法原则和相关条文。不过，教育法归属哪一个法律部门尚缺少明确结论，发展程度也远不及民法、刑法等法律部门。加之牵涉的利益主体众多，特别是在面对有足够力量与司法机构博弈的行政机构时，要解决司法实务中教育诉讼的问题面临较大压力。人们往往在法制之外寻求解决方案。即是说，在单行法这个位阶上已经出现了效力链条断裂的情况。

再次，行政法规、地方性法规、规章是中小学惩戒规则的主要法规来源。国务院、教育部、省级人大及其常务委员会、省级人民政府出台、较大的市的人大、人大常委会、人民政府等有资格颁行、解释和监督法规的立法主体出台了大量有关中小学惩戒规则的法律规范。举例而言，在国务院出台的有《教师资格条例》等。教育部出台的有《中小学班主任工作规定》《中小学生守则》《小学生日常行为规范（修订）》《中学生日常行为规范（修订）》《学生伤害事故处理办法》《教育行政处罚暂行实施办法》《小学管理规程》等。省级人大及其常委会、省级人民政府、较大的市围绕相关法律、行政法规出台的地方性法规、规章就愈发得多了，在此不再列举。

最后，其他规范性文件成为中小学惩戒规则的直接指导文件。规范性文件有狭义和广义之分。广义的规范性文件是指包括法律、法规、规章等具有制约司法自由裁量权的"法"和效力位阶在"法"之下的"其他规范性文件"。狭义的规范性文件仅指"其他规范性文件"。所谓其他规范性文件，是指效力位阶在规章以下，由国家机关依法定权限和程序颁行的对法人、公民和其他组织的行为具有普遍约束力的类似于法律、法规、规章的文件。能否颁行"其他规范性文件"与颁行主体是否具有立法权没有必然联系，即是说各级人大、人民政府及其具有法人资格的职能部门均可以颁行。在实务工作中，因为具有立法资格的立法主体在颁布"规范性文件"时已经使之具有了"法"的资格，所以不具有立法资格的人大、人民政府及其具有法人资格的职能部门所颁布的规范性文件被称为"其他规范性文件"。这些文件普遍存在于厅级及厅级以下的行政机关的政务活动中，难以计数却直接影响着中小学惩戒规则的变迁。

同时，由于法律授权的缘故，学校虽为事业单位法人，但也享有了在授权范围内颁行相应规范性文件的职权。"被授权组织在行使法律、法规所授行政职能时，是行政主体，具有与行政机关基本相同的法律地位。"● 此为校方制定校规提供了有效的法制支点。校规并非严格的法律术语，运用也并不规范，但我们认为校规主要是指为尽可能高效地实现教育目的所建立的各种学校教育活动秩序，进而提高学校管理科学水平的校内规定。当然，校方在制定校规时要遵循针对公共权力运转的基本法治原则，比如，法律保留原则、法律优先原则、法无明文即为禁止原则、正当程序原则等。这要求校方在被授权的职权范围内依法颁行校规，包括中小学内部适用的惩戒规定。

此外，在"规范"与"不规范"之间的模糊的大量存在且在客观上具有约束力的文件。比如，"决定""命令""通知""意见""说明""函""答复""指示"等。这些文件可以被统称为"政策"❷，是与法规、规章并列使用的一种形式。如《国务院组织法》第5条规定："国务院发布的决定、命令和行政法规"，第10条规定："主管部、委员会可以在本部门的权限内发布命

● 姜明安. 行政法与行政诉讼法［M］. 北京：北京大学出版社、高等教育出版社，2011：118.
❷ 政策有广义和狭义之分。广义的政策指"政党或国家为实现一定历史时期的任务而制定的行动纲领、方针和准则"。其可以分为宏观政策、中观政策和微观政策三类。"一个政党或一个国家，在一定历史时期，总要根据自己所代表的人们的利益和特定的历史条件，确定一条行动的总路线。总路线是最初次、最高级的决策，它最终要落实到直接指导实际活动的各种具体规划和计划上。这些具体规划和计划针对的是众多的具体单位和部门、具体的人和事，是一种低层次的、微观的决策。在政党和国家的总路线和具体工作规划之间存在着一些极其重要的环节，这就是各种各样的政策。作为中间层次决策的政策，把高度概括的总路线与各种具体工作规划和计划联系起来。它一般不规定具体行动的细节，而是针对某一类具体情况，把总目标化为特定范围内的目标，同时为完成这个目标确定一个全面的行动指导方针，即确定行动的方向范围和界限。实际上，政策是把总路线作为自己决策的基础和宏观背景，把具体的规划和计划作为自己贯彻落实的形式。政策对具体工作规划和计划的指导，一般说来，是一种宏观上的、方向性的、性质上的指导，尤其是一些重大政策，更是体现了这一点。政策的构成要素包括政策对象、政策目标和实现目标的手段，这三个要素是任何一项政策都必须具备的。

令、指示和规章"。实务中存在将规范性文件与非规范性文件混为一谈的情况。政策和法律同属社会规范，二者既有联系又有区别。其联系在于，政策同法律一样，也有自己的体系结构，有不同的层级和系统性在实务中拥有和"法"一样的效力。其差别在于，法律定位于对个人和组织行为的病理学视角的诊断，即考察行为是否具有法律意义，是否触及了法律底线，是否应当制裁及如何制裁，突出表现为"无救济无权利"的事后补救；政策定位于对个人和组织的行为的预先设计或建构，即倡导某种价值取向和行为模式，积极追求高效率地实现对人们的行为倡导或塑造，注意规则的内部控制与事前预防，在没有强制力保障实施的情况下谋求效益的最大化，突出表现为"主动建设"是事先预防。简单地说，法律是消极意义上的补救，政策是积极意义上的预防，二者可以形成互补关系。

(四) 中小学惩戒规范的成文法渊源

我国现行的法制体系为中小学惩戒规则的合法性初步打下了法制基础，为指导学校合理合法地实施惩戒教育提供了法律层面的指导。在此，我们可以从宪法、教育法、义务教育法、未成年人预防犯罪法等法律法规中找到与中小学惩戒规则有关的法律。

1. 《宪法》

《宪法》是我国效力最高的法律，为学校教育的发展提供了最高法律权威的支持。《宪法》第 19 条规定"国家发展社会主义教育事业""国家举办各种学校，普及初等教育，发展中等教育"，第 46 条规定"中华人民共和国公民有受教育的权利和义务。国家培养青年、少年、儿童在品德、智力、体质等方面全面发展。"这两条宪法条文至少明确了三点：第一，明确了学校办学的方向是社会主义。作为"方向"理解的社会主义应当是一种思想，即学校的办学思想。"'社会主义'一词源于拉丁文 Socialis，有'交际的''社交

（接上注）

政策对象是指政策所要调动或约束的力量。有的政策对象是人或阶级或社会集团，有的政策对象是事业。政策目标是指政策实施所要达到的结果或要完成的任务。无论总政策或具体政策都有自己的目标，而且一般来说，高层次的政策有着多重目标。政策手段是指实现政策所采取的措施和方法。通常在规定政策手段时，要对实现政策目标的步骤、条件、原则、措施和方法作出政策性规定，使人们在行动中有所遵循。政策作为规范、指导人们行动的准则、方针，是其对象、目标、手段的三位一体。"（孙国华. 中华法学大辞典·法理学卷［M］. 北京：中国检察出版社，1997：506.）广义的政策包括了法。狭义的政策是指除法之外的其他政策。此文政策属狭义的政策。

的'等含义。"❶据此理解，学校的"社会主义办学方向"应当是以"以人为本"为办学宗旨，关注人与人之间和谐相处的"主体间性"的公共教育。第二，明确了学校的教育目的或教育方针。"全面发展"意味着学校教育是一种主动的、开放性的社会组织，需要不断对受教育者进行评估并根据评估结果采取进一步教育措施的能动性教育形式。为了实现教育目的，使受教育者的行为符合教育目的所设定的社会规范，运用惩戒来矫正、预防是必要的。第三，明晰了举办学校的权力。举办学校的资格由国家垄断。在具体举办的形式上可以多种多样，但一定是经由国家直接举办或许可的才能获得合法性。

2. 《教育法》

《教育法》是教育法规体系中的基本法。"《教育法》作为我国的教育基本法，在教育法规各形式层次中处于最高层次"，"因此，在教育法规体系中，《教育法》具有最高效力"，"为制定其他层次的教育法规文件提供法律依据"。❷《教育法》对我国的教育事业作出了全面统筹和规定。其中，诸多法条是与学校惩戒紧密相关的。其第28条对学校的权利作出了规定，包括按照章程自主管理，组织实施教育教学活动，对受教育者进行学籍管理，实施奖励或者处分，拒绝任何组织和个人对教育教学活动的非法干涉等合法权益。其第29条对学校的义务作出了规定，包括遵守法律、法规，贯彻国家的教育方针，执行国家教育教学标准，保证教育教学质量，维护受教育者、教师及其他职工的合法权益，以适当方式为受教育者及其监护人了解受教育者的学业成绩及其他相关情况提供便利，依法接受监督等义务。与此同时，《教育法》还规定了学生、教师、监护人等法律主体在学校教育中所享有的权利和义务。比如，学生的申诉权、获得公正评价权、遵守学生行为规范的义务、遵守学校管理制度的义务等。这些专门平衡学校教育活动中相关主体之间权利和义务的法条为学校依法治校、依法惩戒提供了直接的法律依据。

3. 《义务教育法》

《义务教育法》是规范基础教育阶段学校教育的主要法律。因为目前尚无专门的《普通高中法》规范高中的办学行为，而中等职业教育又归属《职业教育法》管辖，所以高中阶段的"依法办学"主要是参照《义务教育法》的规定变通执行。《义务教育法》对学校、教师的教育教学行为有详细的规定，

---

❶ 刘炳瑛. 马克思主义原理辞典 [M]. 杭州：浙江人民出版社，1988：368-369.
❷ 李晓燕. 教育法学 [M]. 北京：高等教育出版社，2006：302.

特别关注保障学生的合法权益。其中，第27条规定："对违反学校管理制度的学生，学校应当予以批评教育，不得开除。"第29条规定："教师在教育教学中应当平等对待学生，关注学生的个体差异，因材施教，促进学生的充分发展。教师应当尊重学生的人格，不得歧视学生，不得对学生实施体罚、变相体罚或者其他侮辱人格尊严的行为，不得侵犯学生合法权益。"为保障规定的贯彻落实，该法还规定了相应的法律责任。第55条规定："学校或者教师在义务教育工作中违反教育法、教师法规定的，依照教育法、教师法的相关规定处罚。"第57条规定学校有"违反本法规定开除学生的"情形的，"由县级人民政府教育行政部门责令限期改正；情节严重的，对直接负责的主管人员和其他直接责任人员依法给予处分"。这些法条着重保障学生的合法权益，并初步建立起对应的法律责任追究机制。

4. 《教师法》

惩戒学生的失范行为，既是教师的权利，也是教师的义务。《教师法》中的一些法条专门针对教师的惩戒行为做了规定，同时也对其他教育主体或职能部门提出了相应的要求。一方面，该法第7条规定教师享有"指导学生的学习和发展，评定学生的品行和学业成绩"的权利；另一方面，该法在第8条规定教师负有"关心、爱护全体学生，尊重学生人格，促进学生在品德、智力、体质等方面全面发展"，"制止有害于学生的行为或者其他侵犯学生合法权益的行为，批评和抵制有害于学生健康成长的现象"。为了确保教师顺利履职，该法第9条赋予了各级人民政府、教育行政部门、有关部门、学校和其他教育机构"支持教师制止有害于学生的行为或者其他侵犯学生的行为"的职责。所谓职责，是指"国家机关及其公职人员依照法律规定必须履行的义务或责任"[1]。尽管在法理上学校是否具是"国家机关"，教师是否是"公职人员"存在争议[2]，但在法律实务中人们对"公职人员"做宽泛的理解，指从事国家事务的工作人员。学校教职工在事实上属于公职人员。

同时，《教师法》对各方相应的法律责任作出了规定。其第35条规定："侮辱、殴打教师的，根据不同情况，分别给予行政处分或者行政处罚；造成

---

[1] 孙国华. 中华法学大辞典·法理学卷 [M]. 北京：中国检察出版社，1997：516.

[2] 国家工作人员可定义为：国家机关中从事公务的人员，以及依照法律从事公务的人员（即准国家工作人员）。这个概念在外延上界定为国家机关、国有公司、国有企业、事业单位、人民团体、社会团体和其他负有管理公共事务的单位，在内涵上揭示了依法从事公务这一本质特征。佚名. "法官论坛"第十二期——关于对国家工作人员在司法实践中的界定问题的研究 [DB/OL]. 2003-07-10 [2015-03-12]. http://dyzy.chinacourt.org/public/detail.php?id=3718.

损害的，责令赔偿损失；情节严重，构成犯罪的，依法追究刑事责任。"第36条规定："对依法提出申诉、控告、检举的教师进行打击报复的，由其所在单位或者上级机关责令改正；情节严重，构成犯罪的，依法追究刑事责任。"第37条规定："体罚学生，经教育不改"和"品行不良、侮辱学生，影响恶劣的""学校、其他教育机构或者教育行政部门给予行政处分或解聘""情节严重，构成犯罪的，依法追究刑事责任"。

5. 其他法律

《未成年人保护法》第21条规定："学校、幼儿园、托儿所的教职员工应当尊重未成年人的人格尊严，不得对未成年人实施体罚、变相体罚或者其他侮辱人格尊严的行为。"第18条规定："学校应当尊重未成年学生受教育的权利，关心、爱护学生，对品行有缺点、学习有困难的学生，应当耐心教育、帮助，不得歧视，不得违反法律和国家规定开除未成年学生。"《预防未成年人犯罪法》第2条规定："预防未成年犯罪，立足于教育和保护，从小抓起，对未成年人的不良行为及时进行预防和矫治。"第8条第2款规定："学校应当结合实际举办以预防未成年人犯罪教育为主要内容的活动。教育行政部门应当将预防未成年人犯罪教育的工作效果作为考核学校工作的一项重要内容。"此外，上述两部法律中还有诸多相关规定，在此不再一一列举。

6. 相关规章

《学生伤害处理办法》第6条规定："学生应当遵守学校的规章制度和纪律。"第35条规定："违反学校纪律，对造成学生伤害事故负有责任的学生，学校可以给予相应的处分。"第36条规定："受伤害人的学生的监护人、亲属或者其他有关人员，在事故处理过程中无理取闹，扰乱学校正常教育教学秩序，或者侵犯学校、学校教师或者其他工作人员的合法权益的，学校应当报告公安机关依法处理；造成损失的，可以依法要求赔偿。"

《中小学幼儿园安全管理办法》第35条规定："学校教师应当遵守职业道德规范和工作纪律，不得侮辱、殴打、体罚或者变相体罚学生；发现学生行为具有危险性的，应当及时告诫、制止，并与学生监护人沟通。"第36条规定："学生在校学习和生活期间，应当遵守学校纪律规章制度，服从学校的安全教育和管理，不得从事危及自身或者他人安全的活动。"

《全面推进依法治校实施纲要》（教政法〔2012〕9号）规定："学生管理制度应当以学生为中心，体现公平公正和育人为本的价值理念，尊重和保护学生的人格尊严，基本权利。对学生进行处分，应当做到事实清楚、定性准确、依据充分、程序正当，重教育效果，做到公平公正。作出不利处分前，应当给予学生陈述与申辩的机会，应当听取其法定监护人的意见。对违反学校纪律的学生，要明确处分的期限与后果，积极教育挽救。要保障学生的人身权、财产权和受教育权不受非法侵害，杜绝体罚和变相体罚、限制人身自由、侵犯人格尊严、违法违规收费，以及由于学校过错而造成的学生伤害等侵权行为，以及教师、学校工作人员对学生实施的违法犯罪行为。"

《小学管理规程》第 15 条规定："小学对品学兼优的学生应予表彰，对犯有错误的学生应予批评教育，对极少数错误较严重的学生可分别给予警告、严重警告和记过处分。小学不得开除学生。"第 23 条规定："小学对学生应以正面教育为主，肯定成绩和进步，指出缺点和不足，不得讽刺挖苦、粗暴压服，严禁体罚和变相体罚。"

《中小学德育工作规程》第 27 条规定："中小学应当严肃校纪。对严重违犯学校纪律、屡教不改的学生应当根据其所犯错误程度给予批评教育或者纪律处分，并将处分情况通知学生家长。受处分学生已改正错误的，要及时撤销其处分。"

《教育部关于贯彻〈义务教育法〉进一步规范义务教育办学行为的若干意见》中规定："要平等对待每一个学生，尊重学生的人格，不得歧视学生，不得对学生实施体罚、变相体罚或者侮辱人格尊严的行为，不得侵犯学生的合法权益，特别是要主动关心帮助学习困难的学生，促进全体学生共同成长进步。"

《学生伤害事故处理办法》第 35 条规定："违反学校纪律，对造成学生伤害事故负有责任的学生，学校可以给予相应的处分；触犯刑律的，由司法机关依法追究刑事责任。"

《中小学班主任工作规定》第 11 条规定："组织做好学生的综合素质评价工作，指导学生认真记载成长记录，实事求是地评定学生操行，向学校提出奖惩建议。"第 16 条规定："班主任在日常教育管理中，有采取适当方式对学生进行批评教育的权利。"《教育部关于进一步加强中小学班主任工作的意见》进一步规定："加强班级的日常管理，维护班级良好的教学和生活秩序。坚持正面教育为主，对学生的点滴进步及时给予表扬鼓励，对有缺点错误的学生要晓之以理、动之以情，进行耐心诚恳的批评教育。做好学生的综合素质评价工作，科学公正地评价学生的操行，向学校提出奖惩建议。"

三、中小学惩戒规范的制定及其问题

(一) 中小学惩戒权的分配不合理

梳理中小学惩戒规范的成文法渊源，我们可以发现在中小学教育阶段享有惩戒权基本上被学校垄断，教育行政部门、班主任、教师的惩戒权基本没有或者非常有限。但在实践操作中，除学校之外，其他教育主体均在事实上享有或者应当享有惩戒权。惩戒权的分配现状不合理。

1. 概括性授权赋予学校自由裁量权过大

《教育法》第 28 条规定：学校对受教育者有实施奖励或者处分的权利。但是，学校应当如何行使这一权利却没有进一步的授权或者法律解释予以细化。哪些行为属于应当受惩戒的行为？哪些情节或情形可以免除、减轻或者加重惩戒裁定？校内惩戒的主体、程序、形式是什么？这一系列的问题全部留给了学校，由学校自由裁量。在调研中，我们发现一些中小学在制定《学生违纪处理办法》时，如何拿捏惩戒的分寸也处于茫然的状态。受命制定《学生违纪处理办法》的教职工通常都是借鉴其他学校的惩戒规范，根据自身经验凭直觉草拟校内惩戒规定的内容，再由校领导或同事审核并提出意见。

这种概括性授权赋予学校自由裁量权过大的现状给中小学带来了各种困扰，使学校出现了大量缺位、越位、畸轻畸重等问题的惩戒规定。比如，有学校规定："有下列行为之一者，视其情节分别给予警告、严重警告、记过或记过以上处分：①翻越围墙或不从校门进入校园的；②携带凶器（或管制刀具）进校的；③在餐馆、饭厅、宿舍或其他公共场所酗酒、哄闹、砸酒瓶等扰乱公共秩序者……"❶ 首先，学生在校园之外的公共场所扰乱公共秩序的行为已属于由公安干警管理社会治安的对象。学生在公共场所代表其个人，并不代表学校。若是未成年人，则由其监护人负责管教。学校可以做的仅仅是"教育"，告知学生在公共场所的行为规范。学校对此作出惩戒规定属于越位的行为。其次，翻越围墙、携带凶器是两类社会危害性质差异显著的行为。对于翻越围墙而言，要何种"情节"才能在警告和记过以上惩戒形式中显示出差别呢？如果自由裁量权过大，则有可能导致"轻罪重罚"或者"重罪轻罚"，不能保证惩戒的公平与公正。再次，惩戒权的自由裁量权过大往往导致

---

❶ 重庆万州天兴学校《学生违纪处分暂行条例》第 10 条。

学生权利难获救济。在惩戒活动中，对校方限制过小的自由裁量权存在涉及解除教育法律关系的惩戒。比如，在勒令退学、开除学籍之类的惩戒时，极易造成对学生基本权利，特别是受教育权的侵害。因为学校享有惩戒学生的权力，而其他上位法规又无更加细致的惩戒条款，故易导致不良后果：一是司法不易介入❶；二是申诉、复议等程序容易沦为过场。而司法程序、行政程序是法治社会非常重要的纠纷解决形式。通过上述程序不能有效说服受惩戒者的时候，这些程序本身的合法性就会受到质疑。

2. "封堵型" 控权令权利过于膨胀

因为概括性授权赋予了学校在惩戒活动中过大的自由裁量权，所以学校在行使惩戒权时出现滥作为、不作为等情况。一方面，学校自身缺乏法治意识而忽视校规建设；另一方面，学校将管理学生的任务委托给教师，主要是班主任来执行。班主任接受委托时也没有就惩戒权的行使作出书面说明。这导致以班主任为主的教师群体凭借经验、习惯、风俗等非法律规范来开展学生管理活动，不经意间侵犯学生的基本权利，造成惩戒权与学生权利的冲突。

以体罚为例。在相当长时间里，夏楚二物❷的合法性因为风俗习惯的存在而没有遭到质疑。但是，20世纪90年代以后我国国民的人权意识兴起，学生在体罚过程中受到人身伤害后，用法律来维权的个案越来越多。党和国家也颁布了一系列法规政策来禁止教师在教学过程中采取体罚行为。教师和校方屡屡败诉的现实让人们意识到了学生生命健康权的重要性。但是，由此引发的现实问题至少有两个：一是体罚究竟为何物没有明确界定。尽管诸多法规政策都要求 "禁止体罚和变相体罚"，但是从未对此进行界定和说明。以至于各方在判断是否为体罚或变相体罚时各执一词，各自解释，引发诸多不必要的纠纷或误会。在因 "体罚或变相体罚" 的家校纠纷中，教师和学校往往要为此付出代价。特别是对于教师而言，扣发绩效工资、取消评优评先资格、受纪律处分是常见的处理方式。这些处理方式关系教师切身利益且相应的救济渠道尚不完善。针对教师的行政申诉制度、行政复议制度仍在探索之中。有时候，即使依照《侵权责任法》中的过错责任原则的要求，学校无需担责；法院也会出于息事宁人的考虑要求校方承担公平责任。比如，姚某某、王某

---

❶　在高等教育阶段，部分学生告学校的行政诉讼案例表明司法可以介入学校的校内惩戒活动，但当前司法审查主要停留于程序正义层面。

❷　我国历史上长期被教师用来管教学生的体罚工具。

某与安吉县某某中学教育机构责任纠纷案❶。该案中，初一年级女生姚某多次违纪违规。比如，在监护人监管之下，她出现染发、烫发等行为，受到班主任的批评教育。一日晚上7点，姚某在家中服下百草枯（一种剧毒农药），经抢救无效死亡。姚某的监护人姚某某、王某某质疑班主任的批评教育为"变相体罚"，没有对其女儿"多加呵护"，学校对姚某之死"有不可推卸的责任"。尽管监护人并没有提出合法证据，但法院还是依据"公平责任原则"，由学校补偿监护人5万元人民币。试想，学校正常的管教活动被质疑为"变相体罚"，并且学校为此付出了代价，那么以后的学校管教应该怎么做才不会触到"体罚与变相体罚"的高压线呢？

二是相关法规政策并未对校方可以采取何种惩戒形式作出明确规定。这就使校方陷于无所适从的状态，享有惩戒权却不知如何行使。须知，学校享有的惩戒权是国家教育权，是公权力。"封堵型"的法规政策约束根本不符合"法无规定即禁止"的授权原则。学生的基本权利，比如，人身权、财产权已经是属于比较成熟的民事权利，监护人动辄可以提起民事诉讼，而学校的惩戒权却极度虚弱，根本无法与之对抗。那么，校方消极不作为就可以被理解了。

3. 科任教师、班主任惩戒权过于薄弱

科任教师、班主任这两个群体享有惩戒权是题中之义。他们均承担了教书育人的国家责任，也是全员育德的主要群体。在学校中，教学、管理工作均依赖他们来具体执行，教育教学秩序由他们来具体维护。在履职时发生的诸多有关惩戒学生的家校纠纷中，科任教师、班主任经常处于风口浪尖，且经常要为惩戒不当付出代价。《学校伤害事故处理办法》第27条规定："因学校教师或者其他工作人员在履行职务中的故意或者重大过失造成的学生伤害事故，学校予以赔偿后，可以向有关责任人员追偿。"此处的"重大过失"具体指向何种情形并不明确。不管教师主观动机如何"善良真诚"，如果一旦出现伤害事故，那么存在"重大过失"在所难免。

问题是面对性质较为恶劣的违纪行为时，科任教师、班主任根本没有相应职权来确保其履行育人职责。其中，科任教师根本没有惩戒权；班主任则只有"采取适当方式对学生进行批评教育"的权利、"评定学生品行"的权利、"向学校提出奖惩建议"的权利。这些有限的惩戒权均是"口头言语"

---

❶ （2014）湖安民初字第239号。

性质的，不涵盖使用强制力。尽管教师被要求"制止有害于学生的行为或者其他侵犯学生合法权益的行为"，但是在具体的教育法规政策中并没有明确教师履行职务的行为属于正当行为范畴。如果教师为了制止学生的违纪行为而采取了一定的强制措施，那么学生因此而受伤或者师生间发生冲突，指责教师"教育方法不当"的情况并不鲜见。比如，小学低年级学生课间在教室和走廊，来回追逐疯跑。教师因见状叫停却未被学生听到，故伸手拉住其中一名学生却导致该生受伤。该行为应当如何定性？体罚？或者"管教不当"？由此造成的损失该如何承担？有的教师在管教违纪学生时，学生态度蛮横，并无悔改之心，根本就不配合教师的教育。❶ 教师就此与学生升级的冲突该如何处置？简而言之，教师在惩戒学生方面的权责极不对等，从而造成教育、管理的效果弱化，学校纪律渐趋涣散。

4. 政府卸责致学校惩戒权无法履行

在各种惩戒形式中，解除教育法律关系的惩戒对学生的基本权利影响很大，特别是受教育权。因此，类似开除、退学的惩戒应当慎之又慎，应当由比学校更为权威的教育行政部门来认定和执行。以开除学籍为例。《预防未成年人犯罪法》第 34 条列举了八种"严重不良行为"，并设置了兜底条款"其他严重危害社会的行为"❷。对于有这些"严重不良行为"的在校学生，原所在学校可以提出申请，经教育行政部门批准后送工读学校。《未成年人保护法》第 25 条规定："对于在学校接受教育的有严重不良行为的未成年学生，学校和父母或者其他监护人应当互相配合加以管教；无力管教或者管教无效的，可以按照有关规定将其送专门学校继续接受教育。"《预防未成年人犯罪法》第 35 条也有类似规定，同时该法第 36 条对"问题学生"就工读学校的教育、管理责任提出了更为严格和特殊的要求。这意味着普通中小学对无法管教的学生可以向教育行政部门建议转学，以实现间接将难以管教的学生驱逐出学校，实现"开除学籍"的目的。教育行政部门在事实上享有是否批准

---

❶ 更有甚者，极少数学生因教师正当管教行为而攻击教师。由于未成年人与成年人的冲突中，未成年人通常被视为弱者，特别是小学生，教师正当防卫的尺度很难把握。因为正当防卫必须是"违法行为"，存在"不法侵害"，即必须达到一定社会危害的程度。可是教师并非专业的法务人员，等到"不法侵害"得以确证时，正当防卫就已经没有意义了。

❷《预防未成年人犯罪法》所称"严重不良行为"，是指下列严重危害社会，尚不够刑事处罚的违法行为：（一）纠集他人结伙滋事，扰乱治安；（二）携带管制刀具，屡教不改；（三）多次拦截殴打他人或者强行索要他人财物；（四）传播淫秽的读物或者音像制品等；（五）进行淫乱或者色情、卖淫活动；（六）多次偷窃；（七）参与赌博，屡教不改；（八）吸食、注射毒品；（九）其他严重危害社会的行为。

的惩戒权。

不过，教育行政部门在运用这一惩戒权方面做得很不够。现实中家长、学校都无法管教的未成年人为数不少。这些未成年人生性顽劣、屡教不改且不服管教，难道只能由着他们在学校里胡作非为吗？尽管《义务教育法》第27条明确规定不能开除学生，但与其将"打架大王"留在学校里败坏校风，然后拖到初中毕业后踢给社会，不如送工读学校接受反社会行为的矫正教育，还有挽回的希望。但是，据2014年《中国统计年鉴》，全国仅有78所工读学校，教职工人数为2687人，专职教师有1851人，在校学生9307人，招生数为3891人，毕业人数为3596人。这与当下普通中小学里严峻的教育现状极不相称。工读学校可供给的学位数量太少了。"广东人口超过1亿，但目前全省仅有广州新穗和深圳育新两所工读学校，可容纳学生不足300人，与广州市每年需要送工读学校的5000以上学生人数不相适应。"❶

在涉及教育法律关系是否存续的惩戒问题上，相关法规政策一方面限制了中小学行使这些类型的惩戒权，将其收归教育行政部门；另一方面，教育行政部门并未充分重视这一惩戒权授权对象的变化，未对需要惩戒的情形作出妥善的制度性安排。

(二) 设置校内惩戒规定的成文法渊源不明确

虽然《教育法》明确了学校有处分学生的权利，但是授权谁、依据什么法规来制定处分规则的问题却并未解决。

1. 校内惩戒规定的制定主体不明

校内惩戒规定的制定权是否明确是惩戒规定是否具有合法性的基础性一环，是惩戒规定能否获得法律效力的前提性条件。在惩戒权方面，学校有处分学生的权利，但这种处分权能够涵盖处分规定的制定权吗？打个比方，刑法是法院裁定刑事案件的法律依据，但法院只有司法权❷却并没有立法权，审判的本质只是在传送全国人大在立法时达成的"公意"。即是说，学校是否有权制定惩戒规定尚待商榷。如果学校没有，那应该由谁来制定呢？如果学校有，那么其他主体有没有干预的权利（力）呢？

---

❶ 雷雨，温晓华，蔡立.一亿人口大省 工读学校才两所 [N].南方日报，2014-01-16（A08）.

❷ 最高法的法律解释更多的是执行层面的立法，不是分配权利义务的立法，二者的立法性质有本质差别。

　　由于我国的改革开放是强制性制度变迁，法治进程落后于政策驱动的脚步。在事实层面上，许多学校（尤其是公立学校）在没有法人资格的情况下依然运转如常。学校的法人化运动实际上是适应市场经济改革，在教育领域引入市场竞争机制的产物。政府要求学校建立各种各样的校规来适应这一转变。而学校则是依据法治要求被动性地完善校内的制度建设，补充制定学校的一系列制度规范。不过，现行法律规范并没有明确校内惩戒制度的制定主体。

　　由学校的举办者来制定惩戒规定或惩戒办法是符合法理要求的。《教育法》第 26 条规定，设立学校或其他教育机构的必备条件之一是具备组织机构和章程。其中，章程是学校内部治理的总纲，对于校规而言具有统领地位，涵盖了校内的惩戒规定。但是，章程由谁制定呢？根据《宪法》第 19 条 "国家举办各种学校" 的规定，公立学校应由政府举办。那么，章程作为公立学校成立的必要条件之一，以尚未成立之学校的名义制定学校章程显然是不符合逻辑的。那么，章程就只能由举办者政府来制定了。对于民办学校而言，章程的制定主体则是民办学校的举办者。那么，享有惩戒规定的制定权的主体有：教育行政部门、社会组织、社会团体、个人（后三者为民办学校的举办者）。因为在民办学校的筹办阶段要求提交内部管理体制，在申请成立阶段要提交学校章程，由审批机关审核批准；所以实际上审批机关是承担着 "合法性审查" 的责任的。也就是说，教育行政部门是法理上的校规制定者。

　　少数地方教育行政部门的确着手制定了在辖区内适用的学校违纪惩戒规定，将授予中小学制定处分规定的权力收回。笔者曾在调研中向基层教育行政人员请教可能的原因，个别区县的教育行政人员的解释应当能够反映实情。

　　　"教育局也是没办法！现在规定不准体罚和变相体罚，有的老师该打还是照样打。学校要成绩，就睁只眼闭只眼。不然的话，老师们都往后退，学生就会变得油头滑脑，甚至得寸进尺，不好管理了。接着问题就来了：谁来管学生？其实没有老师愿意打学生。现在管得严，老师一般也不会体罚，就是体罚也会注意的。说得转就说转了（意思是可以口头教育的就口头教育了）。现在的学生不好管，家长也不好惹！没打出事还好，稍微有点重了，家长就跑到学校闹，跑到教育局找领导。领导也是人，经常被缠得很恼火！学校也是，校长就等着教育局表态，说教育局要怎么处理就怎么处理！当然，学校有学校的考虑。你想嘛，教师和校长是同事，低头不见抬头见。教育局出面处理，校长就有了 '挡箭牌'，就可以做好人，方便工作。我们平时也提醒校长要执行政策，但也不能老是处理这些事情吧。教育局直接出个学生处罚办法，学校就按照这个来，家长不服找教育局。反正都是找教育局。有规矩好办事，免得纠缠不清！"

这种做法本质是教育行政部门先制定学校惩戒规定，再委托给学校执行。从某种角度讲，教育行政部门的积极作为体现了一份担当。教育行政部门此举的益处是：立法者和执法者分离，可以专注于监督检查，提高学校依法治校的水平。然而，现实情况是，在我们搜集到的 41 份中小学惩戒规定中，其中有 39 份是由学校制定的，有 2 份是由江西省大邑县县教育局、北京市石景山区区教委制定的。

教育行政部门将大量校规的制定权授权给了学校。在基础教育阶段，校内惩戒规定由谁制定并无明文规定，即使是可供推测的条文也没有。可以说，法规未对由谁来制定惩戒规定的设置规范使得一线工作者自行其是。

因此，我们可以参照教育部在高校章程建设方面的既有做法。在高等教育阶段，《教育部关于实施〈中华人民共和国高等教育法〉若干问题的意见》第 24 条规定："根据《高等教育法》第 27 条和第 28 条的规定，今后申请设立高等学校者，必须向审批机关提交章程。在《高等教育法》施行前设立的高等学校，未制定章程的，其章程补报备案工作由其教育主管部门制定规定逐步进行。"《高等学校章程制定暂行办法》第 3 条规定："高等学校应当以章程为依据，制定内部管理制度及规范性文件、实施办学和管理活动、开展社会合作。高等学校应当公开章程，接受举办者、教育主管部门、其他有关机关以及教师、学生、社会公众依据章程实施的监督、评估。"首先，高校章程是内部管理制度和规范性文件的总纲；其次，高校是章程的制定者，举办者、教育主管部门、其他有关机关、教师、学生、社会公众等主体扮演的是监督者、评估者的角色。高校是政府授权制定的章程制定主体。在法律地位上，高校和中小学一样，均是事业单位法人，是平等的。可以推定，学校受行政部门委托制定章程以及校内各种管理制度。

既然由学校来制定校内惩戒规定，那么由学校内部的哪个机构或部门来制定呢？因为无任何规范性文件予以说明，所以我们只能从经验层面加以归纳。在调研中发现，绝大多数惩戒规定是由德育处、政教处或学生发展中心制定的。由这类部门拟出草稿后再经主管副校长或者校长工作会审核后即颁行。此处潜藏着的一个问题是：学校自己制定校内惩戒规定，然后又由同一部门实施这一规定，学校充当了"运动员"和"裁判员"的双重角色。在学校内部，除政教处、德育处等制定惩戒规定的部门人员、审定的校领导外，其他教师个人、教代会、家长会、学生会都未能参与并发表自己的意见，教育行政主管部门也未对惩戒规定进行合法性审核●。因为学校与学生之间的法律关系是法律授权关系，惩戒权是公共权力，所以其惩戒权的"立法主体"和"执法主体"应当有所区分。如果"立法"与"执法"不分，那么按照我国"谁制定谁解释"的立法习惯，专制极有可能在惩戒活动中大行其道，背离公共权力的服务功能和惩戒的教育目的。

2. 制定校内惩戒规定的文件依据不明

文件依据是校内惩戒规定的主要法律渊源，决定着惩戒主体适格与否，惩戒规则效力等级的高低、惩戒行为的性质为何、惩戒规范的修订完善与否等重要问题。

绝大多数现行的校内惩戒规定均在《引言》部分表明了制定校内惩戒规定所依据的文件。这些文件有很多，根据颁行主体的不同大致可以分为六类：第一类是法律法规。这些法律法规是：《教育法》《未成年人保护法》《治安管理处罚法》《预防未成年人犯罪法》。第二类是地方法规。比如，《××省（市）未成年人保护条例》。第三类是部门规章。这些部门规章是：《中小学生守则》《小学生日常行为规范》《中学生日常行为规范》《学生伤害事故处理办法》《中学德育大纲》《中等职业技术学校学籍管理规定》。第四类是其他规范性文件。属其他规范性文件的文件依据有：《××省（市）全日制普通中学学籍管理规定和成绩考核办法》《××省（市）普通高中学籍管理办法》《××市教育局中小学生学籍管理暂行办法》《××省（市）中小学生守则》《××省（市）中小学生行为规范》。第五类是校内管理制度，又称校规。《××学校学生校园常规要求》《学校常规要求》《××学校学生一日常规》《考试违纪舞弊处罚规定》。第六类是党发布的文件。比如，《公民基本道德规范》❷。在这些文件中，《中小学生守则》《中学生日常行为规范》《小学生日常行为规范》、学籍管理办法方面的文件、校规占主要比例。

除了校规之外，这些文件中的其他文件均未设定明确授权或委托学校制定惩戒规定的条款，即不能将这些文件作为校内惩戒规定的成文法渊源。校

● 通常，教育行政部门审批学校章程。学生惩戒在章程中设置专门条款予以说明。

❷ 《公民道德建设实施纲要》（中发〔2001〕第15号）。

内惩戒规定承担着教育和管理学生的双重职能。出于教育的目的，可以将上述各类文件作为制定惩戒规定的参考资料，在体系和内容予以借鉴是合情、合理、合法的；但若从管理的角度来说，在没有授权或者委托的情况下，惩戒规定是学校内部的管理规定，应当服从内部管理规定的制定要求，集中精力处理好不同校规之间的关系，特别是与学校章程的关系。

所有校内惩戒规定均没有将学校章程作为制定的文本依据。学校章程是明确学校内部管理体制和权力结构的纲领性文件，是确保校内各方权利和义务得以顺利实现的保障性文件。《教育法》第 26 条规定，学校在设立时必须满足的基本条件之一就是"有组织机构和章程"。第 28 条规定，学校有按照章程自主管理的权利。按照学校内部制度的效力层级，校内惩戒规定是章程的下位制度或者说是配套制度。在章程中应当有专门的条款对惩戒规定作出说明。我们查阅了武汉市 10 所中小学的学校章程，发现有 7 所学校的章程中明文规定了类似于"根据情节轻重予以批评教育或者适当处分"的内容，即设置了建立学生违纪处分办法的口子；同时，有 3 所学校并未对学生的违纪行为如何处理作出规定。一方面，学校章程已经为建立校内惩戒制度搭建了平台；另一方面，在制定校内惩戒规定时并不将学校章程作为文本依据之一，甚至还有 3 所学校在制定章程时并未考虑到学生惩戒制度，造成校内惩戒制度游离于章程统领的制度系统之外。

与此同时，若不以章程作为制定依据，而以其他校规作为制定依据，校内惩戒规定与这些校规之间的关系如何呢？定性为上位和下位的关系是不恰当的。比如，校内惩戒规定与《考试违纪舞弊处罚规定》。校内惩戒规定管理的活动领域明显囊括了考试，而且本身也很细致，如果再专门制定一个《考试违纪舞弊处罚规定》就没有必要了。定性为并列关系也是不恰当的，比如，校内惩戒规定和《××学校学生一日常规》《××学校学生校园常规要求》。在上述校园常规要求之外，还有《课堂常规》《走读生管理条例》《住宿生守则》《学生交往常规》等种类繁多且与之并列的校规，显然校内惩戒规定不能只对应校园常规。同时，校内惩戒规定也没有能够全部统摄所有违纪处罚的情况。比如，华中师大一附中在《校服穿着规定》中的第四部分规定："对不按要求穿着校服且屡教不改的学生，学校将依情节轻重给予纪律处分直至劝退。"该校的《学生违纪处罚条例》并没有对此作出专门规定，只有一个兜底条款"其他不正当行为"。既然已经专门作出了规定，就应该将其整合到校内惩戒规定中来。

(三)　中小学校内惩戒规定所依据的规范过"软"

被中小学的校内惩戒规定用作制定依据的各类法规或其他规范性文件多是"没有法律强制力"的"软法"。所谓"软法",与"硬法"相对,是指虽然具有"法律"的身份,但是不具有"法律"效力的一类法律规范。直白点说,"软法"就是只有"应当""可以"等宣示性规则或指导性规则,没有强制力保障的制裁性规则的法律。尽管"软法"在诉讼中可以被用作论证的证据加以运用,但难以作为判案的法律条款;因此,违背"软法"可以不负法律责任。前文已述及了有资格制定法律的各级各类立法主体。在这些主体中,教育部是建设中小学惩戒规范的主力,大多数校内惩戒规定所依据的文件都是教育部出台的部门规章。这些法规中的绝大多数条文都是观念的表达,并不具有制裁的效力。这样的"软法"较之"硬法"最大的不同在于:它强调人的主体性,认为人是自觉自为的主体,无需外部强制就能自主开展合作。与其说"软法"是"法",不如说是"政策"。因此,校内惩戒规定在与民法、侵权责任法等"硬法"的碰撞中,往往会陷入"教育法是个什么法"❶的尴尬。

1.《中小学生守则》(简称《守则》)《中(小)学学生行为规范》不宜作为文件依据

十多年来,教育部从未禁止学校参照《守则》和《规范》制订校规校纪的做法。只要合法、合理、合乎校情,学校或地方在新的《守则》出台之后对学生管理进行创造性的改革是被允许和鼓励的。但是,若要考察惩戒规定的形式合法性,还有诸多不妥之处。

(1)《守则》是缩微版德育大纲,不易操作

《守则》虽然只有10条,但细细分析每一条,实则涉及了思想教育、政治教育、道德教育、心理健康教育的主要方面,包含了学生学习、处理个人与他人关系、个人与集体关系、个人与国家关系、爱护环境的若干德育项目。调研主要发现两个问题:一是《守则》的要求过高。有校长认为,《守则》应该提出普通学生都能遵守并做到的较为基本的规定,目前的规定明显过高,学校无法要求所有学生都做到;二是《守则》的定位不够清晰。现在的《守则》很像一个缩微型的德育大纲,力图涉及学校德育的所有内容。很多教师

❶ 李晓燕,巫志刚. 教育法规地位再探 [J]. 教育研究,2014 (5):80-88.

认为，《守则》应该是一个宏观的学生管理规定，其重点应定位于树立学生言行的努力目标，保障教育教学活动的顺利开展。

（2）《守则》内容本身相互交叉，逻辑不清

《守则》第2条规定："遵守法律法规，增强法律意识。遵守校规校纪，遵守社会公德。"首先，遵守法律法规、校纪校规、社会公德几乎涵盖了所有行为规范。这包括《守则》其余的9个条目。以遵守社会公德为例。热爱劳动、孝敬父母、尊敬师长等，这些都属于社会公德范畴。其次，法律法规、校纪校规、社会公德都是模糊概念，具体内容具有扩张性。没有人能够知道这些概念背后到底要做到哪些内容。

（3）《守则》没有法律效力，违反无法追责

《守则》所倡导的内容没有做到也没有关系。首先，法院在裁断案件的时候是绝不会引用《守则》中的条目为依据的，即使在合法性审查上没有问题。其次，不遵守校纪校规自有校内惩戒规定作为追责的依据，但属于校内的行政行为，与《守则》无直接的因果关系。《中小学生守则》是内容倡导性的，所使用文学化的语言，对中小学学生来说过于高、大、全、美。《守则》虽然由教育部颁行，在位阶上是部门规章，也具有规范性文件的形式，但是因属于倡导性质，所以只能作为各地学校规划德育工作、实施学生行为习惯养成的教育指南，以期在事实上起到积极的指导作用。

（4）《守则》与《规范》关系不明，实践者莫衷一是

《规范》是指《中学生行为规范》和《小学生行为规范》。《守则》与《中学生日常行为规范》的关系较为让人费解。《中学生日常行为规范》除了包含40条外，还用几个大条款来统率下面的小条款，而这几个大条款与《中小学生守则》关系不大。事实上，在很多中学，《中小学生守则》仅仅是被象征性地提及，在学生管理和学校德育中基本没有发挥作用，中学德育处主要依据《中学生日常行为规范》来组织开展系列工作。《中小学生守则》与《小学生日常行为规范》的关系则可以看作是总与分的关系。小学教师普遍认为，《小学生日常行为规范》是对《中小学生守则》的细化和解释，因为《小学生日常行为规范》只列出了20个小条款，没有列出统领的条款。不过，因为小学生的可塑性强，易于服从，所以很多小学在实施学生管理时并不重视《守则》和《规范》的具体内容，而是为了维护校园秩序提出更严格的要求。如某公立小学规定学生入校一律穿白色球鞋，高于《规范》提出的"衣

着整洁"的要求。一线工作者普遍认为，教育部没有必要同时颁布《守则》和《规范》，两者只需取其一。

（5）《守则》过于概括，《规范》过于概括和过于具体并存，对实践的指导性不强

以《小学生日常行为规范》为例。其第2条规定："尊敬老师，见面行礼，主动问好，接受老师的教导，与老师交流。"有位老师认为：学生对老师的尊敬不止体现在这些地方。所以，与其这样细致地规定，不如只提出"尊敬老师、尊重他人劳动成果"这样的准则，具体细则可以由老师带领学生去达成细致的协议。对于怎样才是"尊敬老师"，不同的学校、不同的班级都会提出各具特点的具体条目，如主动问好，按时完成作业，作业书写工整以方便老师批改。目前的规范有时粗有时细，还不如干脆不细化，直接用粗线条的。

这位教师的观点具有一定的代表性。一些学校依据《守则》和《规范》制定了本校的校规。这些校规在实践中发挥了很好的作用。仔细审视其校规，我们可以发现，其校规略去了《守则》和《规范》的一些条目，增加了《规范》中没有的一些条目。尽管学校的做法并不总是合理的，不过，一线的观点和做法值得注意。

（6）《守则》和《规范》的有些规定缺乏足够的必要性，呈现方式不尽合理

分析《守则》和《规范》的各项规定，有些规定并没有足够的必要性。如"接受或递送物品时要起立并用双手"当然显示了中学生有礼貌，不过就中学生日常交往来说，这一规定并不是必要的。近年来，每年夏天都发生中小学生溺水事件。有的老师认为，《规范》中提出的"防溺水"有点太含糊，应该改成"不私自下水游泳"等明确的说法，这样可能对中小学生的威慑力度更大。

（7）2014年《中小学生守则》（征求意见稿）也不宜作为惩戒依据

2014年，教育部出台了《中小学生守则》（征求意见稿），拟用来替代2004年颁布的《守则》和两个《规范》。但是，该《守则》不是教育部颁行的学生管理类文件，而是国家在德育领域表达对中小学生言行的期望和要求，客观上起指引、激励和评价中小学生言行的作用。其缺点和《守则》与两个《规范》一样，不是底线要求，不能作为惩戒的评价尺度。

2. 教育法律法规不宜作为文件依据

法律法规宜作为合法性审查时的参考资料，不宜作为直接的文件依据。

首先，若校内惩戒规定的制定主体是学校，那么学校作为事业单位法人，在处分学生是属于教育职能还是行政职能尚不明确的前提下，校内惩戒规定的法律性质不明。其次，校内惩戒规定条文在不触犯法律法规的前提下自然会有效力。在访谈时，有参与校内惩戒规定制定的教师解释："我们主要是学习了法律精神，确保不违法。比如说，我们没有将体罚和变相体罚作为惩戒方式。"这实际上就是合法性审查要起到的作用。以《未成年人保护法》第18条为例。该条规定："学校应当尊重未成年学生受教育的权利，关心、爱护学生，对品行有缺点、学习有困难的学生，应当耐心教育、帮助，不得歧视，不得违反法律和国家规定开除未成年学生。"在义务教育阶段，学生不适用"开除"惩戒已经被《义务教育法》《中小学生学籍管理办法》等文件反复强调，违规违法开除学生肯定是要承担相应的法律责任的。简言之，违规违法自然会被问责，没有在制定的文件依据中给予专门说明。再次，校内惩戒规定应当以学校章程作为直接的制定依据。

3. 学籍管理规定中设置的惩戒规范侵蚀学校的办学自主权

学籍管理规定是校内惩戒规定制定的重要文件依据，而且各级教育行政部门都有专门的学籍管理规范性文件。但学生惩戒是否应由学籍管理规定来规范，是否可以在学籍管理规定中设置具体的实体性惩戒规范还有待商榷。

学籍管理规定不能设置惩戒规范。学籍管理工作是档案工作，是对学生学习经历的相关信息进行跟踪记录的程序性工作。其本身并不能对学校的办学自主权作出实质性的干涉。《教育法》第28条将"学籍管理"与"奖励或者处分"并列，同时作为学校的权利。这说明"学籍管理"与"学生奖惩"是两类不同性质的活动。而且，通过《教育法》这一授权条款，学校获得了进行"奖励或处分"的自主办学权。

学籍管理工作可以要求将有关处分的记录纳入档案工作，比如，处分的事实依据、文件依据、处分形式、处分程序、听证记录等这些处分过程中生成的材料。但是，其并不能对处分的事实依据、处分形式、处分程序、承担惩戒职能的校内部门等内容做具体的要求，比如，规定处分形式有"警告、严重警告、记过、留校察看、开除学籍"；规定"学生对于有不良行为的学生，可以视其情节和态度"分别给予处分；受到处分的学生"经一段时间的教育，能深刻认识错误、确有改正进步的，应当撤销其处分"；等等。

以惩戒规范中的处分形式为例。校内惩戒规定运用的处分形式除了学籍管理规定给出的几种形式之外，还有批评教育、校会点名批评、停课（通知家长领回家教育)、记大过、劝其退学、勒令退学、口头警告、具结检查、送工读学校（初中阶段，实质为惩戒性转学）、班会检讨、班内点名批评、取消评优评先资格、撤销学生干部资格、取消奖学金助学金评定资格等为数众多的处分形式。学籍管理规定是行政规范性文件，落实工作属于行政工作。若以学籍管理规定为制定的文件依据，那么学校的学籍管理工作就是行政工作，属于行政委托的范畴。按照政府行政活动"法不允许则禁止"的原则，这些处分形式都是越权行为。可是处分同时也是教育手段，属于教育活动，是可以运用上述各种手段的。有的学校则将其校内惩戒规定中的惩戒行为分为一般教育类型（包括教育批评、公开检查、通报批评）和处分处理类型（包括警告、严重警告、记过、记大过、留校察看、勒令退学、开除学籍)❶，作为变通的办法。

以教育部《中等职业学校学生学籍管理办法》第七章关于学生惩戒的部分条款为例。

第三十条　学校对于有不良行为的学生，可以视其情节和态度分别给予警告、严重警告、记过、留校察看、开除学籍等处分。

学校作出开除学籍决定，应当报教育主管部门核准。

受警告、严重警告、记过、留校察看处分的学生，经过一段时间的教育，能深刻认识错误、确有改正进步的，应当撤销其处分。

第三十一条　学生受到校级及以上奖励或处分，学校应当及时通知学生或其监护人。学生对学校作出的处分决定有异议的，可以按照有关规定提出申诉。

学校应当依法建立学生申诉的程序与机构，受理并处理学生对处分不服提出的申诉。

学生对学校作出的申诉复查决定不服的，可以在收到复查决定之日起15个工作日内，向教育主管部门提出书面申诉。

教育主管部门应当在收到申诉申请之日起30个工作日内作出处理并答复。

第三十二条　对学生的奖励、记过及以上处分有关资料应当存入学生学籍档案。

对学生的处分撤销后，学校应当将原处分决定和有关资料从学生个

---

❶　见《邢台市第七中学高中学生违纪处理条例》。

人学籍档案中移除。

——教育部《中等职业学校学生学籍管理办法》

在以上条目中，因为第 30 条、第 31 条违背了学籍管理办法的工作性质，超越了档案工作的职权范围，所规定的内容不应纳入学籍管理办法；而第 32 条规定的内容则是必要的条款。

诸多地方教育行政部门颁行的中小学阶段学籍管理规定也存在此问题。教育部于 2013 年 8 月 11 日颁行的《中小学生学籍管理办法》已经纠正了这一问题。其没有设置惩戒规范的实质性条款，也没有要求将学生处分记录纳入档案材料，只是规定"省级教育行政部门规定的其他信息和材料"，要求"省级教育行政部门应制定或完善实施细则"。即是说将这一职权授予了省级教育行政部门。不过，接踵而来的是两个问题：一是在立法职权方面，地方教育行政部门没有资格"定制"限制或剥夺基本权利的惩戒规则；二是诸多地方教育行政部门的学籍管理规定均没有纠正这一问题。比如，浙江省《义务教育阶段学生学籍管理办法》（2014 年 7 月 1 日起施行）、上海市《普通高中学生学籍管理办法》（2014 年 7 月 9 日起施行）等。

四、中小学惩戒规范的实施及其问题

中小学惩戒规范在实施过程中存在的主要问题是侵犯学生基本权利，主要是财产权和人身权。学生首先是公民，其基本权利应当受到法律保护，享有不受非法侵害的权利。尽管学校的惩戒规范是出于公共利益才制定的，比如形成良好的校风学风，确保校园安全，矫正学生的失范行为。但是在惩戒规范的执行中，校方依赖的是公共权力，需要按照公共权力的运作要求行使惩戒权。一方面，权力无限制可能会出现不当履行职权的问题，包括超越学校职权和怠于履行职权；另一方面，校方采取一些管理手段来落实惩戒规定，实则维护公共利益，不可避免地要触犯学生的财产权、人格权等基本权利。

（一）侵犯学生财产权

不管是否必要，学生在学校里学习生活时，难免会携带和存放一些个人财物，或者对学校的财产造成损害。学校在校内惩戒规定中设计这些有关财产的问题时，存在滥用职权的现象。

1. 常见的扣押、没收和销毁的对象

校内惩戒规定中存在大量搜查、扣押、没收、销毁学生个人财物的条款。

这些条款针对的物品主要分两类：第一类是对校园公共安全构成威胁的物品。此类物品又可以分为两小类，一类是如电炉、煤气灶、酒精炉、电热毯、电饭煲、"热得快"、电热杯、电熨斗等学校未允许配置但不违法的物品；另一类是如管制刀具等对人身安全构成严重威胁的违禁品或器械。第二类是对教育教学活动有可能造成实际影响的物品，比如，手机、电子游戏机、随身听、MP3、零食等。

> 携带手机在课堂上玩游戏，发短信者，给予警告处分，没收手机。
> ——资料来源：《山西省忻州市定襄县宏道初中学生违纪处分条例》
> 向教学区或校园带食品的或就餐的，给予警告处分，并从发现即刻起，直至使指定区域洁净或墙体表面恢复原样为止，同时没收食品。
> 学生携带对他人人身安全构成威胁的器械进入校园或宿舍将予以没收。
> ——资料来源：《重庆市石柱民族中学学生违纪处分条例》
> 带管制刀具入校园，私藏私制锐器、钝器的，学校一律没收，并给予口头警告直至记过处分。伤人的据性质和情节处理。
> ——资料来源：《湖北省武汉市黄陂职校学生管理处罚条例》
> 以现金或其他物品为赌注进行赌博（或为赌博提供条件）者，除没收赌资、赌具外……
> ——资料来源：《重庆市接龙中学校中学生纪律处分条例（试行）》
> 首次发现在校内听 MP3、随身听、打游戏机、接打手机等者，物品没收并由家长来学校领取。
> ——资料来源：《江西省上饶县碧霞学校中小学生违纪处理办法》
> 学生在校不允许打麻将、打扑克等，一经发现，除销毁用具外，给予严重警告或记过处分。
> ——资料来源：《江西省南昌县莲塘三中学生违纪处理办法》

2. 校方无扣押、没收和销毁学生财物的职权

首先，校方无扣押、没收和销毁学生合法财物的职权。《民法》第 75 条规定："公民的合法财产受法律保护，禁止任何组织或者个人侵占、哄抢、破坏或者非法查封、扣押、冻结、没收。"学生首先是公民，其合法财产应当受到法律保护。校方扣押、没收和销毁学生合法财物，既是作为惩戒违纪学生的办法，也是作为学生违纪的证据。但是，扣押、没收和销毁公民合法财产

是强制行为，只有法律明确授权的情况下才可以依照法定情形进行。

在民事行为中，查封和扣押的目的是保护债权。根据 2004 年 11 月最高人民法院颁布的《关于人民法院民事执行中查封、扣押、冻结财产的规定》中明确规定查封和扣押民事纠纷中公民合法财产的主体是人民法院，而且查封和扣押时必须遵循 "制作并送达裁定书、通知相关人员到场、实施控制性措施、造具财产清单并制作笔录" 的严格程序。同时，《民法》第 117 条规定："采取对妨害民事诉讼的强制措施必须由人民法院决定。任何单位和个人采取非法拘禁他人或者非法私自扣押他人财产追索债务的，应当依法追究刑事责任，或者予以拘留、罚款。" 学校和学生之间无民事性质的债权关系，故不适用。

在行政行为中，查封、扣押和销毁的相关规定散见于各种法规。比如，《质量技术监督罚没物品管理和处置办法》● 第 15 条、第 16 条对应当监督销毁的罚没物品都作了专门规定；《民爆物品管理规定》中第 39 条、第 43 条、第 44 条和第 51 条对民用爆炸品没收和销毁的各种情形也作了专门规定。行政法规规章也对行使扣押、没收和销毁的主体作了专门规定，但这些主体中没有学校。

其次，校方无扣押、没收和销毁学生非法财物的职权。《行政处罚法》第 8 条将 "没收非法所得、没收非法财物" 作为行政处罚的方式之一●。即是说违法所得、非法财物是没收的对象。《治安管理处罚法》第 11 条规定了可以由公安机关收缴的物品有："毒品、淫秽物品等违禁品，赌具、赌资，吸食、注射毒品的用具以及直接用于实施违反治安管理行为的本人所有的工具。" 除此之外，公安机关在办理治安案件时可以扣押 "对与案件有关的需要作为证据的物品"●。《刑法》第 64 条规定："违禁品和供犯罪所用的本人财物，应

● 参见：国家质量技术监督局令第 16 号。第 15 条："罚没物品有下列情况之一的，应当监督销毁：（一）不能作技术处理的或者技术处理后仍可能危及人体健康、人身、财产安全的；（二）属于国家明令淘汰并已禁止使用产品的；（三）失效，变质的；（四）已经失去使用和回收利用价值的；（五）不能消除伪造产地，伪造或者冒用他人厂名、厂址，伪造或者冒用认证标志等质量标志印记的；（六）属于虚假的产品标识、标志和包装物的；（七）属于国家禁止使用的计量器具的；（八）伪造，盗用、盗卖检验及检定印证的；（九）属于残次计量器具零配件的；（十）其他应当销毁的罚没物品。" 第 16 条："罚没物品有下列情况之一的，应当由质量技术监督部门按规定程序审核同意后及时监督销毁：（一）易腐烂，变质的；（二）有毒。有害，易燃，易爆或者可能危害公共安全的；（三）无法进行保存的其他物品。"

● "没收违法所得、没收非法财物" 应当定性为纠正违法行为，不宜作为行政处罚方式之一。

● 参见：《行政处罚法》第 89 条。

当予以没收。"❶ 一般而言，禁止邮递、托运的违禁品多属于校园中的违禁范畴❷。由于中小学学生是未成年人，且学校人口密度大，违禁品所涵盖的物品范围应更广泛一些。但是，没有具体法规规定学校具有上述职权。

即是说，这些涉及扣押、没收和销毁学生财产的校内惩戒规定但是并不是学校的法定职能。

3. 仍然存在有"罚款"嫌疑的条款

中小学生造成学校财产损失的，理应赔偿。因受责任能力和财产的限制，校方需要与学生的家长交涉，通过民事协商达成赔偿方案。对当事学生，应由家校共同批评教育，让其认识到不能损害学校财产。学校可以根据学生的认错态度给予相应的处理，但不能把"赔偿"或"加倍赔偿"之类的民事要求作为惩戒方式。可是，很多学校在校内惩戒规定中将"赔偿"和"加倍赔偿"作为惩戒方式。比如，有的学校规定："故意损坏公私财物者，除进行批评教育外，要加倍赔偿"❸；"故意损坏公共财物者，拒不承认，被学校查获者，则除按两至三倍价款赔偿外"❶；"被其破坏的财物、设施，均应照原价或原价数倍予以赔偿"❺；"损坏公物，照价赔偿。故意损坏，加倍赔偿，同时给予纪律处分"❻；等等。

（二）侵犯学生隐私权

搜查是校方侵害或者威胁学生的人身权、财产权和人格权的主要行为之一。其中，争议较为激烈的是人格权中的隐私权。

搜查是指以搜索、查看为主要形式的强制措施，有严格按照法律适用条件。当前，在我国的法律体系中有民事搜查、刑事搜查和行政搜查三类法定搜查行为。其中，民事搜查是指人民法院依照法定程序，对被执行人的人身及其住所或者财产隐匿地搜索、查找被执行人隐匿的财产的一种强制执行措

---

❶ 《刑法》第130条规定："非法携带枪支、弹药、管制刀具或者爆炸性、易燃性、放射性、毒害性、腐蚀性物品，进入公共场所或者公共交通工具，危及公共安全，情节严重的，处三年以下有期徒刑、拘役或者管制。"

❷ 具体有哪些禁寄物品，请参见《违禁品常识》。http://www.hschina.net/haisheng/zhichi/20110404 3.html.

❸ 见《湖北省武汉市光谷四小学生违纪处理办法》。

❶ 见《福建省南安市玲苏中学学生违纪处分规定》。

❺ 见《上海华东师范大学大松江实验高级中学学生违纪处分规定》。

❻ 见《江西省大邑县中小学校学生处分暂行规定》。

施。❶ 刑事搜查是指在侦办刑事案件时，侦查人员为了搜集证据而对犯罪嫌疑人以及可能隐藏罪犯或者犯罪证据的人的身体、物品、住处和其他有关的地方采取的搜查活动。❷ 行政搜查是指行政人员为了获得行政行为必要的信息而在职权范围内采取的行政调查措施之一。这些搜查行为的法律适用条件在《民事诉讼法》《刑事诉讼法》《公安机关办理刑事案件程序规定》《行政强制法》等法规中均有较为详细的规定。为了避免具有搜查职权的人滥用职权和无搜查职权的人非法搜查，《刑法》和《治安管理处罚法》对非法搜查行为都有明文规约。《刑法》第245条规定："非法搜查他人身体、住宅，或者非法侵入他人住宅的，处三年以下有期徒刑或者拘役。"《治安管理处罚法》第40条规定："非法限制他人人身自由、非法侵入他人住宅或者非法搜查他人身体的"情形可以被处以拘留和罚款的行政处罚。

许多中小学在宿舍和教室管理方面的规定中有搜查的"隐含规定"。学校有义务为学生提供一个安全的学习生活环境，因此学校具有检查卫生、要求学生遵守管理规定的正当要求。学校常常会组织安保人员、宿舍管理人员、学生干部、教师等人员对学生存放私人物品的场所乃至学生的人身进行搜查。比如说，趁学生上课对学生宿舍进行突击搜查❸，用金属探测器搜查学生随身携带的手机等物品❹。我国《普通高等学校学生安全教育及管理暂行规定》第19条规定："在安全管理或事故处理过程中，学校认为有必要搜查学生住处，须报请公安部门依法进行。调查处理案件中要以事实为依据，不得逼供或诱供。"可见，学校是无权搜查学生住处，更不用提搜查人身了。在当前的法律体制下，学校即使发现学生有违纪、违法乃至犯罪的行为，也不能采取搜查的手段，只能向公安机关报告情况，由公安机关出面处理。这方面应该如何处理更符合法治要求，在美国基本上已经不是问题，但是在中国却因缺少法律规定而处于非法的地位。

五、校内学生申诉制度不完善

校内学生申诉制度将"学生不服违纪处理"的情形纳入受理申诉的范围

---

❶ 陈光中. 中华法学大辞典·诉讼法学卷 [M]. 北京：中国检察出版社，1995：371.
❷ 参见：《公安机关办理刑事案件程序规定》（公安部令第127号）第217条。
❸ 佘慧. 上课期间，学校突击检查学生宿舍 [N]. 楚天都市报，2011–10–28（B09）.
❹ 付婷. 江西一学校用金属探测器搜查学生手机 [DB/OL]. 2014–09–02 [2015–03–12].
http://jiangxi.jxnews.com.cn/system/2014/09/02/013300272.shtml.

是中小学校内制度建设的通行做法。这说明学校视处理学生违纪为学校内部的行政行为。因此，校内申诉的"受案范围"仅限于内部行政，不能涵盖改变学校与学生之间在学法律关系的事宜。学生对改变在学法律关系的事宜处理结果不服，应当向教育行政部门申请行政复议。同时，在设计校内学生申诉制度时，校方不宜将初次裁定者与申诉受理者的主体重合。

（一）违反"自己不得裁决自己案件"的公正原则

在中小学，对学生违纪作出处理、处分的校内职能机构主要是德育处。一些学校的政教处、学工处、学生发展中心等部门也承担学生德育职能，履行同样的职责。但在校内惩戒制度的构架中，德育处通常只有采取诸如批评教育的惩戒权限，对更严厉的校内行政处分则只有提出处理建议的权限。校长行政会议是作出正式行政处分的机构。通常，惩戒建议经德育处上报主管校领导或者校长，再由后者在校长行政会议上讨论通过、校长或主管校领导批准签发。即是说，在惩戒制度的架构中，德育处只是正式违纪处分的建议者，而真正决策拍板的是校领导和校长。但是，处分决定却由德育处向学生及其家长宣布。这是权责不对等的重要表现。

同时，申诉相关事宜也是由德育处告知学生及其家长，可以向校长或主管校领导申诉。这等于是校长或校主管领导"自己裁决自己的案件"，难免让人怀疑结果会有失公正。比如，某校规定："处分文件由政教处拟定。警告及以上处分提交行政会议讨论及校长审批……学生或家长如认为给予的处分有误，可向主管领导或校长申诉。"❶

（二）学生申诉受理程序的操作性规定缺失

受理申诉的部门、时限、受理要件等核心信息在校内申诉制度中不明确。有大部分校内惩戒规定均未声明学生有申辩、申诉的权利，也未在《办法》中对申诉的操作细节作具体介绍。有的学校只是规定："学生如认为给予处分有误，可向学校申诉，学校对学生申诉应及时复查，并作出结论。"❷ 有的学校则更模糊："对学生进行处分时，应允许学生申诉。"❸ 同时，许多学生申诉办法均未对申诉书提交之后，受理者或受理机构将召集哪些人员做审查、

---

❶ 见《山西省灵石县第二小学小学生违纪处分条例》。
❷ 见《山东省曹县第一私立高中学生违纪处理规定》。
❸ 见《北京市石景山区中小学违纪处理办法》。

如何审查等核心信息缺少交代。结合第 1 点，我们有理由认为：校内学生申诉制度只是应付学生或者上级检查的作品。

同时，校内学生申诉制度本身的功能定位是为处理不服违纪处分的对抗行为，性质为事后处理程序，对于受惩者而言是既定结果。在中小学阶段，校内学生申诉制度受到未成年人理性能力的约束，需要有监护人代为参与。在违纪处分结果出来之前，监护人就已经参与了违纪的处理过程，再行申诉实乃资源浪费。严格地讲，校内学生申诉制度作为事后救济制度，其实际功能与校内的复议制度雷同。因此，可以考虑从事后的救济制度变为事前的救济制度。比如将申诉制度定性为事前咨询性的救济程序，或者通过引入校内的听证制度来作出惩戒裁定。

第四章　美国中小学惩戒的法治经验

在经济全球化和教育国际化的大背景下，学习西方发达国家中小学阶段学生惩戒的法治建设经验是必要的。[1] 通过比较，现实教育中的惩戒问题可以获得新的视野，既有利于完善中小学惩戒的实践体系，也有利于推动以中小学惩戒为主题的理论研究。美国的教育法制较为完善，民众法治意识较强，依法惩戒的实践经验较为丰富。在中小学的惩戒活动中，依法惩戒有效协调了不同主体的合法利益，实现了惩戒的合法化运作。

一、美国中小学惩戒的适用时空

在美国纽约州，中小学惩戒适用的时空包括：在学校安排教育教学任务的时间段里，学生在校园里、校车、学校主办或者赞助的活动，以及对教育过程造成负面影响或危害到学校社区的健康、安全、道德或福利的非校内的地方。[2] 阿拉斯加州费尔班克斯北极星学区（以下简称"北极星学区"）则认为，学区或学校的政策、规章和规则（包括惩戒条例）的适用范围是中小学生处于其就读学校的校长或教师的控制与指导之下的时空，包括上、下学途中在校车上的时间、在校学习的时间、在教学楼的时间、参加任何学校赞助活动的时间。[3]

根据上述两个界定，我们可以大致认为，美国地方政府在判断是否属于校园时空的范围时，实质性要素是：学生必须处于学校校长或教师控制或指导的时空之中。实际上，教师在宽泛意义上是指具有教育、管理职责的学校

---

[1]　指责"言必称西方"脱离了中国实际的言论太过偏激。现代社会，西方发达国家在法治建设中的确在技术层面较为成熟；尤其是美国，"过度诉讼"曾一度成为法治引发的弊端之一。同时，我们也要注意他国经验的中国化问题，避免照搬照抄，引发水土不服。因此，我们既不能闭目塞听，因为法治存在问题就将其一概否定；我们又不能盲目追随，不加批判地执行"拿来主义"。我们要根据实际情况灵活运用，为的是降低社会运行成本，提高人们学习工作的效率，从而创造出更多自由。

[2]　纽约市教育局《纪律准则和学生权利与责任法案》[DB/OL]. [2015-03-12]. http://schools. nyc. gov/NR/rdonlyres/9E2A4768 - 4FEB - 4A9D - A1B1 - 1D5AD429FC3C/0/DiscCodeCondType2013_Chinese.pdf.

[3]　Fairbanks North Star Borough School District School Board Policy 1042. 1 Subject to School Authority [DB/OL]. [2015-03-12]. http://www.k12northstar.org/sites/default/files/policy10_5.pdf.

人员，具体包括教师、行政人员、辅导员、社会工作者、保安、建筑管理人员、食堂工作人员、仓库保管员、校车工作人员等。后文若没有明确界定，则"校园"一词专指学区或学校的政策、规章、规则适用的时空。

二、美国中小学惩戒的具体形式

美国中小学惩戒的形式因所在学区、学段的不同而有所差异，但大致一样。大多数地方均将学生的不端行为、惩戒样式进行了等级划分，比如施行校内停学、校外停学；并对重复性违纪行为实行渐进性的纪律处分，同时还探索一些以矫正为主旨的支援性或干预性教育措施、早期预警及防范措施。

(一) 惩戒的使用情况

1. 惩戒的具体形式

阿拉斯加州的北极星学区对违纪的惩戒形式有简单纪律处分、校内停学、取消特权、校外停学和开除五类。学区再根据违纪的严重程度将违纪惩戒行为分为初级和中级两类。在具体施以违纪处分时，校长在规定的职权范围内具有自主裁量权。其中，简单纪律惩戒主要是指留校、校内停学和取消特权。留校必须在 24 小时之前通知家长，以便家长安排交通。若家长不能或不会提供交通，那么不能施行留校惩戒，须代之以其他形式的纪律处分。校内停学是指将违纪学生移出常规教室并将其置于一个被监控着的非学术的环境之中。取消特权是指拒绝其在校内泊车或者享受校车服务等。"特权"实为某种形式的"优待"。校外停学是指停学期间将违纪学生驱逐出校，不让其再进校园，一般不超过 10 个教学日。开除则是指学生在开除期间不得参加学校的教育教学活动，一般是 10 个教学日（不包括 10 日）以上，直到无限期的开除。执行开除处分时，裁定者必须确定违纪学生能否重新入学，并对理由作出说明。无限期开除只能是其他矫正手段都已经不奏效的情况下才能使用。❶

关于体罚，在美国有的州允许，有的州则不允许。但是，各州均明确了非体罚性质的合理暴力适用情况。纽约州认为体罚是指为了惩罚学生而对学

---

❶ 参见：Fairbanks North Star Borough School District Administrative Regulation 1046-1054.1 ［DB/OL］. ［2015-03-12］. http://www.k12northstar.org/sites/default/files/adminreg10usethisone-itiscurrentworldfire-armspagesputinuntilapproved121814_0.pdf.

生采取的任何体力行为。❶ 明尼苏达州则将其定义为：以惩罚为目的，用或者不用工具打人，或者以不合理的物理强制对人的身心造成重大伤害。❷ 由此可见，体罚的核心判断标准是惩罚的动机和物理强制的行为。但是，合理使用肢体暴力的情形有：①保护自己免受人身伤害；②保护另一名学生、教员或他人免受人身伤害（如不过度用力地调解肢体冲突）；③保护学校和他人的财产；④若学生行为已经干扰到学校区域、职能、权力或责任的正常运行与开展，且学生拒绝遵守纪律而继续采取破坏性行为，同时其他不涉及体力的程序和方法无法达到以上目的，则可以用体力控制或移开学生。❸

美国有的州之所以不允许体罚，主要有两个原因：一是避免不必要的司法诉讼耗费财力、人力；二是尽量促进儿童的身心健康发展。美国联邦宪法第五修正案规定："……不得施以残酷、异常的刑罚。"在司法诉讼时，是否为体罚的辩论焦点就在于体罚措施是否是"残酷、异常的刑罚"❹。

2. 不同主体使用惩戒的权限

一般而言，在学校教育系统工作的有教师、学校管理者、校长、督学、校董事、其他学校雇员（包括志愿者）等不同主体。在学生惩戒方面，各个主体的权限是不一样的，大体遵循着"惩戒样式越严厉，作出惩戒决定的主体行政级别越高"的原则。虽然各州的情形不一样，但是大体上相似。

以路易斯安那州的情形为例。教师可以使用的惩戒样式有：口头或者是书面的训诫；举行各种形式的会议，主题包括但不局限于矛盾解决、社会责任、家庭责任、同辈调解、压力管理等；给家长陈述有关违纪学生的干扰行为或不当行为的书面通知，同时需呈交一份给校长；将学生逐出教室并将其置于校长或校长指派的工作人员的监控之下；其他被校长或校董事会核准的惩戒方式。❺

校长可以使用的惩戒方式有：校内停学、扣押、停学、发起开除的听证

---

❶ Pupil Behavior And Discipline-Corporal Punishment [DB/OL]. [2015-03-12]. http://docs.nycenet. edu/docushare/dsweb/Get/Document-19/A-420__11-16-04.pdf.

❷ 121A. 58 Corporal Punishment [DB/OL]. [2015-03-12]. https://www.revisor.mn.gov/statutes/?id =121A.58 .

❸ Pupil Behavior and Discipline-Corporal Punishment [DB/OL]. [2015-03-12]. http://docs.nycenet. edu/docushare/dsweb/Get/Document-19/A-420__11-16-04.pdf.

❹ 因为我国不少法规政策已经明确规定禁止体罚，所以不再赘述。

❺ RS 17 §416. Discipline of students; suspension; expulsion [DB/OL]. [2015-03-12]. http://www. legis.state.la.us/lss/lss.asp?doc=81024.

会、将违纪学生转介给替代性学校、规定停学期间学生本应完成的在校作业和家庭作业、其他教师享有的惩戒样式。因此，即便允许中小学体罚的州，也都对体罚作了较为详尽的规定。❶

一般而言，将学生逐出教室及以下的惩戒样式可以由教师自主裁量，校内停学及以上的惩戒样式均由校级领导裁定，没有教育职权的学校雇员无惩戒权。在纽约州，学监掌握是否裁定为 6 天（包括 6 天）以上的停学及更严厉的惩戒样式的权力。

3. 惩戒的使用策略

学校管理者会根据学生的违纪情况裁定相应的惩戒措施。以学生的违抗行为为例。所谓违抗行为，是指学生在校园中故意不理会具有职权发出特定指令的工作人员或其他成人的行为。对违抗行为施加的纪律处分包括：

初级处分：
- 第一次：校长自主裁量；
- 第二次：至多 3 天的停学；
- 第三次：至多 5 天的停学；
- 四次及以上：至多 10 天的停学。

中级处分：
- 第一次：校长自主裁量；
- 第二次：最少 3 天的停学；
- 第三次：最少 5 天的停学；
- 第四次：最少 10 天的停学；
- 五次及以上：建议开除。

——资料来源：《2013-2014 Students Rights, Responsibilities & Behavioral Consequences Handbook》

在此，我们可以清晰地看到针对重复性违纪所采取的渐进式惩戒策略。这种惩戒策略的目标是降低违纪行为反复发作的频率。对违纪学生处以何种惩戒样式主要考虑的因素是不同学段中小学因为年龄、心智发展水平和违纪行为的严重性。当某学生反复违反某一行为规定时，重复性的违纪行为受何

---

❶ RS 17 §416. Discipline of students; suspension; expulsion [DB/OL]. [2015-03-12]. http://www.legis.state.la.us/lss/lss.asp?doc=81024.

种处分主要取决于违纪学生是小学生还是中学生。对于小学生而言，重复性违纪的计数时间单位以学年为跨度，但上年度违纪次数是否转入下年度由校长自由裁量。对于中学生而言，是否将小学阶段的违纪次数累加归入中学阶段，将上年度危机次数累加进下一年度，由校长自由裁量。纪律处分的严厉程度会随着违纪次数的增加而逐渐增加。❶

针对学术不诚信，北极星学区专门在停学之外规定：学术不诚信情况的处分有初级和中级两种。在初级处分中，校长与学生父母协商后再自主裁量，而且应当有效运用行为干预项目；教师享有是否给不诚信所处学业任务评分为 0 的自由裁量权。在中级处分中，除了从停学至开除的处分之外，校长还有给学业不诚信所处的学业任务评分为 0 的自由裁量权。❷

纽约市教育局将学生的不端行为视为违纪行为，并根据违纪行为的危害程度分为五个等级要求，学生为自己的违纪行为负责，即接受惩戒，见表4-1。

表4-1　违纪级别

一级	不合作/不顺从的行为
二级	不守纪律的行为
三级	扰乱秩序的行为
四级	攻击性或伤人/有害行为
五级	极危险或暴力行为

根据严厉程度，纽约州针对五年级及以下的小学生的惩戒样式有 12 种，依次为：①学校教学员工予以告诫。②学生与教师的会议。③由适当的督导人员予以训斥（如副校长、校长）。④与家长开会。⑤校内纪律措施。例如，留堂、不准参加课外活动或公共午餐。不过这些惩戒样式不能在上课时间执行，不得危害到学生的身体健康。⑥由教师逐出课堂。学生有严重扰乱教学秩序或严重影响教师课堂权威的行为的情况下使用。如果学生在一学期中有

---

❶　Fairbanks North Star Borough School District Administrative Regulation 1045. 1 Discipline Consequences [DB/OL]. [2015-03-12]. http://www.k12northstar.org/sites/default/files/adminreg10usethisone -itiscurrent-woldfirearmspagesputinuntilapproved121814_0.pdf.

❷　Fairbanks North Star Borough School District Administrative Regulation 1046. 2 Academic Dishonesty [DB/OL]. [2015-03-12]. http://www.k12northstar.org/sites/default/files/adminreg10usethisone -itiscurrent-woldfirearmspagesputinuntilapproved121814_0.pdf.

三次或在一年三学期制的一个学期中有两次被老师逐出课堂，而后再发生足以导致被老师逐出课堂的行为，则必须报告校长，再由校长处以勒令其退学的处分。⑦校长勒令停学 1~5 天。此在学生的行为对自己或他人造成明显且立即的人身伤害危险，或妨碍课堂或其他学校活动秩序的情形下适用。⑧学监勒令停学，之后可以马上复课。⑨学监勒令继续停学，停学的时间为固定的 6~10 个教学日。⑩学监勒令继续停学 30~90 个教学日，在 30 个或 60 个教学日之后有提前复课的自动审核。⑪学监勒令停学一年，并且制订进入替代教育计划，在 6 个月之后有提前复课的自动审核。⑫学监勒令停学一年，并且制订进入替代教育计划，学生没有申请提前复课的机会。学生年满 17 周岁之后，还有最为严厉的惩戒——开除（适用于接受普通教育的学生，且在学年开始之前，即 7 月 1 日之前）。❶

（二）支援性或干预性的教育措施

为矫正学生的违纪行为，开发支援性或干预性教育措施是各州的普遍做法。其中，纽约州的做法已相当丰富。具体有以下 14 个做法。

1. 联系家长

学校的教职员工应当让家长了解其子女的在校行为，并在处理令人关注的问题时寻求家长的支持或合作。与家长沟通的方式包括但不限于给家长打电话、发电子邮件、写书信等形式。

2. 指导会议

校长和教师可以要求与学生召开指导会议。如果适当的话，还会与家长召开指导会议。会议的目的在于评价学生的行为，找出问题及其解决的办法，以及处理那些在学业、个人和社交等方面会导致该行为或对该行为有影响的问题。

3. 辅导人员

如果学校有这项服务，那么学校的辅导人员或者学校的心理健康计划就

---

❶ 所谓停学，是指学生出勤的权利被否定，包括禁止参加指定课堂或者素有课堂。短于 1 个教学日的停课不属于停学范畴。在明尼苏达州的驱离学校处分中，还有拒绝注册，类似于纽约市的提前复课机会。黄道主，张文言. 美国明尼苏达州《中小学学生驱离学校处分正当程序法案》评介 [J]. 外国中小学教育，2014（12）：30-34，29. 亦可见纽约市教育局《纪律准则和学生权利与责任法案》[DB/OL].［2015-03-12］. http://schools.nyc.gov/NR/rdonlyres/9E2A4768-4FEB-4A9D-A1B1-1D5AD429FC 3C/0/DiscCodeCondType2013_Chinese.pdf.

可以提供类别繁多的综合的且保密的心理健康服务，通过服务来干预出现的问题。这些干预措施包括但不限于：问题评估，个人治疗、小组治疗和家庭治疗，教师咨询以及家长和教职员工协作的教育策略等。

4. 转介到社区组织

社区组织会提供不同的服务，比如，课后的学习计划、个人或小组辅导、领导才能培训、纠纷解决和学业辅导等。

5. 个人或小组咨询辅导

辅导的时候，学生可以在不说出自己隐私的前提下与辅导员讨论存在的问题，而这些问题可能已经影响到该生出勤、行为表现或学业表现。学生在辅导下讨论问题、制定目标以及学习解决问题的策略。特别是解决问题的策略，将成为学生克服不同人生挑战或生活困难的重要资源。辅导员会与家长定期开会，讨论学生个人的学业和其他方面的发展情况。

6. 指导计划

指导计划是将一名导师与一名学生配对。导师可以是辅导员、教师、学生或者学校领导。确立这种配对关系的目的是在个人、学业和社交等方面为学生提供帮助。

7. 转介到针对基于偏见、欺凌、威胁或骚扰的辅导服务机构

当一名学生或一群学生对另一名学生或另一群学生有基于偏见而表现出欺凌、威胁或骚扰时，受害人和有此类行为的学生都应被分别介绍给学校员工或社区机构提供的对应的心理辅导、支援和教育服务。对于欺凌、威胁和骚扰行为，采用调解和冲突解决的问题应对策略是不适当的干预措施。

8. 短期行为进度报告

教师和/或校长可以定期向家长发送学生的行为矫正进展情况报告，直到教师和/或校长觉得该生已经可以控制其行为并在课堂上取得成功。

9. 个人行为合约的制定

学生与老师一起制定一份书面的合约。合约内容包括行为的目标和学生为实现该目标而需要具体落实的可观察的任务。合约由学生和教师共同签署。如果条件允许，家长也应在合约上签名。

10. 转介到学生人事组织

学生人事组织是利用多学科方法渗透预防和干预策略及支援、鼓励学生

取得成功的学校小组。每一位被转介的学生都会被指定一位个案负责人，以便为学生个人制订一份量身定制的个人计划，帮助学生克服其学习和/或社交情感的困难。

11. 转介到相应的药物滥用问题辅导服务机构

若学生有药物滥用的问题，包括使用、占有或分发管制药物、使用管制药物的设备、含酒精的饮料，那么就应该将该生转介给校内的辅导机构，或接受校外的社区服务组织提供的辅导服务。

12. 社区服务（需家长同意）

之所以开展社区服务项目，是为了让学生可以更了解并喜爱学校所在的社区以及训练各种技能技巧，使其成长为正面改变社会的社会成员。社区服务可以帮助学生，以积极的活动充实其生活，避免不良行为以及了解服务他人的价值。

13. 安排导师或辅导老师

指定一名受过专门培训的学校工作人员，向刚刚结束学监勒令停学或长期缺勤之后返校的学生提供过渡性的支援，以助其尽快适应学校学习生活的进程。

14. 转介到针对青年恋爱关系中有虐待、性暴力的辅导服务机构

如果一个人为了控制其约会的对象，一贯在身体上、性上、感情上有威胁或真实存在的虐待行为，那么学校就应该把受害者和具有该行为的学生分别转介到不同的学校或社区机构，以便他们能够获得心理辅导、支持和教育。对于疑似在恋爱关系中存在虐待行为的，采用调解和冲突解决的问题解决策略是不妥当的干预措施。

（三）早期预警及防范措施

早期预警和防范是降低学生违纪概率的有效手段，也是避免潜在危害转变为现实损害的有力举措，是保障校园内师生权益的基本策略。"防患于未然"，将为师生创造一个更为安全的校园环境，也更有利于学校实现教书育人职能。美国教育部为此做出了有益的努力，并面向全国出台了《早期预警，

及时防范：校园安全指南》❶ 的调查报告，帮助学校管理者、学校雇员、学生、家长和其他社区成员了解一些违纪行为，特别是校园暴力的事先征兆及应对策略。

1. 需被关注的预警讯号

预警信号主要是学生外在的言行表现，包括作为行为施与者或受动者（即主动和被动）两个角度。有可能引发违纪的言行表现有：①消极回避社交。比如，情绪沮丧、排斥他人、烦恼焦虑、不信任他人及自卑等。②过度自闭且独来独往。③被排斥的消极体验过于强烈。④曾是暴力的受害者。⑤被批评、嘲弄或羞辱。⑥厌学，学业表现差。⑦在文字和书画作品中表达消极情绪。⑧易怒。⑨偏执。⑩有违纪的前科。

2. 学校社区的应对策略

应对策略须遵循的基本原则有：第一，学校董事会必须高度重视，并且要与学校社区成员熟悉各种先兆表现；第二，学校、学生、家庭和社区要建立协作机制，共同承担防范的职责；第三，通知家长，并将观察到的预警讯号列成清单交给家长；第四，做好学生情况的保密工作❷，避免隐私权被侵害；第五，发展教职工、学生和家长的干涉能力，提供必要的培训和支持；第六，提高学生对自己言行负责的责任感；第七，尽早且及时地寻求帮助；第八，采取持久稳定、多元合作的干预办法；第九，分析以往违纪行为的特点；第十，尽力开发各类可供使用的教育资源。

在具体操作层面，有效的早期防范办法包括组建协作小组、直接支持学生个人、将学生及其家长纳入社区服务或校内服务的范围等。各种各样的防范策略会针对学生的具体困难被开发出来，教给学生积极的自我管理和社交技巧。只要合情、合理、合法，这些防范策略均可以尝试。

纽约市教育局提倡恢复性方法。它在具体运用时既可以是防范性措施，也可以是干预性措施。作为防范性措施，恢复性方法可以帮助学校建立并使社区成员能够为他人的生命安全和身体健康承担责任，防止冲突升级，及时处理青少年参与行为不端的潜在影响因素并提高学生的自制力，提高曾犯错的人为他们所伤害的人负责任的机会，从而为社会带来益处。当作为干预性

---

❶ Early Warning, Timely Response: A Guide to Safe Schools [EB/OL]. http://cecp.air.org/guide/guide.pdf.

❷ 美国对此有专门的《The Familiy Educaitonal Rights and Privacy Act》的联邦法律。

措施时，其使用不是为了确定谁有过错，该如何惩罚有行为不端的人，而是弄清楚四个问题：发生了什么？谁受到了什么伤害？怎么做才能纠正问题？在未来怎么做可以有更好的效果？

具体操作恢复性方法的类型有四个：组成圈子、合作谈判、同辈调解、正式的恢复性会议。

组成圈子是指由一组学生（或教职员及学生）参加的一种常规练习。其用来解决校园生活中遇到的某个具体问题。组成圈子可以让小组内部成员建立联系以及理解和信任，营造一种集体感，学习如何一起做决定、制定互利协议和解决困难等。

合作谈判是使某个人能够与意见不同的人直接地就某一问题或冲突展开深入的讨论，以便达成一个双方都满意的解决方法。合作谈判可以训练学生积极倾听和善于表达的冲突解决的沟通技巧。

同辈调节是指由一个公正的第三方调解人来促进冲突各方的谈判过程，以便让他们达成一个相互满意的解决方案。第三方需在学校中接受专门为培养调解人设置的培训项目。调解人应当认识到冲突各方在谈判桌上所提出的不同观点所具有的正当性，并帮助冲突各方达成符合各方需求的解决办法。冲突各方必须以自愿为前提来参加同辈调解的程序，利用调解来解决冲突。这种调解形式不能在冲突的一方为受害者的情形中使用。

正式的恢复性会议是指由一个受过具体培训的人主持的，把承认造成伤害的人和受到伤害的人召集到一起，让各方相互了解彼此对对方的看法，并试图达成谅解以最大程度修补伤害的协议的会议。当学校在尝试适用这一恢复性方法时，考虑到受到伤害人的心理和身体健康、安全与福利是最重要的，双方可以把支持他们且也受到事件影响的人带来开会。❶

三、美国中小学惩戒的适用情形

权利和义务是一个硬币的两面。为了公正而平等地对待每一位在校学生，确保学生的正当权益得以实现，在学业上取得成功，美国有关中小学惩戒的法规政策均致力于建设一个安全和有序的校园学习环境，并为此采取各种法律允许的控制策略。按照美国的法律规定和司法判例，我们可以将其中小学惩戒关涉的法律权益分为实体性权利和程序性权利两个大类。

---

❶ 纽约市教育局《纪律准则和学生权利与责任法案》［DB/OL］．［2015-03-12］．http://schools.nyc.gov/NR/rdonlyres/9E2A4768-4FEB-4A9D-A1B1-1D5AD429FC3C/0/DiscCodeCondType2013_Chinese.pdf.

（一）中小学惩戒关涉的实体性权利

在学校教育中，相关利益主体在惩戒活动中可能被牵涉的实体权利包括生命健康权、表达自由权、人格权、性自由权、宗教自由权、财产权、受教育权等。各级立法机构、各级教育行政机构、中小学依据法定职责和相关法律规定，在惩戒条例中对上述权利作了细致规定。

1. 生命健康权

生命健康权是每位自然人均享有的最基本权利。所有人必须以积极或者消极的方式尽到保障校园安全的义务，避免学校工作人员和学生的人身安全被置于危险之中。如果学生违反了相关规定，那么就会受到与危害程度相适应的惩戒。学生有可能采取的侵害行为有三个方面。

（1）携带武器进校园

《美国法典》第 18 编第 921 节对"武器"进行了详尽的定义。除此之外，美国一些地方政府还进一步拓展了校园内禁止携带武器的范畴，将具有潜在人身安全威胁的物品也纳入禁止范围之列。比如，纽约州就将武器分为两类：第一类不仅涵盖了该条《美国法典》第 18 编第 921 节所规定的武器，还包括沙袋、沙棒、弹弓、飞石、爆竹等。第二类包括酸性或危险的化学物品（如胡椒喷雾、Mace 催泪喷剂）、仿真枪或其他仿真武器、弹夹、可令人眩晕的物品，以及任何可以被用作或有意用作武器的、致命的、危险的或尖锐的器具，比如，剪刀、指甲锉、链条、金属丝等。校长在对第二类物品作出惩戒处分时，需考虑其占有的目的、外形、尺寸、形状、外观、重量等因素是否如同真枪等。● 阿拉斯加州则直接规定能够造成自然人生理伤害或置人于受到生理伤害的焦虑之中的事物均被认为是不同于枪支的危险物品，包括化学或生物物质、危险装置、刀具（不管刀锋长短）和其他物品。❷

历史上发生的"校园枪击案件"给美国公众留下了惨痛的回忆，建设"无枪校园"成为人们的努力目标之一。不少州政府都明确规定枪支禁止入校园。以阿拉斯加州为例。该州早在 1965 年颁布的《中小学教育法案

● 纽约市教育局《纪律准则和学生权利与责任法案》［DB/OL］．［2015-03-12］. http://schools.nyc. gov/NR/rdonlyres/9E2A4768-4FEB-4A9D-A1B1-1D5AD429FC3C/0/DiscCodeCondType2013_Chinese.pdf.

❷ Fairbanks North Star Borough School District Administrative Regulation 1048. 71 Firearms and Other Guns ［DB/OL］．［2015 - 03 - 12］. http://www. k12northstar. org/sites/default/files/adminreg10usethisone - itiscurrentwoldfirearmspagesputinuntilapproved121814_0.pdf.

（ESEA）》中就吸纳了《校园禁枪法案》❶，并于 1994 年 5 月 31 日作了进一步修订，明确了"发现一起处理一起"的严格标准。在校园中占有、威胁使用或者使用枪支的行为都是被严格禁止的。若有学生携带枪支进入学校被发现，那么该学生至少会被处以"驱离学校一日历年"的处分。唯一的例外情形是在学校常规的课程教学或者学校赞助的实践中，火枪或枪被分配给学生并要求学生使用。除枪支之外，任何能够造成自然人生理伤害或置某人于受到生理伤害的焦虑之中的危险物品也被禁止，但处分要轻一些，可以根据违纪次数的累加施以从校长自由裁量到无限期开除不等的惩戒，校长拥有决定权。

（2）在校园中使用、占有和分发管制药物

在美国，毒品、烟草、酒精在校园泛滥，同时也是危害中小学生身心健康的大敌。北极星学区致力于建立并维持一个"无毒品"和"无酒精"的校园，除了期望学生能够认识到与使用药物和相关物质所产生的议题和难题，而且还努力鉴别出滥用药物的学生，监控正在校外接受药物治疗的学生，与家长和社区成员协作解决药物滥用所引发的现实困难。

管制药物包括酒精、大麻、麻醉剂、镇静剂、致幻剂、兴奋剂，以及为使用这些管制药物而随身携带的物品、设备、与燃烧或点火就冒烟的和烟草有关的产品。除此之外，管制药物还涵盖处方药和非处方药。其中，包括任何设计目的就是或者有意让人看起来像或者表现为某种管制药物的物质。❷ 通俗地讲，看起来像管制药物也不行。

使用、占有和分发管制药物是违反惩戒条例的。以滥用或以滥用为目的的占有，为不正确地改变意识而使用或滥用，或使用或滥用会造成某种潜在的伤害等情形均属违纪。❸ 而分发管制药物则是更为严重的违纪。不管量有多

---

❶ 20 U. S. Code § 7151-Gun-free requirements [DB/OL]. [2015-03-12]. https://www.law.cornell.edu/uscode/text/20/7151.

❷ Fairbanks North Star Borough School District Administrative Regulation 1049. 1 Use, Possession, and/or Distribution of Alcohol or Other Unauthorized Substances [DB/OL]. [2015-03-12]. http://www.k12northstar.org/sites/default/files/adminreg10usethisone-itiscurrentwoldfirearmspagesputinuntilapproved 121814 _0.pdf & Fairbanks North Star Borough School District Administrative Regulation 1049. 3 Tobacco and Nicotine Violations [DB/OL]. [2015-03-12]. http://www.k12northstar.org/sites/default/files/adminreg10usethisone-itiscurrentwoldfirearmspagesputinuntilapproved121814_0.pdf .

❸ Fairbanks North Star Borough School District Administrative Regulation 1062. 2 Administering Medicines to Students [DB/OL]. [2015-03-12]. http://www.k12northstar.org/sites/default/files/adminreg10us ethisone-itiscurrentwoldfirearmspagesputinuntilapproved121814_0.pdf.

少、在什么时间，只要是在校园中，均属于违纪行为。所谓分发，是指事实的、推定的或者企图交付或者转让管制药物的行为，包括售卖、赠送、物物交换、金钱交易等形式。❶

若校方发现学生使用、占有或已处于管制药物的影响之下时，学校可以依据合理怀疑启动调查程序。若学生拒绝配合，将被视同使用、占有或者已经处于管制药物的影响之下。学区的处分依据学生的学段和违纪次数的不同而有所不同。中学生将被处以下列处分：学校领导联系家长，若占有、使用管制药物属实，则由学校领导通知当地执法部门，校外停学，接受药物评估，社区服务，为期30天开除处分等。其中，社区服务时间由学校管理者自主裁量，最多不超过24小时；家长有权决定是否让子女参加停学最后5天的干预计划。若停学期满仍未达到返校要求，那么违纪学生会被要求完成处分内容或者额外停学10天。小学生必须接受的处分有：校领导联系家长，若占有、使用管制药物属实，则由学校领导通知当地执法部门，校外停学，接受药物评估，限制参加学校活动（比如，不准参加课外活动或公共午餐），通知儿童服务办公室，社区服务，为期30天的开除处分等。对于分发管制药物的学生，除校外停学变为有限期或无限期的开除之外，其他惩戒样式与使用、占有管制药物类似。❷

对于中小学生因病需在校使用管制药物的情形，北极星学区有详尽的规定。

（3）打架斗殴、身体侵犯、犯罪行为

打架斗殴是指两个人或两个人以上彼此之间的肢体冲突或格斗行为，不管是否是挑起矛盾者。身体侵犯是指传递打架斗殴或公然失礼讯号的身体姿态或挑衅行为，包括但不局限于攻击性地侵入他人的私人领域、撞击胸部、腹部、踢、打、吐口水或吐痰等其他亵渎他人的形式。犯罪行为是指学生处于校方管辖的情况下，任何侵犯联邦、州或地方刑事法律、法规或法令的行为。纵火、袭击、报假警（如火警）、威胁、殴打、危险行为等侵害他人生命

---

❶　Fairbanks North Star Borough School District Administrative Regulation 1062. 2 Administering Medicines to Students ［DB/OL］. ［2015-03-12］. http://www.k12northstar.org/sites/default/files/adminreg10usethisone-itiscurrentwoldfirearmspagesputinuntilapproved121814_0.pdf.

❷　Fairbanks North Star Borough School District Administrative Regulation 1049. 1 Use, Possession, and/or Distribution of Alcohol or Other Unauthorized Substances & 1062. 2 Administering Medicines to Students ［DB/OL］. ［2015-03-12］. http://www.k12northstar.org/sites/default/files/adminreg10usethisone-itiscurrentwoldfirearmspagesputinuntilapproved121814_0.pdf.

健康权的行为都有可能被视为刑事犯罪，且都属于纪律处分的范畴。若违法犯罪，当地执法部门会被通知并作出反应。其中，危险行为包括交通工具驾驶违规等。学校将对违纪学生处以停学和开除两种形式的惩戒。❶

这些在纽约州则被表述为"不顾后果地做出某种行为以及/或使用看起来可以造成身体受伤的物件（如打火机、皮带扣、雨伞或激光笔）造成极大的危险境况而导致严重受伤。煽动或制造骚乱。放火。恐吓会使用武力或者使用武力。对学校人员或学校安保人员、学生或其他人施用暴力，造成或试图造成严重伤害。与他人计划、唆使或参与集体暴力事件。参与和帮派有关的威胁、危险或暴力行为。其中，是否与帮派有关的判断可以依赖"安全与青年发展办公室帮派处理小组"。做出这些违纪行为，若违纪学生未满 17 周岁，可以处以学监勒令停学一年的处分，起始时间从开家长会时开始计算，并且参加校方指定的替代教育计划，而且没有申请提早复学的机会；若违纪学生已满 17 周岁且在接受普通教育，那么可以在学年开始（即 7 月 1 日）之前适用开除惩戒。❷

2. 表达自由权

表达自由权源自美国联邦宪法第一修正案。该修正案规定："国会不得制定关于下列事项的法律：……剥夺人民言论或出版自由，剥夺人民和平集会及向政府请求救济的的权利。"表达自由权的表现形式可以是口头语言（包括保持沉默）、衣着打扮、文字语言、身体姿势等，具体可以将其大致分为言论自由权、出版自由权、外表表达自由权和结社自由权。❸ 但是，对于中小学生而言，行使这些权利会受到诸多限制。其既不能干扰学校的正常运作，也不能侵犯他人的正当权益，部分适用于成年人的言论自由保障尺度（比如，阅读成人书刊）也不适用于未成年学生。可以说，法律对中小学生的表达自由权限制更多。

（1）着装不得体

尽管学生有权按照种族、宗教信仰或政治意图来穿着打扮，但同时也有

---

❶ Fairbanks North Star Borough School District Administrative Regulation 1048. 2 Intimidating Behavior/Bullying & 1048. 3 Fighting & 1048. 4 Physical Aggression & 1048. 5 Vehicle Offense & 1048. 6 Criminal Offenses [DB/OL]. [2015-03-12]. http://www.k12northstar.org/sites/default/files/adminreg10usethisone-itiscurrent-woldfirearmspagesputinuntilapproved121814_0.pdf.

❷ 纽约市教育局. 纪律准则和学生权利与责任法案 [DB/OL]. [2015-03-12]. http://schools.nyc.gov/NR/rdonlyres/9E2A4768-4FEB-4A9D-A1B1-1D5AD429FC3C/0/DiscCodeCondType2013_Chinese.pdf.

❸ 秦梦群. 美国教育法与判例 [M]. 北京：北京大学出版社，2006：201-202.

义务按照学校的管理要求来规范着装和言行举止。学校有权要求学生中规中矩地穿着打扮。学校判断是否符合着装礼仪的标准有：第一，不能威胁公共或个人的健康与安全。第二，不能干扰教学活动或者分散学生学习的注意力。如果学生衣着打扮"不同寻常"并足以影响其他学生或者教师专心于班级的教育活动，或者干扰了学校积极且安全的校园氛围，那么这样的衣着打扮会被认为"不得体"。除非是特殊事件的日子，且被建筑管理人员允许，否则不允许有例外。宗教或文化原因的例外，管理文件会作具体说明。只要学校和学生之间有衣着打扮的分歧，学生是不允许进入教室学习的，除非重新进行衣着打扮并符合了学校的要求。如果学生反复违反则会被视为违抗纪律，会受到纪律处分。

根据上述原则，北极星学区教育委员会列出了极为细致的着装要求。比如，任何款式的头饰❶；任何宣传、描述和容忍管制药物、暴力、脏话、鄙视、羞辱、性指向、中伤、自杀、不良社团的服装及其配件、鞋类；刺激性的或者暴露皮肤的衣服款式（不管是站着、坐着或者弯腰，脖子以下至膝盖以上的皮肤不能外露，贴身的内衣在任何时候都不能部分或者全部外露）；家居服、睡衣等私人领域穿着的服装类型；有潜在危险的首饰及配件，比如，皮夹链、项链、钉状手镯、平安锁、自行车锁链、耳环、锁链状的鼻环等；太阳镜；等等。❷

（2）协助和教唆

协助和教唆是主要的违纪行为之一。所有学生都扮演着维护学校环境安全的角色。学生不仅有义务向校方汇报他们所知道的在学校场所、校车或学校赞助的活动中所发生的危险情况或犯罪行为；而且学校工作人员在其职责范围内调查被禁止实施并会受到纪律处分的行为时，学生不能以身体语言或其他言行举止的方式来预防、阻止或拖延调查等。比如，伪造签名、撒谎、提供虚假证据、错误指控他人，学校调查时故意隐藏信息、妨碍调查取证、转移调查的注意力等。协助和教唆是指煽动、帮助、支持、促进、强化、建议、劝告、激将、鼓励和/或协助他人犯错、从事或实现被禁止的行为。其具体情形包括：所有以流言蜚语、字条和其他重复有关信息的方式渲染主要违

---

❶　如果是露天使用的帽子，则在上课的时候放在学校的前厅。

❷　Fairbanks North Star Borough School District Administrative Regulation 1041. 1 Freedom of Speech & Assembly［DB/OL］．［2015-03-12］. http://www.k12northstar.org/sites/default/files/adminreg10usethisone-itis-currentwoldfirearmspagesputinuntilapproved121814_0.pdf.

纪行为的协助形式;故意隐瞒、包庇违反学区政策的信息;没有汇报事先知晓的可能可以阻止或避免的违纪情况的信息;泄露学区政策规定不能泄露的信息;干扰违纪行为调查。协助和教唆与主要违纪行为的处分一致。❶

(3) 制造混乱、公然无礼

制造混乱和公然无礼是错误行使表达自由权以致违纪的主要形式。制造混乱是指显著干扰正常的教育教学过程或学校活动,使其他人不能顺利开展适当活动的行为,包括但不局限于:固执地争论、突然爆发、藐视或反抗、奇怪的和/或令人分心的噪声、穿着奇装异服、不当使用移动手机或其他电子产品、群体性起哄、佩戴群体性的标志或符号、招募群体成员等群体性质的行为等。❷ 公然无礼是指在学校场地中或任何学校赞助的活动中,以冒犯的动作、姿势、言语恐吓或侮辱直接指向教职工、学生或其他人的行为。❸ 也包括张贴、散发、展示或分享辱骂、诽谤、骚扰、恐吓、欺侮性的材料或印刷品(包括在互联网上散播此类材料),使用贬损性的语言开玩笑。❹

(4) 结社

结社是指某群体以仪式、惯例、考试或其他活动的形式吸收新成员。学生任何未经学校管理者允许的结社行为都是被禁止的。❺ 这样做的目的是避免学生参与和帮派有关的活动。学生社团需由校长审核通过后才能成立,且必须服从学区政策。如果学生违规,学校行政办公室将给予其纪律处分。❻

---

❶ Fairbanks North Star Borough School District Administrative Regulation 1045. 3 Aiding and Abetting Behavior & 1045. 5 Authority to Investigate & 1046. 1 General Dishonesty [DB/OL]. [2015-03-12]. http://www.k12northstar. org/sites/default/files/adminreg10usethisone – itiscurrentwoldfirearmspagesputinuntilapproved 121814_0.pdf.

❷ Fairbanks North Star Borough School District Administrative Regulation 1045. 5 Authority to Investigate [DB/OL]. [2015-03-12]. http://www.k12northstar. org/sites/default/files/adminreg10usethisone-itiscurrent-woldfirearmspagesputinuntilapproved121814_0.pdf.

❸ Fairbanks North Star Borough School District Administrative Regulation 1046. 6 Flagrant Disrespect [DB/OL]. [2015–03–12]. http://www.k12northstar. org/sites/default/files/adminreg10usethisone – itiscur-rentwoldfirearmspagesputinuntilapproved121814_0.pdf.

❹ 纽约市教育局. 纪律准则和学生权利与责任法案 [DB/OL]. [2015-03-12]. http://schools.nyc.gov/NR/rdonlyres/9E2A4768-4FEB-4A9D-A1B1-1D5AD429FC3C/0/DiscCodeCondType2013_Chinese.pdf.

❺ FairbanksNorth Star Borough School District Administrative Regulation 1048. 1 Hazing [DB/OL]. [2015–03–12]. http://www.k12northstar. org/sites/default/files/adminreg10usethisone – itiscurrentwold fire-armspagesputinuntilapproved121814_0.pdf.

❻ Fairbanks North Star Borough School District Administrative Regulation 1042. 1 Subject to School Authority [DB/OL]. [2015-03-12]. http://www.k12northstar. org/sites/default/files/adminreg10usethisone –itiscurrent-woldfirearmspagesputinuntilapproved121814_0.pdf.

3. 宗教自由权

宗教自由权主要表现为宗教情感的表达。根据美国宪法第一修正案"国会不得制定法律，建立宗教或禁止信仰宗教"。美国的公立中小学校被视为政府机关的组成部分。因此，政府既然坚持政教分离，那么具有宗教倾向的相关行为就不能出现在公立学校系统之中。对于学生的信仰宗教自由权利，在学校行使时以不妨碍学校公职人员执行命令或维持纪律，不侵犯他人权利，不产生强制性的氛围，破坏学校营造的文明礼貌校风为限；否则，就会被视为违背了学校规则（违纪），不仅会受到限制，而且还会受到惩戒。❶即学生不能在非世俗的场合宣扬宗教观点，更不能传教。

学生在学校中也享有一定的宗教自由权，学校不能惩戒。比如，有权依据个人的宗教信仰不参加宣誓效忠仪式，不向国旗敬礼❷；在学校创办与宗教有关的社团，但不能与正常教学冲突❸；可以在学校作息时间内离开校园去参加其所信仰宗教的崇拜或接受宗教教诲，时间以每周1小时为限。❶

4. 人格尊严权

人格尊严是人人都享有的基本人权。学生在校时，人格尊严权利应当得到保障。首先，学生既不能被歧视同时也不能歧视他人。所谓歧视，是指学生因种族、肤色、宗教信仰、性别、年龄、民族、残疾、婚姻状况、怀孕、性取向、性别偏好等情形遭受他人的言语欺侮或身体侵犯。欺侮是指针对某一特定或更多的个人施以困扰、骚扰、羞辱、贬低的情形，比如，以口头、书面语言或肢体语言进行戏弄、折磨、传播流言蜚语、传谣、中伤、嘲笑和辱骂等活动，展示或散布歧视性的图片、文字、杂志、漫画、海报、影像等，

---

❶ Fairbanks North Star Borough School District Administrative Regulation 1013 Religious Expression in the Schools [DB/OL]. [2015-03-12]. http://www.k12northstar.org/sites/default/files/adminreg10usethisone-itiscurrentwoldfirearmspagesputinuntilapproved121814_0.pdf.

❷ West Virginia State Bd. of Educ. v. Barnette, 319 U. S. 624 (1943) [DB/OL]. [2015-03-12]. https://supreme.justia.com/cases/federal/us/319/624/case.html.

❸ Board of Education of Westside Community Schools v. Mergens By and Through Mergens (No. 88-1597) [DB/OL]. [2015-03-12]. https://www.law.cornell.edu/supremecourt/text/496/226/.

❶ 学校这样做，只是应学生家长的请求而已，并非自身具有宗教倾向。信教学生离开后，其他未信教的学生需继续进行教学活动。参见 Zorach v. Clauson (No. 431), 343 U. S. 306 [DB/OL]. [2015-03-12]. https://www.law.cornell.edu/supremecourt/text/343/306/.

让人感觉到被嫌弃、羞辱、放逐、恐惧、畏惧等情绪。❶

5. 性自由权

性自由权利具有生理层面和精神层面的双重利益，是人人都拥有的基本人权。在美国中小学里，除非是教育教学活动安排，其他与性有关的言行都属于被监控的对象，稍有不慎就会被视为违纪并受到惩戒。

（1）性行为、与性有关的猥琐行为

性行为、与性有关的猥琐行为会被处以较重的纪律处分。性行为包括自愿的性行为和性侵两类。自愿的性行为包括在校园中进行的性交活动，发出带有性意味的言论、暗示、提议或者类似的相关言论，或者做出涉及性的非言语行为或身体行为（如触摸、拍打、挤捏、下流或猥琐的公众行为等，或者发送、张贴带有性意味的短信或图像）。❷ 性侵是指强迫或迫使别人参与性活动的行为。❸ 与性有关的猥琐行为包括若隐若现的暴露、迅疾暴露、裸奔和裸体。❹

（2）性骚扰

在美国，性骚扰是违法行为。美国 1972 年的教育修正案第 9 章第 1681 节明确规定："在任何接受联邦经费支持的教育项目或教育活动中，任何人均不能因为性的缘故在教育教学活动中遇到麻烦，不能接受教育服务或者被歧视。"❺ 任何人（包括学生自己）针对在校学生的性骚扰都是违规行为。

性骚扰包括但不局限于：亵渎、淫秽、粗俗或下流的语言、姿势或行为❻；口头或书面的骚扰；为实现性活动而施加压力；反复对某人施以包含性或有性暗示的侮辱人格的评论；不受欢迎的肢体接触、肢体接近或注视；与性有关的暗示或要求，如以某人的学业等级、工作、推荐信等为条件发出直接或间接与性有关的威胁；展示或散布有性暗示的物品、图片、杂志、漫画、

---

❶ Fairbanks North Star Borough School District Administrative Regulation 1011 Nondiscrimination and Affirmative Action [DB/OL]. [2015-03-12]. http://www.k12northstar.org/sites/default/files/adminreg10use thisone-itiscurrentwoldfirearmspagesputinuntilapproved121814_0.pdf.

❷❸❹ 纽约市教育局《纪律准则和学生权利与责任法案》[DB/OL]. [2015-03-12]. http://schools.nyc.gov/NR/rdonlyres/9E2A4768-4FEB-4A9D-A1B1-1D5AD429FC3C/0/DiscCodeCondType2013_Chinese.pdf.

❹ Fairbanks North Star Borough School District Administrative Regulation 1046.41 Indecent Exposure [DB/OL]. [2015-03-12]. http://www.k12northstar.org/sites/default/files/adminreg10use thisone-itiscurrentwoldfirearmspagesputinuntilapproved121814_0.pdf1046.41.

❺ Title IX, Education Amendments of 1972, 1681, http://www.dol.gov/oasam/regs/statutes/titleix.htm.

海报、手绘画或影视材料；性意味强烈的动作❶。

任何学生一旦认为自己受到了性骚扰，且达到了不得不寻求指导或纪律保护的程度，就应立即向建筑管理者、辅导教师、其他有职责接受此类投诉的工作人员投诉。投诉可以是口头的，也可以是书面的。接收报告的人要立即向督学、校长、学校管理者或学业与职业规划主任报告，后者要立即对投诉展开公平公正的调查。❷

6. 财产权

财产权分为学校的财产和个人的财产，都应依法给予保护。侵犯财产权不仅违规，要接受校方的纪律惩戒，而且违法，会被当地执法部门追究民事、刑事的法律责任（比如赔偿损失、非法入侵他人土地或房屋罪等）。

学生侵犯财产权的行为主要有盗窃或侵占、擅自进入、破坏、毁坏和/或故意损坏、电脑滥用/破坏。❸

盗窃是指某人或其他人在没有所有者准许的情况下拿走个人或学校的财产，或拥有或宣称拥有被盗窃的物品。这包括搜寻他人财产，因未能找到失主而交给学校管理人员的财产，或者占有他人遗失、因错误放置或投递的财产，或者从学校的餐饮项目中偷盗饮食的情节。盗用是指被信任的学生在管理学校或学校活动经费的时候从经费中拿钱。❹

擅自进入是指学生在没有得到准许或违反学校规章纪律、法律或法院命令的情况下，进入或滞留在学区的建筑物里，有意或无意地犯下了罪行。❺

破坏、毁坏和/或故意损坏是指企图或事实上破坏、丑化、瘫痪、毁灭学校的财产、个人（或私人）在学校场所、学校交通工具、学校赞助事件中的财产的行为。破坏、毁坏或故意损坏可以由疏忽、鲁莽、故意或恶意的行为

❶❷ Fairbanks North Star Borough School District Administrative Regulation 1012.1 Sexual Harassment [DB/OL]. [2015-03-12]. http://www.k12northstar.org/sites/default/files/adminreg10use thisone-itiscurrent-woldfirearmspagesputinuntilapproved121814_0.pdf.

❸ Fairbanks North Star Borough School District Administrative Regulation 1046.7 Harassment [DB/OL]. [2015-03-12]. http://www.k12northstar.org/sites/default/files/adminreg10use this one-itiscurrentwoldfire-armspagesputinuntilapproved121814_0.pdf.

❹ Fairbanks North Star Borough School District Administrative Regulation 1047.1 Theft or Embezzlement [DB/OL]. [2015-03-12]. http://www.k12northstar.org/sites/default/files/adminreg10use thisone-itiscurrent-woldfirearmspagesputinuntilapproved121814_0.pdf.

❺ Fairbanks North Star Borough School District Administrative Regulation 1047.2 Trespassing [DB/OL]. [2015-03-12]. http://www.k12northstar.org/sites/default/files/adminreg10use this one-itiscurrentwoldfire-armspagesputinuntilapproved121814_0.pdf.

造成。在造成破坏、毁坏或故意损坏的时候，主观状态中故意成分越多，造成的损毁程度就越严重，此类违纪行为的性质越严重。[1]

电脑破坏是指在软、硬件方面的任何企图损坏、丑化、瘫痪或毁灭学区电脑、电脑周边设备或其他网络硬件的行为。[2] 电脑滥用是指不服从《可接受的科技应用协议》[3] 和指导教师据此作出的指导。[4] 其实，学校有权利制定关于移动设备（如手机、电子词典等）的使用规则，确定可以使用的时间和地点，明确使用的目的，比如，能否带入学校，带入学校是要关机还是交给教师保管等。[5] 使用科技设备的许可属于特权范畴。以学校的电脑使用为例。如果学生被取消在注册的教室（课程）使用电脑的资格，那么学生有可能在受到纪律处分的同时再受到学术处分。为此，可以寻求替代性的任务，或者撤销课程并得到一个"F"的学业评级。同时，学区假定：包括移动电话和其他移动学习设备在内的学生个人财产，不管是学生占有时，还是校方人员依照政策没收时，学区均不承担设备丢失或损坏的相应责任。[6]

此外，对于纵火、勒索、敲诈、抢劫等既违规又违法的不当财产要求，不仅学校会依规惩戒，而且当地执法部门会依法追究其法律责任。[7]

---

[1] Fairbanks North Star Borough School District Administrative Regulation 1047. 3 Damage, Destruction and/or Vandalism [DB/OL]. [2015-03-12]. http://www.k12northstar.org/sites/default/files/adminreg10use thisone-itiscurrentwoldfirearmspagesputinuntilapproved121814_0.pdf.

[2] Fairbanks North Star Borough School District Administrative Regulation 1047. 4 Computer Misuse/ Damage [DB/OL]. [2015-03-12]. http://www.k12northstar.org/sites/default/files/adminreg10use thisone-itiscurrentwoldfirearmspagesputinuntilapproved121814_0.pdf.

[3] 协议内容可参见附件。

[4] Fairbanks North Star Borough School District Administrative Regulation 802. 25 Responsible Technology Use Agreement [DB/OL]. [2015-03-12]. http://www.k12northstar.org/sites/default/files/adminreg08.pdf; Fairbanks North Star Borough School District Administrative Regulation 1047. 4 Computer Misuse/ Damage [DB/OL]. [2015-03-12]. http://www.k12northstar.org/sites/default/files/adminreg 10usethisone-itiscurrentwoldfirearmspagesputinuntilapproved121814_0.pdf; Fairbanks North Star Borough School District School Board Policy 802. 22 Unacceptable Uses [DB/OL]. [2015-03-12]. http://www.k12northstar.org/sites/default/files/policy08.pdf.

[5] 参见：纽约市千禧高中的学生管理规定（Millennium High School）；Fairbanks North Star Borough School District School Board Policy 804 Mobile Learning Devices [DB/OL]. [2015-03-12]. http://www.k12northstar.org/sites/default/files/policy08.pdf.

[6] Fairbanks North Star Borough School District School Board Policy 804 Mobile Learning Devices [DB/OL]. [2015-03-12]. http://www.k12northstar.org/sites/default/files/policy08.pdf.

[7] Fairbanks North Star Borough School District Administrative Regulation 1048. 6 Criminal Offenses [DB/OL]. [2015-03-12]. http://www.k12northstar.org/sites/default/files/adminreg10usethisone-itiscurrentwoldfirearmspages-putinuntilapproved121814_0.pdf.

7. 教育权与受教育权

学校是落实教育权与受教育权的专门组织。学校雇员和学生需共同合作才能互相兑现对方的权利和义务。从义务的角度来讲，美国的义务教育包括了从幼儿园最后一年到高中毕业（计13年），简称为K-12，涵盖了整个中小学阶段。家长、学校和学生都必须完成义务教育所赋予的任务。对于学生而言，到校接受教育既是权利又是义务，但学生是未成年人，需要其他主体协作才能实现权利和义务的兑现。学生不尽义务将会面对纪律惩戒，家长或学区不尽义务将会面临司法诉讼。❶

（1）缺勤

上学既是每一名学生尽受教育义务的最重要体现，也是促进学生学业成功，养成守时、自律和负责任习惯的好途径。缺勤包括上课迟到、旷课、逃课、逃学等现象。

北极星学区要求小学生在教学日开始前准时到校。若在上课开始之后的60分钟内到校，视为上学迟到；在上课开始之后的60分钟后到校，视为旷课半天；校车晚点属例外，可以原谅。中学生必须按时到课。在上课开始后10分钟内到课的，若没有行政人员或教师的证明，将被定性为上课迟到；在上课开始后10分钟之内未到课的，定性为逃课，但不取消该生参加课堂活动并获得学分的资格。学生迟到或旷课的信息会通过学校的信息技术人员以电子邮件等有效方式发送给家长。同时，校方还会采取惩戒措施以减少迟到的发生。❷

如果在教学日不上学，除非家校之间已经事先约定或安排，否则小学生必须当天早晨给学校说明情况；中学生必须在未到校的当天开始算起的两天之内通知学校，以验明家长是否同意。同时，学校会在当天就把学生所有的缺勤情况告知家长。如果是家长事前同意的，那么学生将有机会保持连续学习记录并取得学分，但学生需尽到完成补救性工作和补考的义务；若未经家长同意，教师可以自己决定是否给缺勤学生在该课堂的学分，是否给作业、

❶ Fairbanks North Star Borough School District Administrative Regulation 1030 Attendance & 1031 Compulsory Education & ［DB／OL］. ［2015-03-12］. http://www.k12northstar.org/sites/default/files/adminreg10usethisone-itiscurrentwoldfirearmspagesputinuntilapproved121814_0.pdf, A.S. 14.30.020、14.30.010.

❷ Fairbanks North Star Borough School District Administrative Regulation 1031.2 Lateness to Class ［DB／OL］. ［2015-03-12］. http://www.k12northstar.org/sites/default/files/adminreg10usethisone-itiscurrentwoldfirearmspages-putinuntilapproved121814_0.pdf.

表演、简报和测验等学习项目记零分。当学生缺勤达到 10 次时，学区会要求家长写书面的说明，并以邮政或电子邮件的形式发送给学校。若缺勤的是小学生，校长将在累计达到 10 次后召开学生、家长和校长共同参加的专门会议。每 10 次缺勤开会一次。若缺勤的是中学生，则缺勤天数达到 5 天或在统一课程中旷课次数达到 5 次时，将召开此种专门会议。如果缺勤的问题没有改善，管理缺勤记录的建筑管理者会将家长的名单提交给校董事会，以便校董事会以"玩忽职守"的罪名向法院起诉。其中，小学阶段的缺勤超过 20 天，校董事会将出具相应的处理意见；缺勤超过 25 天或无故缺勤超过 5 天，学校管理者将对缺勤学生采取监督措施，建立正式的期望改善计划或其他举措；无故缺勤超过 30 天的，学生家长将被告上法院。中学相应的缺勤时间期限为 10 天、15 天和 20 天，无故缺勤的时间期限为 5 天。❶

（2）违反校纪班规

在学区的学生管理政策之外，学校有权制定和发行以形成良好的行为规范和校园氛围为目的的校纪班规。其正当性在于培养学生良好的行为习惯，建设一个对所有人都更安全、更有序的学习环境。违反校纪班规一样会受到纪律处分，由学校管理者参照学区的政策规章和州、联邦的法律进行规定。校纪班规为学校形成办学特色和更好的学习纪律提供了发挥的空间。以弗洛里达州某高中的班规和纽约市某高中关于家庭作业的校规为例，其要求学生：

A. 上课铃响了之后，待在被分配的位置上准备上课。

B. 尊重自己、他人和学校的权利与财产。

C. 在教师第一次发出指令时就服从指令。

D. 展示一些不影响教学过程的行为。

E. 不带食物、饮料或其他令注意力分散的东西进教室。

F. 遵守《布若沃德郡学生行为规范手册》（*The Broward County Student Conduct and Code Book*）中载明的校规。

——资料来源：Stranahan High School Proactive Discipline Plan

家庭作业：每天晚上会有 2~3 个小时的家庭作业。很多老师在网站上公布家庭作业。迟交的作业将不被接受，不计入学分。当然，即使晚

---

❶ Fairbanks North Star Borough School District Administrative Regulation 1031. 4 Recording and Reporting Student Attendance & 1031. 5 Consequences for Absenteeism [DB/OL]. [2015-03-12]. http://www.k12nor thstar. org/sites/default/files/adminreg10usethisone-itiscurrentwoldfirearmspagesputinuntilapproved121814_0.pdf.

了，你还是需要交作业，表明你确实做了。每个老师都有自己的要求和期望，所以你需要尽心完成家庭作业，并了解家庭作业在成绩中的比重。以数学为例，家庭作业的比重是25%。如果你没有交作业的话，就基本不可能及格了。本校对于各种项目报告和论文也很重视，每迟交一天，作业评分就会减少10%。如果报告和论文晚了三天没交，就不会被接受。当然，若有一份医生医嘱证明你确实病得无法完成任务，则属例外情形。

——资料来源：美国纽约州千僖高中的学生管理规定

（二）中小学惩戒关涉的程序性权利

程序性权利主要由美国联邦宪法第四修正案、第五修正案和第十四修正案保障，也是在关于中小学惩戒的司法纠纷中常被引用的法律条文。具体来说，第四修正案规定："人民有权保护其身体、住所、文件和财产，不受无理拘捕、搜查与扣押……"第五修正案规定："未经正当法律程序，不得剥夺人民的生命、自由或财产……"第十四修正案规定："任何州，如未经正当法律程序，均不能剥夺任何人的生命、自由或财产……"出于对公民生命权、财产权和自由权这些基本权利的保护，上述联邦宪法中正当程序条款成为中小学生对抗学校惩戒的有力武器。

1. 知晓行为期待

达到入学年龄后，学生的生活领域从家庭生活拓展到学校生活。因此，学校都会向学生颁发《学生手册》来向学生介绍校方对其入学后在校行为的期待，以及培养这些被期待行为的途径和方法，包括惩戒。通常，这些《学生手册》会细致刊载州、学区、学校三级主体对学生在学业、社交、校园安全与秩序等方面的行为要求。相对而言，学生的年龄越大，心智成熟的程度越高，行为期待会越高，考察的尺度也会更严格。手册会根据现实需要和教育目标定期修改，以便逐渐完善，修改频率一般为一年一次。每位学生在学年报到注册时均会得到当年的《学生手册》（以下简称《手册》）。该《手册》在学区、学校的网站也能下载。常言道"无知者无罪"，若不能让学生及其家长准确地了解学校对其行为的期待，那么就没有尊重他们的知情权，也不可能顺利地开展后续的管教活动。

鉴于大多数中小学生是未成年人，校方会尽可能地尊重家长（监护人）的监护权，并要求家校形成教育共同体，共同担负促进学生成长的责任。

"学生、家长和教职员都有责任使学校变得更加安全，并且只有互相合作才能实现这一目标。学校教职员应该让家长了解其子女的行为，并在处理令人关注的问题时请求家长予以合作。与家长沟通的方式包括但不限于：打电话、书面沟通。作为行为模范，家长和学校教职员工所表现的行为应该是他们希望学生加以效仿的。"❶ 有的学区则直接将《手册》命名为《学生/家长手册》❷，或者在该《手册》中直接明确了学区对家长的行为期待，依靠与家校合作来实现学生的行为期待。以北极星学区对小学生家长的高要求为例。家长要保证子女每天按时到校，穿着打扮适宜，睡眠、体育活动和营养充足；支持子女努力学习并祝贺他所获得的成就。在学习方面，家长要关注自己的孩子怎么学才能更有效并将该信息告知学校；如果学校要求，则开诚布公地分享教育技巧和经验；每天在家里读、用数字；每天检查孩子的家庭作业并帮助其完成学校布置的任务。在校园安全和禁毒方面，家长被要求尊重教职工和学生，支持并强化班级目标和校规，与子女谈论保障校园安全和校园禁毒方面可以采取的措施。在社交方面，家长要通过各种信息手段保持和学校的议题、活动相一致，与教师沟通并珍惜参与学校会议的机会。❸

2. 搜查与扣押

搜查和扣押是查证学生是否违反纪律的关键一环，是获得证据的重要途径。曾在一段时间内，美国中小学校园里武器和毒品泛滥，暴力事件频发，严重威胁到校园安全和教育秩序，各方普遍期待学校采取更为强硬的管理手段。于是，搜查和扣押在校园中的具体适用标准逐渐清晰并趋于成熟。

（1）搜查和扣押的适用原则

首先是法益衡量原则。由于学生在校园中占有、使用和分发管制物品会受到学校纪律处分，乃至受到刑事处罚，他们以各种理由或办法逃避惩戒。其中，个人隐私和安全是重要由头，因为这两项公民权利受到联邦宪法第四修正案的保护。联邦最高法院认为，该修正案的目的在于"让个人免于毫无

❶ 纽约市教育局《纪律准则和学生权利与责任法案》［DB/OL］．［2015-03-12］．http://schools.nyc.gov/NR/rdonlyres/9E2A4768-4FEB-4A9D-A1B1-1D5AD429FC3C/0/DiscCodeCondType2013_Chinese.pdf.

❷ 如北卡罗莱州维克郡学区《2013-2014 Student/Parent Handbook》．

❸ 2013—2014 版费尔班克斯·北极星自治学区的《学生权利、义务和行为后果手册》（已经下载不到了），现附上 2014—2015 学年度的下载地址：http://www.k12northstar.org/sites/default/files/disciplinehandbook2014-25_0.pdf.

理由的搜查和扣押，以保护个人隐私和安全不受政府人员的任意侵犯"●，但是"妨碍了公共利益的情形是例外"●，对在校师生的健康、福利及安全构成威胁时，学校可以享有搜查和扣押的权力●。即是说，法院在衡量了公共利益、人身安全和个人隐私孰轻孰重之后，肯定了校方在搜查与扣押方面的实质性权威。

其次，是合理怀疑原则。美国联邦最高法院认为："按照通常的标准，如果教师怀疑学生从事了某种违反学区纪律规章（或刑事法律）的行为，且想要对被怀疑的学生进行搜查，那么他必须取得搜查令。但是，在学校管理过程中，教师需要的是非正式的、能够灵活反应的纪律处理程序，要求教师提前取得搜查令的做法并不妥当。其会严重影响学校纪律处理程序的灵活性和及时性。"● 但是，校方在进行搜查时，必须在最低限度上有客观事实的支持。● 即是说，只要是出于维护公共利益的动机，且不是主观臆断，多多少少有些事实依据，那么"合理怀疑"成立，搜查即被允许。这种要求明显低于违法犯罪活动中搜查所遵从的"合理根据标准"。所谓合理根据标准，是指在刑事侦查过程中，搜查者必须有足够充分的证据作为搜查的正当理由，能够说服一个谨慎的人相信：被怀疑的人从事了某种犯罪活动，而且搜查极有可能发现被怀疑者从事犯罪活动的证据。在常规的正当法律程序上，搜查者还要在搜查前获得搜查令。否则，即使被搜查者有违法犯罪的证据被发现，也须按照"排除非法证据"的原则取消所获证据作为呈堂证供的资格。

最后，是特别怀疑原则。所谓特别怀疑原则是指搜查的对象、原因和目的之间的因果关系有成立的足够可能性。对于校方而言，需要确认的是被搜查的学生有可能违反了相应的法规或者学区的纪律规定。这基本上是一种常识性的逻辑推理。比如说，在 T. L. O. 案中，两名违纪学生在禁烟区（洗手间）吸烟被教师抓到，其中一名学生承认有吸烟行为，另一名学生否认。按

● Camara v. Municipal Court 387 U. S. 523（1967）https://supreme.justia.com/cases/federal/us/387/523/case.html.

● Warden, Maryland Penitentiary, Petitioner, v. Bennie Joe Hayden, 387 U. S. 294［DB/OL］.［2015-03-12］. https://law.resource.org/pub/us/case/reporter/US/387/387.US.294.480.html.

● Commonwealth vs. Jeffrey Snyder, 413 Mass. 521［DB/OL］.［2015-03-12］. http://masscases.com/cases/sjc/413/413mass521.html.

● New Jersey v. T. L. O. 469 U. S. 325［DB/OL］.［2015-03-12］. http://www.law.cornell.edu/supreme-court/text/469/325.

● State v. Finch, 925 P. 2d 913（Or. Ct. App. 1996）［DB/OL］.［2015-03-12］. http://caselaw.findlaw.com/wa-supreme-court/1039505.html.

常理，学校管理人员有理由相信当事学生持有烟草，因此可以对违纪学生的手提包里是否有烟草构成特别怀疑，搜查具有了正当性。再比如，学校保安人员听到书包与金属架撞击时"不同寻常的金属落地声"，由此产生了特别怀疑而要求搜查书包就是正当的。因为撞击的金属声构成了特别怀疑——那是什么？武器？！后来保安在书包外面摸了摸，结果摸出了枪的轮廓，此时"特别怀疑"就上升为"合理怀疑"，接下来就可以打开书包搜查了。

（2）搜查和扣押的对象范围

搜查和扣押时，搜查人员必须考虑所搜查的对象范围是否有足够的隐私期待。隐私期待程度越高，搜查和扣押的标准就越严格。学校是公共场所，隐私期待大大降低。按学生个人隐私期待的程度高低可以将搜查的对象范围分为三类：学校的财产、学生的财产和学生的人身。这三类隐私期待从前往后越来越高，人身的隐私期待最高。

学校的财产主要是指提供给学生使用的带锁储物柜、课桌、电脑和其他物品或场所。这些校产必须每天24小时都处于校方的控制之下。作为一项学生被允许有条件使用的服务，如果学生接受使用这些存储空间，就应当被视为已经放弃任何这些空间的所有权。对学校而言，学生不应对这些空间抱有任何隐私期待。经主管批准，校方可以在没有通知、没有学生同意、没有搜查证明的情况下在任何时间对这些物品或场所开展定期的综合检查。但是，因为在这些设备中有学生学习生活需要的合法财产，所以非紧急情况下须有学生在场。

学生的财产主要是指具有储物功能的物品，比如，随身物品（如钱包、书包、手提袋等）、自驾的交通工具等。这些对象与学区的利益关联小了许多，却与学生的利益关联大了不少，学生的隐私期待大大增加。这些对象要成为被搜查和扣押的对象必须满足"合理怀疑""特别怀疑"的标准。一般而言，只要在搜查与扣押之前发现了违禁物品；或者有告发者提供的必要信息，比如，指出学生特定的姓名、当时穿的衣服、持有的违禁物品、存放的地点❶等，学校的搜查和扣押行动是被允许的。信息是否充分可靠直接影响到搜查的正当性程度。告发者提供信息的可靠度主要有三个判断标准：一是信息告发者的可靠程度；二是信息内容的具体程度；三是被告发者的道德

---

❶ 李晓燕. 美国公立学校学生搜查和扣押的 TIPS 准则述评［J］. 中国教育法制评论，2012：184-198.

品行。❶

　　学生的身体是隐私期待最高的地方。在对人的身体进行搜查时，不仅要有合理怀疑，而且搜查行为本身也必须合理。所谓搜查行为本身要合理，主要是搜查所维护的公共利益与所侵害的个人隐私和安全的利益相比，是否达到了必要的程度。就搜查身体的本身行为而言，肯定是人身侵权行为。搜查人身必须具有"个别化怀疑""合理怀疑"，而对特定的个别人进行搜查，不能采取"拉网搜查"的方式❷。"所有巡回法院都认为，在判断搜查的范围是否正当时，应该考虑打算搜查的违禁品的性质以及违禁品可能被藏在学生身体的哪一个部位。"❸ 比如说，为了100美元就对个别的特定对象或者一群人进行脱衣搜查和从上到下搜身的搜查是非法的。脱衣搜查和从下到上搜身的搜查需接近或达到"合理根据标准"的要求，但一般允许"从上到下轻拍"的形式进行搜查。

　　(3) 搜查和扣押的具体手段

　　搜查的具体手段主要有人工搜查、金属探测器搜查、警犬搜查、药物检测等。人工搜查又分为校方搜查和警方搜查。校方搜查须达到合理怀疑的标准，且搜查时有两名同事在场，一名负责搜查，另一名负责证明程序符合法律要求。警方搜查需具备搜查令。脱衣搜查时，异性之间不能进行人身搜查。金属探测器搜查是公共场合较为常见的搜查方式，对个人权益侵害较小，较少有争议。警犬搜查的对象只能是非生命目标，而且使用之前需具有特别怀疑。❹ 药物检测主要是药物及酒精检验。这种检测手段的受众较小，主要针对学生运动员和违规饮酒的学生、吸毒的学生。

　　如果校方认为被搜查的物品会影响到学校正常的教育秩序，那么会由校方临时查封。除非是违禁物品，否则根据要求，这些物品应当在放学之后返还给学生或其家长（监护人）。违禁物品（包括武器）不会返还给学生，将会转交给警察。❺

---

　　❶❷　李晓燕. 美国公立学校学生搜查和扣押的 TIPS 准则述评 [J]. 中国教育法制评论, 2012：184-198.

　　❸❹　[美] 内达尔·H. 坎布朗-麦凯布，马莎·麦卡锡，斯蒂芬·托马斯. 教育法学——教师与学生的权利 [M]. 江雪梅，茅锐，王晓玲，译. 北京：中国人民大学出版社，2010：241.

　　❺　Fairbanks North Star Borough School District Administrative Regulation 1041. 3 Search and Seizure [DB/OL]. [2015-03-12]. http://www.k12northstar.org/sites/default/files/adminreg10usethisone-itiscurrentwoldfirearmspagesputinuntilapproved121814_0.pdf.

3. 非正式沟通

校方需向学生及其家长解释受到惩戒的原因，并给机会让学生表明自己的观点或解释原因。学生违纪受到惩戒时，作出惩戒裁定的校方工作人员都需要对违纪学生及其家长作出解释，告知违纪的性质并对证据作出说明；然后，听取学生的辩解，包括对事实的认知和立场的陈述。以纽约州西山学区对"将教室内干扰课堂的学生逐出教室"的惩戒为例。学生受到了逐出教室的惩戒，在惩戒执行之前，教师要向学生进行简明的解释其被逐出教室的原因，学生必须有机会表明自己的观点。在惩戒执行之后，教师必须告知校长或者督学；并在 24 小时内当着学校管理者的面向学生解释原因，给学生提供机会去解释。学校管理者必须在学生被逐出教室之后的 24 小时之内向家长说明惩戒情况及其原因。学生家长可以要求在 48 小时内与校长进行一个非正式的见面会，来讨论惩戒事件的原因。如果条件允许，教师也应参加。校长在见面会后的两天之内决定学生是否能够回到教室。❶

4. 非正式行政会议

停学处分主要通过学校的非正式行政会议作出。会议通常在停学处分作出前举行；除非学生当事人有可能立即对自己或他人的人身或财产安全造成严重侵害，可以先由学校管理者作出停学处分。即使是后者，也应在停学处分生效之后立即举行。学校管理者必须在非正式行政会议上向学生当事人说明停学的理由；若学生否认指控则出示校方掌握的证据并进行解释，让学生能够了解校方所认为的"事实真相"。当某学生被停学的累计天数达到 10 个教学日，再次被处以停学处分时，学区教育委员会要召集学生及其家长开会，目的是明确学生是否需要接受心理测评或其他服务，或者由家长来安排其子女的心理测评或诊断以进一步确定是否需要进行心理治疗。❷

5. 书面通知

书面通知是满足正当程序要求的最低合法性门槛。书面通知包括停学通知、拒绝注册和开除的听证通知及听证之后的申诉通知三类。

停学通知应该包括停学缘由、简明的事实陈述、证据说明、重新入学计划、本法案副本；在停学处分生效时或生效之前亲自交给学生，或者在会议

---

❶ The Westhill Central School District Student Code of Conduct.

❷ Pupil Fair Dismissal Act〔DB/OL〕.〔2014-02-13〕. http://education.state.mn.us/MDE/StuSuc/StuRight/StuDisc/StuFairDisAct/.

结束后的 48 小时之内以邮件的方式告知学生家长。邮件以发出时间为准。学区教育委员会应当在停学处分出具之后就立即电话通知家长。如果出现学生当事人会立即对自己或身边的人或财产造成严重损害，校方不得不在没有举行非正式行政会议的前提下给予停学处分的情况，书面通知也应当在停学处分生效之后的 48 小时之内送达学生和学生家长。❶

拒绝注册和开除的听证通知应该亲自或者以邮件的形式送达学生当事人及其家长。听证通知具体包括以下内容：第一，对事实的完整陈述、目击证人名单及其证词；第二，听证会举行的具体时间和地点；第三，PFDA 法案的副本（复印件）；第四，告知学生及其家长所拥有的权利；即①选择代理人，包括法律顾问❷；②在听证会举行之前检查学生当事人的陈述；③知道已有的证据；④当面与目击证人进行交叉询问。❸

申诉通知由不服听证决议的当事方在决议生效之后的 21 天之内向学区负责人提出，同时需在 10 天之内将所有申诉的书面材料的副本送达当事各方。学区教育委员会应在收到申诉通知之后的 5 天内向学区负责人和家长提供一份完整的听证记录副本。❹

6. 听证

拒绝注册和开除是极为严重的处分，对学生当事人的学习和发展都会造成重大且深远的影响。因此，所有拒绝注册或开除的处分做出之前都必须举行听证。除非当事学生及其家长以书面的形式放弃听证，否则听证会应由学区教育委员会或其代理机构举行。听证会应当在书面通知发出之后的 10 日内举行❺，且应当在学生当事人及其家长能够较为方便出席的时间地点举行。如果学生当事人及其家长要求公开听证，那么听证会就公开举行，否则就秘密举行。在听证会举行之前的合理时间范围内，学生当事人及其家长或代理人可以向学区索要公立学校系统中对当事学生的记录，包括任何涉及支持校方

---

❶ Pupil Fair Dismissal Act [DB/OL]. 2013−05−22 [2014−02−13]. http://education.state.mn.us/MDE/StuSuc/StuRight/StuDisc/StuFairDisAct/.

❷ 学区教育委员会有义务告知学生家长由教育厅提供的可供选择的免费或者便宜的法律援助和法律资源的清单。

❸❹ Pupil Fair Dismissal Act [DB/OL]. 2013−05−22 [2014−02−13]. http://education.state.mn.us/MDE/StuSuc/StuRight/StuDisc/StuFairDisAct/.

❺ 如果学区教育委员会、学生当事人、家长能够提出正当理由要求延期，但延期的期限不能超过 5 天。

作出拒绝注册和开除的驱离学校处分的所有测验或报告单。❶

听证会由独立的听证官和学区教育委员会一般成员各一名协同主持，决定听证讨论的议题及进程。出席听证会的还有一名学区教育委员会委员或者学区教育委员会全体成员。他们共同组成一个听证工作组。学生当事方有权要求出示已有证据和证词，也可以自己出示包括专家提供的心理或教育方面的证词在内的证据或证词；同时，可以强迫证人作证并对有利于校方主张的任何目击证词进行交叉诘问。另外，学生当事人不能自证其罪。整个听证过程要由学区教育委员会做听证记录，作为以后申诉和诉讼的证据之一。做听证记录所需经费由学区教育支付。当事方都有权获得听证记录，但需要自己承担复印听证记录所发生的费用。❷

听证工作组要在听证会结束后的 2 日内根据在听证会上了解到的情况提出处理建议，并以书面形式提交给当事各方。学区教育委员会在收到处理建议之后的 5 日内开会讨论，根据处理建议和听证记录作出书面决议。这个书面决议需要对事实的细节进行尽可能的充分描述。之所以这样，是为了让当事各方和教育行政官员能够充分了解决议产生的理由；同时需要为当事各方提出异议并予以论述提供机会。如果各当事方中有异议，则一直持续到各当事方不能再出示新的证据为止。❸

7. 行政申诉

在收到完整听证记录和当事各方提交的申诉书面材料之后，学区负责人或其代理人应当在 30 天内以听证记录为基础作出一个最终决议。在申诉期间，学区教育委员会作出的处分决议不会停止执行。为确保公正准确，学区负责人可以要求提供新证据。在处理申诉的过程中，如果发现申诉方的重要权利在行政过程中的调查、推论、意见或决议环节受到侵害，则学区负责人应该推翻或者修正决议。具体而言，这些情况包括：①违反了宪法规定；②学区滥用法定职权；③程序违法；④受到其他错误法律的影响；⑤没有重要证据支持听证记录所呈现的观点；⑥判断主观武断或无法预料。学区负责人所作的决议是最终决议且具有法律效力。❹

---

❶ Pupil Fair Dismissal Act［DB/OL］. 2013-05-22［2014-02-13］. http://education.state.mn.us/MDE/StuSuc/StuRight/StuDisc/StuFairDisAct/.

❷❸❹ Pupil Fair Dismissal Act［DB/OL］. 2013-05-22［2014-02-13］. http://education.state.mn.us/MDE/StuSuc/StuRight/StuDisc/StuFairDisAct/.

8. 司法审查

在收到最终决议的 30 日内，要求司法审查的当事方要向申诉法庭提交司法审查申请，并亲自或以挂号信的形式书面通知各当事方或其代理人。司法审查期间，最终决议将继续执行，除非学区教育委员会或申诉法庭认为有必要停止执行。如果是在收到最终决议的 10 日内提出司法审查申请并获得通过，那么最终决议停止执行。司法审查启动后的 30 天内，或在法庭允许的期限内，学区教育委员会要将所有原始材料和听证记录精简版的副本移交给申诉法庭，由后者对其进行审查。司法审查只能以听证记录为依据。若申诉法庭发现所申诉案件的处理程序违法，则将案宗转呈给管辖听证会所在郡县或者设有驱离学校处分专门处理办公室的郡县地方法院。由地方法院行使对违法程序的证据检验、审理和判决的司法权，并将审判结果告知申诉法院。❶ 其他需要司法审查来推翻或修正的理由与行政申诉时需推翻或修正决议的理由一致，在此不再赘述。

9. 向其他机构通报

如果学生被处以驱离学校处分之后就会进入其他公共服务机构，那么学区教育委员会要将驱离学校处分通报给这些公共服务机构。❷

10. 向学区负责人汇报

所有拒绝注册和开除的处分生效以后，学区教育委员会必须在 30 日之内通过本部门的电子汇报系统向学区负责人汇报。汇报内容包括提供给学生当事人的替代性教育、拒绝注册或开除的理由、处分生效的日期和执行期限，以及学生当事人的年龄、年级、性别、种族和特殊的教育情形。同时，学区教育委员会还要向学区负责人汇报受到驱离学校处分的学生的确切数目，以及这些学生的年龄、年级、性别、种族和特殊的教育情形这些信息。❸

11. 通知学生当事人恢复入学

如果学生当事人未在驱离学校处分结束之后的 10 个教学日之内返校上学，那么学校负责人应当通过邮件通知学生及其家长，告知当事学生已经恢复了在公立学校上学的相关权利。❶

---

❶❷❸❹　Pupil Fair Dismissal Act〔DB/OL〕. 2013-05-22〔2014-02-13〕. http://education.state. mn.us/MDE/StuSuc/StuRight/StuDisc/StuFairDisAct/.

四、美国中小学惩戒规定的修正

当实际的中小学惩戒在运作过程中遇到问题需要修正或者完善时，法院、联邦政府、州政府、地方学区都会对其施加直接影响。其他主体在中小学惩戒方面的利益诉求则通过上述主体，特别是法院来表达和实现。

（一）中小学惩戒规则的制定

美国联邦宪法第十修正案（1971 年）规定："凡是未经宪法规定授予合众国政府行使，或禁止各州行使的各种权力，均留给各州或人民行使。"因为教育权属于谁在联邦宪法全文均没有明文规定，所以联邦政府不享有管理教育的实权，掌握管理教育实权的是地方政府。联邦政府主要通过立法和拨款来对地方中小学教育施加控制。联邦法律在位阶上高于地方法律，全国适用，但其极少在具体的操作细节上对中小学教育的惩戒方面作出规定。

相较而言，州政府是地方政府中科层级别最高的，掌握着制定中小学惩戒规则的实权。州政府会颁布各种法规来规范学校管教学生的行为，比如，纽约市教育局的《纪律准则和学生权利与责任法案》、明尼苏达州的《中小学学生驱离学校法案》等。州一级制定的惩戒规则会对地方学区产生极大影响，而地方学区在学生惩戒规则方面的影响力正在缩小。"必要时，州对个别学区所制定的教育政策，可以加以审核甚至予以废止。"❶

地方学区虽然要执行联邦、州制定的法规政策，而且只能根据授权来制定教育政策，但是其作为实际的执行者、管理者，却有相当大的自由裁量权。"对学生进行合法惩戒的基本原则是学校能够证明，学校规则的制定实施、裁定与惩罚仅仅是处于达成合法教育目的的需要。当这种控制行为能够保护人身或财产，促进学习或防止教育过程的破坏性行为时，学校必须采取所有合法手段去控制学生行为，然而，无理由的控制是违法的。"❷只要学区制定和颁布的惩戒规则能够被证明是达成教育目的的必要手段，一般不会被推翻。

学校对惩戒规则的制定权限更小，校内惩戒规定的位阶最低，不能与各级法规政策相冲突。但学校直接面对师生的校园学习生活，仍然在制定和执行惩戒规定方面享有可观的裁量权，可以根据具体需要对学生的具体行为规

---

❶ 秦梦群. 美国教育法与判例［M］. 北京：北京大学出版社，2006：25.

❷ ［美］米基·英伯，泰尔·范·吉尔. 美国教育法［M］. 李晓燕，申素平，陈蔚，译. 北京：教育科学出版社，2011：131.

范做细致入微的规定。

在制定惩戒办法的原则主要有：①惩戒必须服务于教育目的，是学校完成教育任务的必需，不能为惩戒而惩戒，也不能只为了教委会成员、行政人员或教师的方便；②惩戒规定应力求明确，不能过于模糊，以至于学生及其家长不能确知行为期待；③惩戒规定中对过错的惩戒应符合比例原则，既要考虑学生年龄、性别、心理状态和过去行为记录，又要考虑过错的严重性、惩戒规定的执行是否前后一致；④惩戒对象以学生的校内行为为基础；⑤有罪有罚；⑥除非为了更高的公共利益，否则不得侵害学生的宪法保障权利；⑦惩戒执行要符合正当程序要求；⑧惩戒规则应让学生及其家长知道。❶

（二）中小学惩戒规则的调整

美国的法律体系中成文法和判例法共存。其中，司法判例的立法功能使法院在中小学惩戒规则的调整过程中起着非常独特的作用。"法院通常认为，管理公立教育的州授予的特权，法院应该尽可能少地干涉学校管理者的裁断。"❷ 但是，法院仍然会通过司法审判的形式对惩戒规则施加强有力影响。当前，法院在司法审查时主要集中在正当程序的建设方面，突出表现为可操作性方面；在实体权利方面，法院表现出对教育者的极大尊重，除非侵害学生受法律保护的权利较为明显。

从法院的司法审判结果来看，惩戒越严厉，程序越严格，越强调可操作性。如果学校的惩戒规则过于模糊，以至于让"具有普通智商"的人群"需要猜测其含义并对之如何适用持分歧意见"，那么对学生的行为要求就违背了宪法第十四修正案"任何州，如未经正当法律程序，均不得剥夺任何人的生命、自由和财产……"

那如何才能接近正当法律程序呢？

首先，要求有章可循。在"罪刑法定"原则的指导下，"大多数法院要求，对于学生不能依照尝试判断已被禁止的很多行为，应当事先制定惩罚规定""人们由于其犯罪行为被宣判有罪并受到惩罚只能以犯罪行为实施之前被采用的法律为基础"❸。由此，就有延伸出了公开的惩戒要求。校方将要执行

❶ 秦梦群. 美国教育法与判例 [M]. 北京：北京大学出版社，2006：298-299.
❷ [美] 内达尔·H. 坎布朗-麦凯布，马莎·麦卡锡，斯蒂芬·托马斯. 教育法学——教师与学生的权利 [M]. 江雪梅，茅锐，王晓玲，译. 北京：中国人民大学出版社，2010：220.
❸ [美] 米基·英伯，泰尔·范·吉尔. 美国教育法 [M]. 李晓燕，申素平，陈蔚，译. 北京：教育科学出版社，2011：132.

的惩戒规定需事先公布，让教师、学生、家长等利益相关主体充分知晓。

其次，要可操作。虽然法院不要求惩戒规则像《刑法》那样精确，但是行文必须能够让学生及其家长知晓哪些行为是要受到惩戒的。过于模糊的语言，比如，"到达学校之前禁用酒精或毒品；反对不当行为；禁止不恰当的行为或不可接受的行为；要求学生服装整洁，保持谦逊作风和具有良好品行以有利于学校环境"❶。现在请问："之前"是多久之前？行为为何"不当"？什么是"不恰当"？……如果学校对此可以任意解释，无疑会令人迷惑。但是，"过于宽泛"也有例外。"一些规则违宪地宽泛不是因为它们禁止了那些受宪法保护的特定行为，而是因为它们能够适用于其他受宪法保护的行为。"❷ 即是说，不受法律保护的行为，即使校方在规定时用语很宽泛，比如，"淫秽资料""下流语言""弄虚作假"等，法院仍然会支持学校。

若学生或家长不服学校的惩戒措施，便可以向法院提起诉讼。如果校方败诉，地方教育行政部门会根据法官意见对惩戒规范作出修正。本章介绍的中小学惩戒活动中关涉的各种实体性权利、程序性权利中有很多都是从司法判例的判决结果得来。同时，地方学区的教育局会对正在执行的惩戒规则进行实质合法性的审查，修改不是很合理的条款内容，使之更符合实际操作的要求。这种修正活动通常以学年为周期，即一年一修。

五、美国中小学惩戒的法治经验对我国的启示

美国中小学惩戒的法治化镶嵌在整个法治社会的变革之中。其规则体系在法制轨道上经历了上百年的发展和完善，不仅在静态规则上实现了权力、权利与义务三者之间的平衡，而且在惩戒规则的订立、修改和废除方面也在行政领域、司法领域均形成了较为成熟的操作模式。

首先，各方权责界分明晰。在中小学惩戒的规则体系中，相关利益主体的权责界分较为清晰。法规对不同主体享有的权利（力）和需履行的义务都规定得较为明确。限制基本权利的惩戒规则在校方、警方、家长之间过渡和衔接较为的顺畅，基本上没有制度漏洞和无法可依的情形。比如，关于学校惩戒的时空限定、何种惩戒形式由谁在何种情形下使用的标准等相关规定在

---

❶ ［美］米基·英伯，泰尔·范·吉尔. 美国教育法［M］. 李晓燕，申素平，陈蔚，译. 北京：教育科学出版社，2011：136.

❷ ［美］米基·英伯，泰尔·范·吉尔. 美国教育法［M］. 李晓燕，申素平，陈蔚，译. 北京：教育科学出版社，2011：137.

操作化方面水准非常高。

其次，制度有情体现较为充分。惩戒目的非常明确——矫正学生失范行为和维护学校正常秩序。对于后者而言，美国中小学惩戒制度中开发了配套的教育措施。它们的发展较为充分，已经分化出成熟的运作形式，比如，干预性措施有 14 种。分工的细化在客观上减轻了一线教职员工的工作任务和心理压力，也使一线人员在处理具体失范行为时更加专业。这些教育措施配合惩戒，可以起到预警、干预、支援、恢复等功能。

再次，对基本权利的限制或约束实现了"有法可依"。美国是成文法和判例法相结合的混合型法制体系。特别是判例法所发展出来的各种"法律原则"，为立法、司法和教育等实践活动提供了有益的经验参照，提高了平衡实质合法性与形式合法性的平衡能力。美国将限制基本权利的情形尽可能地纳入法律规范，使各方对自身和他人的行为期待有准确、稳定、全面的了解。

最后，惩戒纠纷的救济程序较为完善。美国已经开发出完整的纠纷解决程序。其中，行政程序包括发放《行为守则》、非正式沟通、非正式行政会议、书面通知、听证制度、申诉制度、通报制度等；司法程序有司法审查等。惩戒全程均力求操作透明、信息对称、不枉不纵，较好地将惩戒纠纷纳入了法治轨道。

虽然有美国学者在批判本国的中小学惩戒制度❶，但是并不足以否定其惩戒法治化的正当性及取得成就。尽管我国中小学的惩戒制度中有各种萌芽，但是总体而言尚处于混沌状态，有待进一步细化和提升，在形式上确定下来。美国中小学惩戒的法治化经验可以给我们提供诸多有益的启示。

---

❶　比如，多数受惩戒的学生是社会弱势群体，是少数族裔，或者来自单亲家庭、贫困家庭，或者学业成绩差等。可参见文献综述"中小学惩戒的实践运用研究"部分。

第五章　中小学惩戒合法化的建议

中小学惩戒的合法化建设应当定位于促进法治国家的建设。所谓法治国家，是指"公民之间、国家与公民之间以及国家内部的关系均受法律调整的国家，其标志是所有国家权力及其行使均受法律的约束。法治国家具有形式意义和实质意义之分。形式意义上的法治国家以法律为中心，凡对公民自由和财产的侵害必须具有议会法律的授权；而只要国家活动形式上符合法律，即视为达到法治国家的要求。实质意义上的法治国家不仅要求国家受法律约束，而且法律本身具有社会的正当性"❶。中小学惩戒的合法性被质疑的根本在于各方正当利益诉求没有得到法制层面的有效回应和妥善安排。我们要积极推进依法惩戒，在分析自身现状和参考美国法治经验的基础上，努力探索与依法惩戒配套的制度体系，使中小学惩戒过程中各方主体的利益架构趋于合理、规范。

一、中小学惩戒的实质合法化

中小学惩戒的实质合法性是中小学惩戒制度有效运转的法理基础。因为中小学在校学生是未成年人，现行的民法、刑法、行政处罚法、治安管理处罚法等法律都对未成年人有特殊照顾，且并不能有效规制学生的在校行为；教育行政法规及校内惩戒规定虽极具灵活性，但法治社会的到来需要校方证明其所遵从的惩戒规则的正当性。中小学惩戒规范应成为透明且可反复检验的规则体系。中小学惩戒的合法化就是要为惩戒规范证明，扫除规范转变为规则的观念障碍，从而提高中小学运转的效率，实现效益的最大化。

（一）明确中小学惩戒的目的

作为一种矫正、预防、修复的手段，惩戒是一种事后的补救措施，旨在遏制失范行为。目的是判断手段"有用性"的锚点。考察惩戒之"有用性"，应从目的、手段两方面着手。唯有二者相互比照，才有判断效率高低之可能。

---

❶　[德] 毛雷尔. 行政法学总论 [M]. 高家伟，译. 北京：法律出版社，2000：105.

教育本身是一种价值的选择与重构的活动。惩戒既是法治的组成部分，也是教育的组成部分，只是理解的价值立场发生了转变。就目的而言，中小学惩戒是为"教书育人"服务的，其主要承载着两大任务：一是维护学校正常的教育教学秩序；二是促进未成年人社会化，助其成长为遵纪守法的合格公民。

在维护学校正常的教育教学秩序方面，我们应当关注教育活动中相关主体的正当权益保障，特别是基本权利的保障。因此，学校必须是一个对于人身、财产而言安全的场所。这些基本权利是学校场域中的自然人、法人都享有的。教师、学生首先是自然人，然后是公民，最后才是教师、学生、成年人、未成年人。学校的法律身份是事业单位法人，具有"拟人化"的法律人格，一样享有财产权、名誉权等权利。法律所确认的基本权利是基础性的权利，一旦失去有效的安全保障，其他活动便无从开展。为此，在中小学营造的应该是一个相对封闭且隔离的时空，只有这样才能有效消除人为因素的不利影响，达到安全的要求。对于中小学而言，人为因素可以分为内部和外部两类。在内部，师生之间的侵害、学生之间的侵害是威胁基本权利的主要原因；在外部，学校面对的则是"风险社会"，这种潜在的威胁是开放性的，只能通过校园围墙、校门来管控。

在促进未成年人社会化方面，教育权与受教育权均兼具权利与义务的性质。没有无权利的义务，也没有无义务的权利；权利与义务相互对应。教师所享有的教育权要通过学生履行受教育的义务才能实现；学生享有的受教育权要通过教师履行教育的义务才能实现。这种分法只是为了学理分析的方便，在实践中往往是一个硬币的两面，相互交融，相辅相成。凡是影响到教育权与受教育权顺利实现的，均应纳入惩戒的范畴进行规制。

学校是专门从事教育教学的社会组织，保障人身、财产等基本权利的安全仅仅是保障教育权与受教育权顺利落实的前提条件。在美国中小学教育中，惩戒规范中绝大部分条款指向的是"校园安全"和"教育秩序"。中小学的业务非常明确：教学！所有活动都要围绕"教学"开展，为"教学"让路。学校为校园安全和教育秩序所做的努力旨在为"教育教学"提供良好的育人环境。学校惩戒离开了教育目的就失去了正当性根基。当基本权利与校方的教育权、学生的受教育权发生冲突时，学校场域中师生的基本权利就会受到严格限制。比如，学生的表达自由权、性自由权、宗教自由权、财产权等基本权利均不能对学校正常的教育教学秩序造成具体且实质的影响。在无教学需要的情况下，学生使用这些基本权利破坏了教育秩序，包括课堂节奏、校园氛围等，都会被视为滥用权利，成为惩戒规约的对象。同时，学校惩戒也不能恶意侵犯学生的基本权利。这是一种权力与权利的动态平衡，主要判断标准是学校的教育教学秩序是否得以恢复，他人受损的正当权益是否得到修复。

（二）确立中小学惩戒的原则

原则是规则的上位概念，是理性对知性的加工结果。讨论中小学惩戒原则的目的有两个：一是解决人们在惩戒适用中的认知困惑；二是发现和选择规则。依据康德的理论，在适用规定性判断力时，原则是选择规则的依据；在适用反思性判断力时，规则是原则生成的依据。因此，原则只有以规则为媒介才能与事实发生交互作用。站在历史发展的角度，原则作为个人主体立法的结果，在社会成员之间普遍运用是达成社会共识的表现。在现代法治社会的话语背景之下，中小学惩戒的原则应当以提高效率为判断标准。

1. 比例原则

比例原则是惩戒权作为公共权力必须遵守的法律原则。因为公共权力以暴力作后盾来确保公共利益的实现，对个体的自由意志和私人利益而言具有强制性，所以比例原则是平衡权力与权利的必须。比例原则具体有可以分为三个子原则：目的性原则、不可替代性原则和相称性原则。❶

就目的性原则而言，中小学惩戒必须以实现学校教育目的为根本目的，具体表现为维护正常教育教学秩序和促进学生个体行为符合社会主流规范。惩戒目的不能偏离教育本位。惩戒者若出于其他目的，比如，方便管理、伺机报复、发泄情绪等，均偏离了教育本位，将导致惩戒行为的实质合法性丧失。此在中小学惩戒目的部分已经论述，在此不再赘述。❷

不可替代性原则是指惩戒是作为穷尽其他管理手段之后仍不能实现违纪的矫正、预防和修复的目标后，管理者不得不通过惩戒对失范者施加不利影响，以期实现预期目的。从社会运行的总成本来讲，惩戒是一种消费性质的活动，它耗费了人力、物力和时间，但只是对过往已经发生的事实作出了处理，期望的也只是在未来不再发生因失范行为而产生的损失，追求损失的不再扩大。对于受惩者个体而言，惩戒的各种形式（如赔礼道歉、赔偿经济损

---

❶ 黄学贤. 行政法中的比例原则研究 [J]. 法律科学. 西北政法学院学报，2001（1）：72-78；杨临宏. 行政法中的比例原则研究 [J]. 法制与社会发展，2001（6）：42-49.
❷ 参见本书第一章"中小学惩戒要恪守教育本位"部分，第61-63页。

失、停学等）指向的是对利益的重新分配，但这种利益分配也是从受惩者处分向别处，作为对利益受损者的个体或群体的补偿。不可替代性原则暗含着收益最大化的目标。

除自我惩戒的惩戒类型之外，其他惩戒类型都意味着耗费更多的成本。在校内惩戒规定调整的行为对象中，有很多行为造成的利益损失是比较轻微的，其危害性较小，以至于由第三方介入来施加惩戒是不划算的，需耗费的成本相较于自我惩戒和协商调解要高得多。因此，我们在中小学教育中，首先要将注意力集中在未成年学生对社会规范的认识和运用方面，要教会学生做人做事的基本道理；然后才是法治社会中各种违法乱纪行为的认知，各种惩戒制度运作的机制和可预期的后果。借助哈特的法律概念来解释，即首先要教学生"第一性规则"，然后才教"第二性规则"。所谓"第一性规则"，是指基本规则，即做某种行为或者禁止做某种行为，规定着社会成员的实体性义务和权利；"第二性规则"是指辅助性规则，是关于"第一性规则"的产生、废除、修改和适用的程序的规则，又分为承认规则、改变规则和审判规则。❶

简单地说，我们首先要引导学生认识规范，并期望其能够自觉地遵守规范；只有违纪者"明知故犯"或者应当知道纪律却未遵守规范，其他管理手段无效时才进行惩戒。

案例1：某校规定不准带宠物到学校。一天早上，该校小学部二年级的班主任之一张老师发现班上一位女同学总是隔段时间会偷偷检查一下书包。她觉得异常，便留意观察，发现书包里藏了一只乌龟。本来她准备过去将乌龟搜出来并批评教育一顿该女同学完事，但多了个想法：问问原因。小女孩告诉她说："爸爸妈妈和我都不在家时，乌龟一个人在家里会很孤单。我带着它，陪着它。"那一刻，张老师放弃了原本准备严肃声明学校纪律的想法，而是宽慰该女同学："××，你看这样好不好：学校不让学生带宠物，要是被发现了，我们都会挨批评的。把它带到办公室，让老师们陪着它，好吗？等你放学了，再来接它回家，带它回去见爸爸妈妈。那样你们就又会团聚了。"该女同学答应了张老师，并亲自将乌龟送到了教师办公室。等该女生回教室上课之后，张老师给她的家长发了条短信说明情况，让家长第二天注意一下，别让孩子把乌龟带到学

❶　严存生. 西方法律思想史［M］. 北京：中国法制出版社，2012：362.

校里来了。(资料系访谈所得。)

在这一案例中，张老师的做法是妥当的。因为二年级学生通常年龄只有七岁或八岁，未满十周岁，所以视该案例中的小女孩为无民事行为能力人。在能否带宠物进校园的问题上，被假设为没有判断能力。在这种情况下，学校、教师就没有对这位小女孩采取惩戒的必要性。小女孩的父母应该承担起相应的监护责任。相反，假如带宠物进校园的是六年级学生就应另当别论。我们先假设学校事前已向全校同学告知禁止带宠物进校园的校规，并出于效率的考虑，将此作为"穷尽其他手段"的判断标准，那么作为限制民事行为能力的六年级学生就应当受到惩戒。

相称性原则主要是针对受惩戒的利益平衡而言的，是指惩戒形式所侵害的受惩者利益与惩戒者欲维护的利益之间要进行权衡：欲维护的利益要重于受惩者被侵害的利益。对于惩戒者个体而言，这是个主观衡量过程；但在不同个案、规则之间，相称性原则就要求"一把尺子量到底"，遵循外在的客观标准。这主要通过形式合法化实现。

第十一条　有下列扰乱学校集会、文化、体育等大型学生活动秩序行为之一，给予警告处分；情节严重的，给予记过以上处分……(四) 围攻裁判员、运动员或者其他工作人员的……

第十三条　有下列寻衅滋事、打架斗殴行为的，视情节给予下列处分……(七) 凡结伙斗殴(打群架)的组织者或策划者，给予留校察看或开除学籍处分；参与者视情节给予记过或留校察看处分……

——资料来源：《重庆育才中学学生违纪处分条例》

在案例中，育才中学对学生违反体育活动中公共秩序作出了规定。我们假设运动场正在进行某项体育比赛时发生了运动员围攻裁判的事件。现在，我们应当对"围攻裁判员"的行为采取何种惩戒形式呢？首先，"围攻"意味着攻击裁判员的人数有两人或两人以上，可定性为具有主观故意的打架斗殴事件。其次，"围攻"裁判员意味着对比赛规则的背叛，属于藐视裁判员权威的行为，是对比赛场地应当遵守规则的破坏。根据第 11 条、第 13 条的规定，可以采取的惩戒形式有警告、记过、记大过、留校察看、开除学籍等。请问：我们如何适用规则？在具体处理"围攻裁判员"的事件时，惩戒者有了过大的自由裁量权以至于威胁到相称性原则的遵守，从而在根本上动摇惩戒的合法性。

因此，我们要在相称性原则指导下在立法技术上下功夫，将自由裁量权的使用情形进一步细化，在形式上进行规定，从而避免滥用情形的出现。

2. "罪刑法定"原则

罪刑法定原则是从刑法理论中借用而来，主要是指"法无明文不为罪，法无明文规定不处罚"。对于中小学惩戒来说，哪些行为是违纪行为，构成违纪的判断标准是什么，各种惩戒形式与违纪行为之间的对应关系是什么，有哪些惩戒形式，这些惩戒形式如何适用，以及在具体适用时有自由裁量权的情况下如何运用惩戒等，均应该由专门的学校惩戒制度来规定。构成学校惩戒制度的规范性文件包括有法规、规章、其他规范性文件和学校自己颁行的校内惩戒规定在内的一系列文件。

"罪刑法定"将中小学惩戒制度"确定"下来，让人们对学校惩戒活动有稳定的"社会期待"，使惩戒更具有"规律性"，从而强化惩戒效用，提高惩戒的可操作性，进而使人们在学校活动中的言行符合社会规范的要求。"罪刑法定原则"是对抗权力滥用的有力屏障，既有助于维护正常的学校秩序，也有助于保障惩戒活动中相关利益主体的合法权益。"罪刑法定"原则的确立，将以往在学校惩戒中存在的各种惩戒活动纳入形式法治的范畴，如体罚。我国社会文化中有支持体罚的历史传统，但法律规定禁止体罚，则将这种"惩戒习惯"排除在合法的惩戒形式之外了。在刑法理论中，"罪刑法定"原则派生出排斥习惯法、排斥绝对不定期刑、禁止有罪类推，禁止重法溯及既往、明确性原则、严格解释原则、实体的正当程序原则等一系列原则。

因"罪刑法定"跟不上，在中小学一线存在校方及教师大量滥用惩戒权的情形，比如，罚站、逐出教室等事实上存在的惩罚形式。

案例 2：2012 年 11 月，海南省某中学高一（3）班在整顿学生寝室卫生时曾出现寝室卫生没搞好的学生被班主任罚站在教室走道里听课一天[1]。

案例 3：2014 年 11 月 14 日上午，河南省某初中初一年级二十一班的数学老师组织模拟考试。考试期间，班上有同学多次从 13 岁的女生晨晨（化名）身后喊晨晨。晨晨回了一下头，被老师发现。老师认定其作弊并

---

[1] 王彩虹，林芯. 学生寝室卫生没搞好罚站一天 [N]. 海南特区报，2012-11-06（A11）.

不听任何解释，立即让她到教室外面考试。晨晨来到教室外面后，被"清除"出考场的另外5名男生嘲笑。晨晨深受打击，于当天下午跳楼，后不治身亡。❶

上述两个案例中的班主任、数学教师所采取的罚站、逐出教室的惩戒形式合法吗？案例2中，虽然各方均认可"罚站听课"有助于改善寝室卫生条件，但是"罚站一天"的严厉程度已经引起学生、家长、专家的质疑。学生认为这种惩戒多半会影响到学习。家长认为不仅会影响上课，而且还会伤害学生的自尊心。专家则认为可以先立规矩，再行惩戒。在立规矩阶段，除了校方自行发布的规章制度之外，还可以让学生讨论制定班内适用的惩戒制度，然后照章执行，并将学生在校表现及时通知家长。❷ 在案例3中，数学教师在认定违纪行为、决定惩戒形式时，没有给晨晨申辩的机会，并随意决定惩戒形式。这种做法存在不公正、不公平的嫌疑。首先，需要有人去外面考试的理由并不充分。该校副校长郭某某介绍说该班有80多人，座位拥挤的情况使作弊现象非常容易出现。但为什么不是分成两个或者三个考场呢？出去6个人就"不拥挤"，"不易出现作弊现象"了吗？其次，让谁去教室外面考试的标准并不清楚。该数学教师在选择对象时所遵循的标准并没有得到晨晨的认同，事实上就是把教师认为有作弊嫌疑的同学逐出了教室。那作弊没有被发现的呢？不公平。最后，教师没有给晨晨辩解机会，乃主观臆断。倘若晨晨并没有作弊属实，那就有失公正。如果惩戒制度对罚站、逐出教室等惩戒形式的适用标准进行法律界定或者解释的话，那么校方或者教师不太可能让学生站一天，或者逐出教室，也不至于引发家校间、师生间的惩戒纠纷。

"罪刑法定"的基本原理在行政法学理论中已有深入运用。其中，罗豪才等学者讨论的控权论就是其理论表现。❸ 其基本的运作逻辑是：立法权是公共权力，所立之法的实质是公民个体之间相互达成契约，法规内容是在形式上确立的公意。执法过程是立法原意的实现过程。因此，关键在于打通民意在立法阶段的表达渠道，为公意的达成疏通信息不对称的障碍。执法过程不能违背立法原意。在中小学惩戒制度的建构过程中，"罪刑法定"原则是适用于规制公民基本权利与义务的。

---

❶ 郭启朝. 小女生莫轻生，有委屈讲给妈妈听 [N]. 大河报, 2014-11-20（A22）.
❷ 王彩虹，林芯. 学生寝室卫生没搞好罚站一天 [N]. 海南特区报, 2012-11-06（A11）.
❸ 可参见第三章《中小学惩戒的形式合法性》中"权力与权利的平衡论"部分，第93页。

在此，我们有必要将司法活动与行政活动中学校惩戒制度如何适用"罪刑法定"原则的差异作简要说明。司法活动是刚性的，处理对象是惩戒侵权行为，是根据法律既定的权利和义务来作出裁判。作为第三者，法院能够站在秉持公正的立场，但对于学校惩戒制度而言是外部监督，无法摆脱自身作为局外人不懂"教育"的困境。行政范畴的惩戒活动具有的灵活性，能够帮助校方能动地实现教育目的。面对事实的不确定性，行政活动具有更大的自由裁量权。"罪刑法定"的重要任务之一就是划定校方在惩戒活动中自由裁量权的范围，为校方积极作为创造制度条件。在中小学惩戒的行政领域中，"准立法""准司法"都只是为实现教育目的而采取的手段，主要是对学生行为是否符合教育规律开展实质性审查；而司法活动则是纯粹的法律适用过程，更大程度上是形式上的审查。因此，司法活动遵循的是绝对的"罪刑法定原则"，行政活动遵循的是相对的"罪刑法定原则"。

在中小学一线，只要校方惩戒没有严重侵权到需要司法审判的程度，所有惩戒纠纷都是可以通过行政活动解决的。当然，如果当事人之间的协商能够成功的话就更好。行政活动又分为学校私人行政和公共行政两类。在管教学生的活动中，"罪刑法定"给予了校方最低限度的监督。在有政策、规章等行政规范性文件的支持下，只有违背法律条文的惩戒行为才被认为是无效的。"罪刑法定"看似对校方惩戒的拘束，实则是对校方的解放。当前中小学有很多教师存在不知如何惩戒学生的困惑，由此这一困惑将迎刃而解。

3. "有刑必罚"原则

所谓"有刑必罚"，是指在中小学惩戒制度中，学生的违纪行为达到了适用相应惩戒形式的标准时，必须兑现惩戒。提出此原则主要是为了把规则意识、责任意识与负责任的行为统一起来。这样既有利于避免投机主义降低整个学校惩戒制度的运转效率，也有利于培养学生的法治意识和言行一致的品行。

惩戒规则是"人立之法"，规则的适用过程是相关主体经验重构与原则再认过程，既是思维的训练也是行动的塑造。对于学生而言，应当受到惩戒而实际上没有惩戒，不仅不会让其认识到自身错误，真心悔过，反而可能会激发其侥幸心理，在以后的人生中投机钻营。对于教师而言，"有刑必罚"可以有效防止教师不作为，规避自身的管教义务。笔者认识的某初中班主任在得知班上学生与其他班的学生打架后，首先询问的是有没有打赢，然后才关心学生有没有受伤、是何原因等。该班主任解释：义务教育阶段学校不能开除学生，在管不了的情况下，只能期望学生在打架斗殴的冲突中占上风，让其他人不再敢欺负。校方不教学生"有困难或矛盾向教师、家长或警察等成人求助"这种最基本的冲突解决策略，也不教育学生要与人为善、团结友爱的处世做法，严重偏离社会规范的要求或期待。同时，有的学校在学生违反校纪校规达到惩戒标准时，以保护学生身心健康和未来发展为名，不对学生施以惩戒或减轻惩戒。这些做法易引发不良后果：通过口耳相传，学生便心怀侥幸——学校会"法外施恩"，或者可以与学校"讨价还价"。因此，"有刑不罚"应当被批判。

"有刑必罚"并不等于"以罚代教"，相反应以"有刑必罚"为契机，积极采取替代性或者补救性的教育措施。这样做的目的在于让学生的受教育权益可以得到保障。如果学生在受到惩戒时能够感受到来自同学、教师、家长的关爱、信任，那么对于认识和改正错误来说可以起到事半功倍的作用。笔者曾在一所小学校里亲见一位四年级班主任罚在教室里乱丢垃圾的学生放学后清扫教室。该生当时非常沮丧和郁闷，因为不仅一个人清扫教室需要的时间较长，而且在同学面前"丢了脸"，无疑是"重罚"。可就在放学的时候，班主任走进教室，让同学们把自己的椅子都扣到桌子上再走。当被罚学生开始闷闷不乐地清扫时，班主任也拿起扫帚一起清扫。该生既有点"莫名其妙"，又有点"受宠若惊"。清扫完毕后，该生主动向班主任认错，承诺以后不再乱扔垃圾了。显然，班主任的教育目的实现了。在美国中小学实践中已经将类似于这种"支援性或干预性措施"、恢复性的方法形式化❶，在惩戒制度有了专门规定。在这方面，我们还要在实质合法性向形式合法性的转变工作上继续努力。

4. 正当程序原则

简单地讲，程序是指做事的先后顺序。正当程序是指已经被普遍认可且规范化了的规则实施过程❷。正当程序被认为是控制公共行为及行政行为的基

---

❶ 参见本书第四章《美国中小学惩戒的法治经验》的"支援性或干预性的教育措施"部分：第126-128页。

❷ 正当法律程序可以分为"实体性正当程序"（substantive due process）和"程序性正当程序"（procedural due process）两大理念，其中前者是对联邦和各州立法权的一种限制，它要求任何一项涉及剥夺公民生命、自由或者财产的法律不能是不合理的、任意的或者反复无常的，而应符合公平、正义、理性等基本理念；而后者则涉及法律实施的方法和过程，它要求用以解决利益争端的法律程序必须是公正、合理的。陈瑞华. 程序正义理论［M］. 北京：中国法制出版社，2010：14-15. 本文主要指的是程序性正当程序。

本程序原则，在美国被称为"正当法律程序"，在英国被称为"自然正义"。因为正当程序限制了人治状态下裁决的恣意性，实现了对权力运行的有效控制，所以其成为人治与法治的重要区别之一。程序正义被称为"看得见的正义"。

正当程序的运用已经从司法裁判领域拓展到几乎所有公共权力行使的领域，包括审判、立法、行政等领域。其最初仅有两个基本要求：①任何人不得担任自己案件的法官；②法官在制作裁判时应听取双方的陈述。❶ 后来逐渐发展出主体平等、规则可预测、过程透明、理性协商、相关利益者参与、隐私保护等诸多价值取向。

在中小学惩戒活动中，惩戒之所以要遵循正当程序，主要是因为惩戒权是公共权力，具体来说有以下原因：一是惩戒对受惩者构成不利影响，受惩戒的学生不愿意接受惩罚；二是惩戒应当平等地对待所有潜在和显在的受惩戒者，惩戒权的行使不能偏袒任何人；三是惩戒需要赢得人们的支持，需要被人们理解。特别是惩戒所涉及的利益越重要，惩戒权的运行就越需要按照程序正义的要求进行。这包括惩戒制度的建立、惩戒规则的执行、惩戒纠纷的化解等涉及惩戒权分配、运转和矫正的诸多环节。当然，如果受惩戒者以自愿放弃程序性权利❷，或者在征得受惩戒者同意的前提下，惩戒者可以以做出有利于受惩戒者裁决作为利益交换的条件。

5. 职权法定原则

职权法定是指在中小学惩戒活动中，不同惩戒主体的职责和权力由法律作出规定。这些活动涵盖了惩戒规则的制定、执行和惩戒纠纷的化解等。惩戒者在使用惩戒权时必须要有法律依据，超越职权范围的惩戒行为无效。言下之意，在惩戒活动中，教育行政部门、学校、教师（个人）乃至公安机关、法院的惩戒权应当是有限且明确的。当然，法律对公安机关和法院的活动范围规定已经相对细致且完善得多。主要是教育系统内部惩戒主体的职权问题。比如，教师个人只能采取批评教育的惩戒形式，德育处或政教处可以做出警告的处分，校长可以作出记过、记大过、留校察看的处分，教育行政管理部门可以作出勒令退学、开除学籍等处分。这些内容还有待进一步明确。

---

❶　陈瑞华. 程序正义理论［M］. 北京：中国法制出版社，2010：13.

❷　比如，主动认错、自愿受罚等。在违纪处理办法中常记录为：主动承认错误及时改正的，揭发他人或提供学校尚不清楚的线索或证据，主动退回赃物、赃款等。

(三) 加强中小学的普法教育

虽然法律在保障人的基本权利和社会公共利益方面具有很高的效率，但是其并不能总是在中小学惩戒的治理中发挥作用。在人们不知道"法为何物"的场合，法律是难以实现其性价比的。同时，学校中存在大量性质轻微的侵权行为，以至于达不到司法介入的最低门槛，从而使法律工具运用的成本极高。比如说，学生间相互辱骂、侮辱人格，乃至人身伤害相当轻微的打架斗殴，报警无疑是"小题大做"。中小学学生是未成年人，需要通过学习才能习得法治社会中人际交往的基本规范。这涵盖了各种违法犯罪或违规违纪的行为认知、校内惩戒的运作机制及其后果等内容。中小学惩戒首先是教学生认识社会规范的教育活动，校内惩戒重在模仿司法活动，引导学生形成法治意识，理解并自觉维护正当权益。

1. 加强普法教育，锻炼法治思维

法律所确认的权利、义务是基础性的，有国家强制力作后盾保障实现。在如何看待法律的性质方面，存在法治与法制之分。法治是指"rule of law"，即建立在民众同意基础上的规则之治。它与"法制"的区别在于：法制是指"rule by law"，法律是统治者为控制社会而制定的，民众处于被动消极的服从地位。换言之，法治是一种自觉的自我执行的规则之治；法制是一种外在的强迫服从的规则之治。法治与法制之所以会有矛盾，是因为法制中掺杂了过多统治者的"私货"——专制性惩戒过分挤压了基础性惩戒的生存空间；基础性惩戒的对象是侵害人之生存所必需的利益，专制性惩戒对象则是非理性地选择或排斥利益分配办法，但在实际上有多种可供选择的利益分配方案❶。简单地讲，法治思维是指"办事依法、遇事找法、解决问题用法、化解矛盾靠法的思维习惯"❷。"只有学习法律知识，掌握基本法理原则，增强法律意识，树立法治理念，才能形成法治思维。"❸ 在中小学阶段，我们首先要做的就是普及基础性惩戒的基本知识；然后是引导学生认识专制性惩戒的正当之处，助其学会甄别与宽容，逐渐具备自我立法的理性。

（1）普法教育对象要涵盖进入学校场域的所有人。法律的灵魂在"人"。作为在特定时空（通常为国家）里普遍适用的规范，学校场域中的所有人均

---

❶ 需要声明的是：不管是何种社会形态，只要存在集体意识与个人意识的分歧，为避免个人的冒险行为给他人、集体造成损害，专制性惩戒总是存在的。

❷❸ 李中元. 运用法治思维法治方式推进依法治国 [J]. 前进，2014（10）：16-18，34.

要服从法律。在校内，有教师、学生、社工、后勤人员、学校领导；在校外，主要是家长。

（2）普法教育的内容要更具针对性。当前，中小学普法教育的内容主要是教育法规，有的还普及公务员法之类的法规，内容多而杂。普法教育的内容应该从三方面着手：一是人人都需要学习基本法中关于人身、财产的一般性规定，比如，刑法、民法、治安管理处罚法、校园人身伤害事故处理办法等；二是根据中小学的特点，重点普及未成年人保护法、预防未成年人犯罪法、义务教育法等法律法规；三是要普及校规。不管是学生及其家长还是教师，人人都要了解校规的内容、修正程序。

（3）创新校内普法教育方式。当前中小学的普法教育主要是通过黑板报、手抄报、宣传板、法规读本等形式。这些形式不属于考核学校办学水平的硬性指标，很难融入师生生活，成为浮于表面、无法深入的形式化活动。创新校内普法教育方式主要从两方面着手：一是在学校制度生活中渗透法治。学校的重大制度，比如，学校章程、师生的校内申诉办法、学生违纪处理办法等，一定要从文本走向实践。要以解决问题的立场去看待这些制度运作中出现的问题。现实的困难在于很多校领导不愿放权，不会控权，依赖管理经验、业务水准、个人魅力等非法律因素管理学校。因此，一方面学校可以聘请法律顾问，由法律顾问来解决一些办学过程中出现的专业问题；另一方面校领导要加强学习，掌握基本的法律知识。二是建设模拟法庭，模块化开发法治教育。模拟法庭是法制文化的集中体现。学校可以围绕模拟法庭开发校本的法制课程，特别是案例课程。学生之间、师生之间的矛盾冲突亦可借助模拟法庭设计的"两造对抗"模式，让师生在这种非正式的辩论中领会法规、校规背后的价值蕴涵。

（4）升学考试引入普法教育内容。现代国家治理依赖法治，法律已经深入社会生活的每一个角落。成为知法、懂法、守法的公民是每一位社会成员的义务。中小学阶段，尤其是义务教育，必须完成普法教育的任务。其普及程度应当达到基本满足公民的日常生活需要。德国科隆的一位女孩在微博中坦言："我快18岁了，对税法、房租和保险都一无所知，但是却可以用四种语言分析一首诗。"❶ 这条微博背后是对教育脱离生活的控诉，是学校教育正遭遇合法性危机的表现。这实际上是学校教育系统在知识的筛选与供给方面

❶　郑承军. 工业 4.0 时代来了，素质教育还在"吹拉弹唱"？[DB/OL]. 2015-01-06［2015-03-12］. http://news.xinhuanet.com/politics/2015-01/26/c_127420332.htm.

出现了方向性偏差。政府大力推进法治国家建设，学校教育必须对此作出回应。什么知识最有用？肯定是解决生存问题的知识。类似于语言学科，法律也是现代社会生活必不可少的工具。"法盲"意味着缺少必要的生活常识。在我国当下的教育生态中，将法制教育内容纳入升学考试，无疑会极大促进法制教育在未成年人中的普及。如果能将其作为独立的学科纳入升学考试，那么学校必将成为法治社会的动力源泉之一。

2. 加强沟通对话，促进自我管理

即使没有法律，学校、班级依赖自我管理建立起来的规则体系仍然有可能流畅运转。这种自我管理在法律缺位或法律无法施展时起到控制人们言行的作用。其中的奥妙在于自治规则为全校师生提供了行为期待，让人与人之间相互信任，从而建立起相对稳定的信用体系。

问题的关键是，学校、班级的自治规则是如何建立起来，又是如何发挥作用的呢？

（1）自治规则扎根班级的社群性质

所谓社群，是指彼此结成合作关系的一群人，他们通过行动——其特征源自于共同的往昔、利益或者认识——来传递信号，表明自己所属的类型。❶首先，班级生活将成为中小学学生人生经历的重要组成部分。班级是学生在学校招生过程中经报到注册后结成的一种强制性的社会组织。班级组织对于学生而言，常常被认为是"随机"分配的结果，而且不得不在这样的班级中待上一年半载，或者长达三年以上❷。中小学学生要在这样的班级中度过在校期间的绝大部分时间，其人际关系的范围主要集中在班级内部的同学间、师生间。在班级存续期间，班级生活的点点滴滴将成为每位学生的班级记忆。其次，全体班级成员享有诸多共同利益。除了国家已经明确的各种教育目标之外，学生个人也会在班级生活中实现各种利益。比如，认真学习，以优异的学业成绩进入下一个学段的学习；结交朋友，在班级生活中分享成长的喜怒哀乐；相互帮助，共同处理日常生活中出现的各种问题；分享观念，形成大致相同的价值偏好……班级生活成为一种公共生活，时空稳定，人际交往强度大、密度高。最后，班级成为影响学生个体发展的重要力量。在长期的

---

❶ [美]埃里克·A. 波斯纳. 法律与社会规范 [M]. 沈明，译. 北京：中国政法大学出版社，2004：321.

❷ 频繁转学不仅会给家长带来高额的转学费用，而且会干扰学生在班级中养成的学习节奏，对学业发展产生不利影响。按照我国中小学当前的"六三三"学制，班级的存续时间通常为三年及以上。

班级内部互动中，每个人都形成了言行的惯例，通过标志化将自己属于哪一类的人标识出来。人们在持续不断的交往中，形成"自治规则"。

（2）合作化解交往难题，共同开展自我管理

班级是每位学生生活于其中的社群，是典型的熟人社会。前文已经分析过，法律适用于生产要素自由流动的陌生人社会，自治规范适用于生产要素流动能力十分有限的熟人社会。经济学家利用博弈论从效率的角度阐释了其中的秘密：人们之间的博弈规则是关键。在陌生人社会，个人之间的人际交往只能依赖第三方——国家——信用作保障，私人之间缺乏有效的制约手段来遏制不合作行为。在这种情况下，人与人之间的博弈处于囚徒困境，只能依靠第三方来提供更为充分的信息来降低或修复个人理性决断时信息不全可能造成的风险。但是在熟人社会中，若社群规模足够小，小到人与人之间必须依靠反复且高密度的"重复博弈"❶才能减少交往成本，才能提升合作对生产生活秩序的效用时，自治规范也就自然而然地产生了。所谓重复博弈，是指在交往过程中，人们彼此了解对方的过往表现，能够有足够的信息来判断对方是否值得信任（若值得信任，就采取合作策略；若不值得信任，就不与之合作）；同时，交往各方确信在可预期的未来仍会有再次交往的可能与必要，能够以可能的不合作行为来报复上一回合的背叛者。班级成员为了赢得其他成员的信任，必须兑现自己的承诺，积极回应他人提出的正当要求。否则，破坏信任的人会受到班级其他成员的排挤之苦。因此，班级成员会不断评估得失，并根据评估结果调整自己的行为，使自己收益最大化。

第一，合作必须建立在一定的目标之上。没有目标，合作无从谈起。班级目标的确立有两种形式：一是沟通协商，基于共识达成共同目标；二是权威赋予，基于权力强制确立目标。对于前者而言，多达数十人的班级规模为观念的多元化提供了丰富的文化资源，使沟通、协商成为必要和可能。德马赫研究群体生活时曾提出"纯粹友谊"和"微文化"的概念。❷"纯粹友谊"是指在对彼此的个人历史并无充分了解的情况下，群体成员之间所诞生出的真正的信任和坦诚。"微文化"是指由20人以上组成的群体可以成为整个文

---

❶　我们假定每个人都是理性的，并且只会考虑眼前利益。在现实社会中，人与人之间既有一次性的短期博弈，也有多次性重复的长期博弈，人类也有将一次性博弈转化为长期博弈的天性和智慧。博弈论证明，在重复博弈的情况下，合作是对每个理性人来说可能是最好的选择。张维迎. 博弈与社会［M］. 北京：北京大学出版社，2013：127-154.

❷　［英］戴维·伯姆. 论对话［M］. 李·尼科，编. 王松涛，译. 北京：教育科学出版社，2004：序11.

化系统的一个小型样本，这个样本代表着各种各样的文化观念和价值体系。对于后者而言，只能由校方通过各种方式将其转化为班级"共识"。因为班级是国家教育制度的基本单位，由政府确立的各种教育目标又是建立在公共权力之上的，所以是需要班级成员服从的。但是，外部的教育目标必须转换为班级成员的"共识"才可能转化成班级成员的外显行为。因此，在中小学阶段，校方要尽可能地动员各种教育力量，特别是来自家庭的支持。

第二，多方对话主要是指要建立决策过程多方参与的机制。在"共识"难以达成，甚至有冲突时，我们就需要寻找化解矛盾的方法。以往"校方独白+决策黑箱"式的处理模式需要转变为"多方对话+正当程序"的处理模式。

以禁止体罚与变相体罚为例。为了突破中小学惩戒边界模糊的困境，我们曾尝试与学生的家长签订家校惩戒协议，并为此做了预调研。我们向一所九年一贯制学校一至八年级的学生家长发放了 562 份协议性质的调查问卷，力图了解家长们对学校在管理学生时能否采用某些惩戒形式的基本态度。在剔除无效问卷之后，剩有效问卷 553 份。对半法测出的信度值为 0.711，见表 5-1，基本达到了量化分析的要求。经调查发现，问卷中列举了 13 种惩戒方式，平均每位家长都能够接受 6 种惩戒，有 50% 的家长能够接受的惩戒形式在 4~8 种，见表 5-2。其中，有 22 位家长不同意使用 13 种惩戒方式的任何一种，建议以"问清缘由+批评教育"的惩戒方式处理。

表 5-1　对半信度分析

克朗巴哈 α 系数	奇数项	值	0.656
		项目数量	7[a]
	偶数项	值	0.634
		项目数量	6[b]
	项目总数	13	
相关系数			0.563
斯皮尔曼-布朗分半信度系数	等组	0.721	
	不等组	0.722	
格特曼分半信度系数			0.711

a. 项目名称：锻炼跑步，罚站，抄写，保洁，留学，补写，返校。

b. 项目名称：没收，停课，停止活动，罚款，写情况说明书，通知家长。

表 5-2　惩戒形式接受广度

频数	有效值	553
	缺失值	0
平均数		6.0289
中数		6.0000
标准差		3.30062
极小值		0.00
极大值		13.00
四分位	25	4.0000
	50	6.0000
	75	8.0000

在家长对各种惩戒方式的认可程度中，罚跑步的可接受程度最高，占到 71.2%；其他惩戒形式，包括罚站（56.5%）、罚抄（60.6%）、罚做卫生（60.8%）、留学（53.5%）、补写作业（55%）、没收（60%）共 6 个项目的认可程度均超过了一半，见表 5-3。同时，即使是罚款❶，也有约 1/3 的家长表示愿意接受。可见，是否违法或者侵权并没有成为大多数家长考虑的主要因素，而是其他因素。

表 5-3　频数分析

		响应数		占有效抽样样本百分比
		频数	百分比	
选择的惩戒形式ª	锻炼跑步	378	11.40%	71.20%
	罚站	300	9.00%	56.50%
	抄写	322	9.70%	60.60%
	保洁	323	9.70%	60.80%
	留学	284	8.50%	53.50%
	补写	292	8.80%	55.00%
	返校	215	6.50%	40.50%
	没收	320	9.60%	60.30%
	停课	112	3.40%	21.10%

---

❶　主要是在学生损害了校方或他人财物的情况下，除了以"恢复原状"为标准的赔偿之外再交等额的保证金。学年度考察合格再退还给家长。

续表

	响应数		占有效抽样
	频数	百分比	样本百分比
停止活动	168	5.10%	31.60%
罚款	201	6.00%	37.90%
写情况说明书	219	6.60%	41.20%
通知家长	190	5.70%	35.80%
总计	3324	100.00%	626.00%

a. 根据两分法，取值为 1 处制表。

这些因素是什么呢？惩戒方式是否被认可，与家长对子女教育观念和现实利益需要都有着密切联系。在访谈中，有学生家长对停课、停止活动的抵制态度较为鲜明，因为子女即使犯错了也不能"耽误学习"。很多初中家长非常支持校方对违纪学生采取"罚跑步"的惩戒。经单因素检验，初中生家长与小学生家长对罚跑步这种惩戒形式存在显著的态度差异，见表5-4、表5-5。通过访谈发现，中考有体育考试是其根本原因，而锻炼身体、增进健康是考试之外才考虑的。

表5-4　罚跑步的单因素分析

	平方和	df	均方	F	显著性
跑步锻炼	3.418	3	1.139	5.383	.001
	116.202	549	.212		
	119.620	552			

表5-5　多重比较

跑步锻炼
LSD

(I) 年级分段 (J) 年级分段		均值差 (I-J)	标准误	显著性	95% 置信区间	
					下限	上限
1.00	2.00	.066	.067	.326	-.07	.20
	3.00	-.020	.060	.738	-.14	.10
	4.00	-.141*	.056	.012	-.25	-.03

(I) 年级分段	(J) 年级分段	均值差 (I-J)	标准误	显著性	95% 置信区间	
					下限	上限
2.00	1.00	-.066	.067	.326	-.20	.07
	3.00	-.086	.062	.164	-.21	.04
	4.00	-.207*	.058	.000	-.32	-.09
3.00	1.00	.020	.060	.738	-.10	.14
	2.00	.086	.062	.164	-.04	.21
	4.00	-.121*	.049	.014	-.22	-.02
4.00	1.00	.141*	.056	.012	.03	.25
	2.00	.207*	.058	.000	.09	.32
	3.00	.121*	.049	.014	.02	.22

*. 均值差的显著性水平为 0.05。

年级分段说明：1—小学 1、2 年级；2—小学 3、4 年级；3—小学 5、6 年级；4—初中 7、8 年级。

由以上分析，对于校方应该如何惩戒违纪学生，是可以通过家校间惩戒协议达成"共识"的。家校协议的本质应当视为一种"知情同意"的法律行为。这种"知情同意"甚至可以允许"轻微侵权行为"的发生。在许多国家，警察权力中就有公民"知情同意"的前提下，开展一些有瑕疵的行政活动或司法活动的规定。在警察、司法置之不理的"法律荒地"，校方应当享有类似于警察权力的权力。因为家长是未成年人的监护人，所以有权利知晓学校对其子女的管教情况。学校通过事先向家长公布校规的具体内容，并与家长协商达成"一对一"的惩戒协议，是对如何管教违纪学生的一种"事前约定"。既有利于保障未成年学生的正当权益，也有利于提高学校处理学生违纪行为的效率。司法应当在确保其合法性的前提下，对这种基于"合意"所达成协议的法律效力予以保障。

在学生在校期间的行为规则确立方面，校规的制定主体可以多元化。校方可以在订立校规时就保持适度的开放状态。校方要以理服人，利用国家法律、政策来说服家长，赢得未成年人教育的最重要盟友——家长的支持。同时，学校及教育行政管理部门要积极要求社区、法院、检察院、公安部门、民政部门等对未成年人健康成长具有"义务"的主体履行职责，寻求"教育共同体"内部的合作与对话。我们必须从系统的角度反思学校的办学导向，从教育体系外部观察教育系统中的学校、教师、家长等一线人员的作为。因为作为理性人，趋利避害是人之常情——存在即合理——所以我们应当从学生的就业前景、家庭背景、社会地位等方面综合考虑，而非把学校为提高办学效率的实际做法作为批判对象。❶

同时，中小学要开发与美国中小学正在践行的"干预措施"类似的补救性教育措施。对违纪学生的惩戒活动要细化分工。落实与惩戒配套的干预措施来化解惩戒所带来的矛盾，与其他教育主体沟通并开发矫正计划是干预措施的目的所在。学生的生活应当是开放的，不能局限在升学考试的"考试内容"之内，要从学会做人、做事开始，将生活中的点点滴滴都开发利用起来。比如，从事社区服务、校园卫生工作、图书整理工作等，人际圈子的扩大和直接生活经验的增加将为学生理解校内惩戒规定提供新的视角。这必须成为教育的一部分。现在有很多学校给学生安排的校园卫生任务被极少数人认为偏离了学校办学的本职工作，被指责为对升学无益的负担。有的家长还振振有词："考得上大学的人，难道学不会洗衣做饭、扫地擦屋吗？等考上大学之后再来学也不迟。"要什么样的警钟才能唤醒人们对生活、对教育的重新认识呢？与惩戒配套的干预措施可以由学校与其他教育主体，特别是要与家长协商解决，学校要给家长提供指导。

除校规之外，还有班级日常运转的规则问题。法规、政策、校规通常都是由成人制定的，不一定被未成年人所理解。班级是学生在校时最主要的生活空间，班级活动是未成年学生亲自参与其中且不断赋予其意义的生活事件。班级成为未成年人话语体系、意识形态建立的主要场所。不仅成人拟定的规则要被未成年人理解，而且未成年人彼此之间的交往也要能够相互理解。我们要将未成年学生培养成为具有主体意识的人，就必须锻炼其自主自为的能力。在允许的范围内，班级活动的目标、秩序都可以成为学生自我管理的对象。班主任要积极开展合法性审查，做学生自我管理的监管者与参谋者。在不影响学校常规工作或者影响较小的情况下，班主任应允许学生开展各种"实验"，比如，讨论惩戒的理由、形式、程序、监督方式，等等。班主任在

---

❶ 以分快慢班、重点校与非重点校为例。因材施教要求不同发展水平的学生接受与之相适应的教育，就是应该对受教育者作出区分，可是为什么要"一锅煮"呢？因为人们不去调整分配领域中工人、农民与私企老板、公务员之间的待遇差别，而是调整生产领域中学校教育的产出效率，实则舍本逐末。再如高考，只要有考试就有应试教育，分省命题、调整考试科目的数量、分值均不会对升学竞争本身产生实质性的影响，应该调整是学位分配规则，使之朝向公平、公正、公开的方向发展，使竞争学位的过程透明化。

提出建议时，必须有理有据，不能轻易动用学校内部管理赋予的行政权威。

学生的规则意识应当从小学进校就开始培养。学会与人相处则应当从未成年人进入公共生活场所开始。因为相对于人调整生产关系的能力，人类的生产力已经很强大。在中小学阶段就教育学生"学会做人"是积极防范未成年人破坏社会的有力措施。换句话说，义务教育阶段，特别是小学中低年级应将主要教育目标聚焦于社会交往，知识教学仅是达成人际交往的手段。我们应时刻警醒：人本身才是目的！在10周岁以前，班级生活规则的立、改、废等活动应当成为训练学生养成规则意识、责任意识的载体；在10周岁以后，可以由学生自主达成一些力所能及的惩戒模式，用来追究破坏集体信任的个人责任。

二、中小学惩戒的形式合法化

形式合法化是将"实质的法"转化为"形式的法"以及对"形式的法"中逻辑不通、衔接不畅的地方进行修补的过程。中小学惩戒的实质之法要通过惩戒制度的建设来转化为形式之法。同时，现有的中小学惩戒制度要从立法、执法和纠纷化解等环节继续改造或完善，在形式上建立起完备、规范、细致的惩戒规则体系，使学校教育能够更加高效地实现"教书育人"的职能。

(一) 理顺中小学惩戒规则的制定秩序

在教育实践中，中小学惩戒规则的制定秩序较为混乱。所谓制定秩序，主要是指"立法"秩序。[1] 前文形式合法性部分已经分析过制定秩序混乱的表现，主要有：学校无立法权却制定限制基本权利的惩戒规则；学籍管理规定设定了惩戒形式；学校把惩戒规则分散在诸多校规中，校内违纪处理办法的诸多条款违背法律优先原则、法律保留原则，等等。理顺制定秩序是治理中小学惩戒规则体系本身的现实需要。

1. 关涉基本权利的惩戒规则由有立法权的立法机构制定

基本权利是指由宪法明确规定的公民权利。"基本权利是设立主观权利、客观法律规范和一般解释原则的基础，对一切国家权力和国家机关具有直接的约束力，只有根据法律或者通过法律才能限制基本权利。"[2] 基本权利具有

---

[1] 只因规则的范围超出了"法"的范畴，所以采用制定秩序的说法。

[2] [德] 毛雷尔. 行政法学总论 [M]. 高家伟，译. 北京：法律出版社，2000：107.

四大功能：一是防御国家的侵害；二是公民受到第三人侵害时，国家应当提供必要的保护；三是通过组织和程序实现对基本权利的保护；四是可以由公民向国家提出给付请求的主张。❶ 若要实现上述四个功能，司法诉讼是必备渠道。除司法渠道之外，行政申诉和行政复议也是可行的。但行政渠道不能作为唯一渠道和最终渠道。中小学在校学生不仅享有宪法规定的受教育权，而且享有作为公民应当享有的各项基本权利。按照法理，对公民基本权利的限制应当由"法律"这一层级的规范性文件来做出专门规定。

（1）将解除教育法律关系为惩戒规则的设定权安排在规章及以上层级的规范性文件中

根据《立法法》第 73 条第 1 款的规定，我国教育系统内可以制定"规章"的最低层级政府是教育部和较大的市级人民政府。规章承担的任务是执行法律或者国务院的行政法规、决定、命令的事项。❷ 根据《行政诉讼法》第 53 条规定，人民法院在审理案件时可以"参照规章"。❸ 即是说，在确保形式合法性的前提下，"规章"是可以由法院自主决定是否作为裁判依据。人民法院具有是否选择适用规章的自由裁量权。最高人民法院在 2004 年《关于审理行政案件适用法律规范问题的座谈会纪要》中曾明确答复：规章对人民法院不具有绝对的拘束力；但经认定合法的，法院在审理案件时应当使用。❹ 这意味着解除教育法律关系的惩戒形式及适用规则必须由"规章"及以上的规范性文件来限定。

所谓教育法律关系，是指学生在校学习期间和学校之间形成的"在学关系"。当前，解除教育法律关系的惩戒形式有强制转学、开除学籍、勒令退学、不颁发毕业证、不颁发结业证、撤销学历证书等。随着实践的发展，解除教育法律关系的形式可能会有所变更，比如，保留学籍的开除（美国通常

---

❶ [德] 毛雷尔. 行政法学总论 [M]. 高家伟，译. 北京：法律出版社，2000：108.

❷ 《立法法》第 71 条。

❸ 《立法法》第 73 条 省、自治区、直辖市和较大的市级人民政府，可以根据法律、行政法规和本省、自治区、直辖市的地方性法规，制定规章。地方政府规章可以就下列事项作出规定：（一）为执行法律、行政法规、地方性法规的规定需要制定规章的事项；（二）属于本行政区域的具体行政管理事项。《行政诉讼法》第 53 条 人民法院审理行政案件，参照国务院部、委根据法律和国务院的行政法规、决定、命令制定、发布的规章以及省、自治区、直辖市和省、自治区的人民政府所在地的市和经国务院批准的较大的市的人民政府根据法律和国务院的行政法规制定、发布的规章。人民法院认为地方人民政府制定、发布的规章与国务院部、委制定、发布的规章不一致的，以及国务院部、委制定、发布的规章之间不一致的，由最高人民法院送请国务院作出解释或者裁决。

❹ 姜明安. 行政法与行政诉讼法 [M]. 北京：北京大学出版社、高等教育出版社，2011：509.

为 10 个教学日以上)、长期停学（美国通常为 10 个教学日以上)、短期停学
(美国通常为 10 个教学日以内) 等❶，但实质不会改变：受到解除教育法律关
系的惩戒意味着学生在某个群体中被彻底驱逐，暂时或永久丧失先前在某校
获得的就读资格。如果受到此类惩戒，那么受教育权无疑是受到了极大的限
制或剥夺，对中小学学生的学业发展产生具体且实质性的不利影响。❷

　　因此，我们应当将设置解除教育法律关系惩戒规则的权限从无立法权的
组织机构收回。首当其冲的是中小学阶段的学校和区县一级的教育行政部门。
受教育权所承载的利益关涉到每位学生在未来的生存与发展，将解除教育法
律关系惩戒权的立法权赋予学校和县级教育行政部门，这一行为过于轻率。
其他的组织机构还包括区县人民政府、地级市中非较大的市的人民政府及其
教育行政部门、省级教育行政部门。即是说，颁行的规范性文件的法律效力
达不到"规章"层级的，对应的行政机关或权力机关均不具有制定解除教育
法律关系惩戒规则的主体资格。

　　(2) 涉及限制或剥夺学生其他基本权利的惩戒也应安排在规章及以上层
级的规范性文件中

　　除受教育权外，在校中小学生还享有诸多公民基本权利，比如，财产权、
人身权等。自由止于权利。学生在主张这些基本权利时，如果已经损害到公
共利益或者个人的基本权利（包括主张者自己），或者有即刻的危险，那么对
这些基本权利做出限制或剥夺就有利于防止损失的发生或进一步扩大，是具
有正当性的。同受教育权一样，对公民其他基本权利的限制或剥夺也应由规
章及以上层级的规范性文件作出规定。

　　在我国既有的法律体系中，达到了违法犯罪程度的侵权行为由《刑法》
《行政处罚法》《民法》《侵权责任法》等法律进行规制。它们对扰乱公共秩
序、侵害公民人身权、财产权、妨碍社会管理、破坏公共安全的内容作出规
定，在犯罪与违法之间作出了界定，只是处罚形式分属刑事处罚、行政处罚、
民事处罚。其中，绝大多数行政处罚的权利属于警察权力，比如，警察享有
的强制性权力有强行带离现场、依法拘留、盘问、检查、搜查、逮捕、交通
管制、强行驱散、警告、罚款等。❸《刑法》中类似的规定则安排了更多的规
制主体，比如，检察院、法院；不过具体执行仍是由警察实现。二者的区别

---

❶ 我国不一定要照搬，即使借鉴也要考虑具体时间长度的安排。惩戒形式还可以有其他种类。

❷ 比如，到新环境学习适应情况不佳，失去原就读学校的友谊，丧失自信心、自尊心等。

❸ 根据《警察法》整理得出。

在于：行政处罚中警察具有行政执法权，可以自主决定，享有相当的自主裁量权；刑事处罚中，警察只是具体的执行者，没有自主制裁的权力。

但不管怎么分，警察权力共同的指向均为公共秩序、公共安全、社会管理、公民人身财产安全。学校不仅是公共场所，而且因为保护未成年人的需要，在校园环境的有效治理方面提出了更高的要求；但在警力有限的情况下，只能依靠自我救济作为替代方案。这意味着校方需要被赋予某些警察权力。在美国，校方拥有相当广泛的警察权力，比如，盘问、搜查、扣押、驱逐出校园等，牵涉学生的人身自由权、财产权、隐私权等诸多重要的基本权利。我国中小学校方一直在事实上行使着这些权力，但并无法律上的"名分"。尽管《教育法》有"拒绝任何组织和个人对教育教学活动的非法干涉"的规定，《教师法》有"制止有害于学生的行为或者其他侵犯学生合法权益的行为"的规定，但因缺少法律授权的缘故使校方、教师在履职过程中无法落实上述职权。

中小学惩戒活动中也有一些惩戒决定必须用到强制力的惩戒手段，用来排除校方、教师个人在履职时遇到的妨碍，比如，搜查或扣押、将拒绝服从教师指令的学生逐出教室、制止正在打架的学生等。它们是维护学校公共利益和个人基本权利的必要手段，但却是实实在在侵犯基本权利的行为，且处于"无法可依"的状态。显然，要改变合理不合法的状态，就有必要在立法层面增加相应的中小学惩戒规则。

（3）在立法策略上可以采取先规章后法律的形式

所有涉及学生在校期间基本权利限制的情形都应由法律规定。在对社会规范的执行方面，学校惩戒规则的强制力最弱，离自觉的道德约束最近。其实，现行的中小学校内惩戒规定类似于《刑法》《行政处罚法》，可称为"小小刑法"。为解燃眉之急，教育部可以参照《普通高等学校学生管理规定》制定适用于中小学阶段的部门规章；待条件更为成熟之后再出台《学生法》，将惩戒规范作为构成性要素纳入其中。

当然，应急之策也可以是全国人大及其常委的法律解释，或者由其他适格主体颁布地方法规、规章。根据"谁制定谁解释"的原则，由立法机关来对解除教育法律关系的惩戒作出法律解释。全国人大及其常务委员会对其进行解释之后，各级人民政府及其教育行政部门可以依照法律解释制定配套的行政规范性文件及相应的具体操作规则来细化落实法律解释的要求。同时，省级人大及其常委可以颁行地方法规；省级和较大的市的人民政府可以颁行地方性规章。

因为当前我国的立法权呈分散化的分配结构，而这种结构是应对改革开放所带来的社会剧变之现实需要的产物；所以应当允许行政部门先行先试，待规章成熟之后升格为法规，再升格为法律。为了应对类似高等教育阶段学生不服学校惩戒而状告学校的情况，规范性文件的级别应当至少定位于规章一级。由该级及以上层级的规范性文件来规定关于解除教育法律关系及侵犯到受惩戒者基本权利的惩戒内容，可以有效应对司法审查。

（4）在设计关涉基本权利的惩戒规则时，立法者应当对地方教育行政部门、校方、教师在执行上享有的权威作出明确规定

以规章及以上层级法律形式存在的惩戒规则所具有权威性，相关利益主体必须服从，没有讨价还价的余地。如果要改变规则，应从行政申诉、行政复议和司法诉讼的渠道寻求权利救济，从立法的渠道寻求惩戒规则的重塑或修正，而不能以校闹等形式对抗。否则，校方可以利用学校的安保力量对其进行控制、驱逐，或者以扰乱治安或公共场所秩序的名义报警，由警察来处理。

关于基本权利的具体立法内容，可以参照本书第四章美国中小学惩戒规则内容和第三章中小学惩戒形式合法性中相关法规的内容。在此不再赘述。

2. 关涉非基本权利的惩戒规则由法律授权相关主体自主制定

所谓非基本权利的惩戒规则，其实并不是惩戒规则真的就无关基本权利，而是指侵权的危害程度没有达到"违法"门槛的惩戒规则。事实上，中小学惩戒活动中存在海量的危害性质达不到违法的"侵权事件"。以"禁止体罚与变相体罚"为例。这一法律规定已令校方、教师动辄得咎，特别是"变相体罚"，几乎将涉及强制力的惩戒形式从中小学教育中驱逐干净了。除了体罚造成的人身伤害的违法情形外，常见的"变相体罚"形式主要有罚站、罚跑步、罚抄、罚写检讨书、罚背诵、调换座位等。这些做法虽有违法的嫌疑，但却是中小学惩戒独具特色的形式，也比较符合未成年人身心发展的特点和对其保护的要求。问题的关键是教师惩戒之理由是否正当，惩戒的严厉程度是否"适度"❶。这是见仁见智的问题，既为地方教育行政部门和学校获得"自由裁量权"的运用空间创造了条件，也为其他利益主体（比如，学生、家

---

❶ 人身损害的评估标准可参照司法部颁布的《身体损伤程度鉴定标准》，未达到"轻微伤二级"及以上程度的伤害建议协商解决。

长）参与校内自主设定惩戒规则（后文简称校内惩戒规定）的活动提供了契机。

在"自主制定"的主体、形式和内容上，相关主体（主要是基层教育行政部门和学校，后文简称校方❶）可以开展大量有益的实践。

（1）校方惩戒规定的制定主体可以多元化

根据正当程序原则的要求，相关利益者的平等参与是确保规则得以遵守的重要保障之一。校方在出台校方惩戒规定的时候，应当避免出现实践中存在的"闭门造车"的情况。有的学校制定校内惩戒规定时，将任务分派给个别教师。该教师要么参照"兄弟学校"的惩戒办法，自己在办公室里整理一个；要么找几个班委商量一下，就制定出一个。这种做法虽省时省力，但没有给其他利益相关主体提供表达自身意愿的机会。现在，信息技术的发展为多方参与提供了更加便捷高效的平台，为"协商民主"的程序建设提供了便利的条件；家长、学生、教师法治意识和文化素质的提高也为参与校方惩戒规定的制定提供了"质量保障"。因此，校方惩戒规定的制定主体可以拓展到学生、家长、教师。

（2）校方惩戒规定的制定形式可以多样化

严格来讲，校方惩戒规定可以分为校规和班规两类层面。群体越大，群体性的直接交往越困难，这在前文已有所论述。因此，我们也要探索针对学校整体和具体班级而言效率较高的"协商方式"。

在校规层面，一些中小学自主创新的制定形式值得进一步探索。比如说，"家校协议"。湖北省武汉市积玉桥学校（九年一贯制）曾尝试过这种做法。简单来讲，该校主要是在操作时分了三步走：第一步，以教师为调查对象对学生在校内存在哪些不良行为习惯做初步调研；第二步，整理调研结果，并以问卷形式向家长发放，要求家长回答愿意如何惩戒这些不良行为（要求家长签字、写明子女的姓名、班级）；第三步，根据家长问卷反馈的结果，整理出《学生违纪处分条例》，由试点班级的家长与学校共同签订《惩戒协议》。其中，家长有对采取何种惩戒方式的选择权。当然，这种做法并不完善，甚至还有潜在的"弊端"❷，但这一做法值得肯定。除此之外，学校可以借助

---

❶　因为义务教育阶段公立中小学的民事法人地位面临在事实上缺少"自主权"的制度困境，所以在此将学校和基层教育行政部门统称为"校方"。

❷　比如说，《惩戒协议》有重复签署之嫌，协议对家长撕毁协议情况缺少制约性条款，等等。

"开门立法"构建更多相关利益者的参与机制，包括公开征求惩戒规则的制定建议、公开评议、共同商定惩戒规则的修正办法等。

在班规层面，中小学可以对学生进行有针对性的自主管理训练。教师可以引导学生自主管理班级，以"关系契约"的形式提高未成年学生规则意识、参与意识及其相应的能力。❶

（3）校方可以在授权或委托范围内探索更多惩戒方式

校方必须在授权或委托范围内制定符合校情需要的惩戒方式。校方要根据在校学生失范行为的社会危害程度及其法律年龄建设不同的处理模式。对于达到违法犯罪标准且需承担法律责任的，校方必须在知情的第一时间向公安系统报案，通知并要求当事学生的监护人到场，并根据民警要求配合处理；受到人身伤害的，先行送医接受治疗。对于未达到违法犯罪标准或无须承担法律责任的，学校可以根据实际情况因地制宜地采取惩戒措施。一些地方政府在《学籍管理办法》这种性质的文件中以列举的方式规定了学校的处分形式，比如，警告、严重警告、记过、记大过等❷。其实，在校内惩戒方面，学校应该享有自由裁量权，遵照法律优先的原则摸索符合本校实际的惩戒模式，在形式、内容方面有所突破。根据法律优先原则，只要不违法就可以，其操作空间比法律保留原则要大得多。当法律缺位时，校方可以制定一些替代性的惩戒规定；有法律授权或委托时，校方可以自行决定或者选择一些裁量性的惩戒规定。

（4）校纪班规要定期修正，及时适应新情况

其期限可以以学年为基本时间单位。校方可以建立常态化的校方惩戒规定的修改制度。实践中，有中小学在一个学年里专门设计了常态化的"学校发展意见月"，鼓励全校教师、学生及其家长为学校发展找问题、提建议，起到集思广益进而提升合法性的效果。

3. 中小学惩戒规则制定的一些技术性问题

根据实践经验，中小学惩戒规则制定时应当注意的技术性问题有：

（1）中小学惩戒规则中"自愿承担损害"的运用

自愿承担损害是指受害人明知他人会对其人身、财产或其他合法权益施

---

❶　相关内容可参见：黄道主，刘长海. 论作为关系契约的班级公约及其实现［J］. 中国教育学刊，2015（1）：30-34. 在此不再赘述。

❷　上海市普通高中学生学籍管理办法　沪教委基 2014［22］号。

加某种损害，但仍然明确表示同意实施加害行为的情形。同意加害的内容既不能违反法律规定和公序良俗，也不能超出受害者表示同意的范围和限度。在中小学惩戒规则的应用中，对于无民事行为能力人，校方可以同监护人协商；对于限制民事行为能力人，校方既可以同家长协商，也可以同学生本人协商，但行为要与学生的责任能力相适应，且要通知家长。通常，"自愿承担损害"在校方的搜查、扣押等惩戒活动中有运用。如果学生事后再以侵权为理由，要求追究校方责任，校方可以以此获得抗辩权。❶

（2）明确中小学惩戒规则的适用时空

对于中小学而言，权责一致是顺利履职的前提条件。学校责任的承担时空范围应当与学校惩戒规则的适用时空一致。其标准可参考《学生伤害事故处理办法》第2条"在学校实施的教育教学活动或学校组织的校外活动中以及在学校负有管理责任的校舍、场地、其他教育教学设施、生活设施内发生的"的规定。具体来说，时间必须是"在校时间"，地点必须是校方实施教育教学活动、学校组织的校外活动场所、学校负有管理责任的校舍、场地、其他教学设施、生活设施内。美国中小学惩戒规则的适用时空规定与上述范围基本相同，但更强调是校方及教师控制和指导下的时空。❷

（3）继续推动中小学惩戒规则的制定工作

2013年6月—2014年12月，我们共搜集到中小学《学生违纪处理办法》性质的校内惩戒规定文件41份。从校内惩戒规定颁行的时间来看，2000年以后才开始有正式文本出现，大规模建设则集中于2010年以后，见表5-6。其中，小学4份，初中6份，普通高中17份，职业高中3份，九年一贯制学校1份，完全中学8份，区县教育行政管理部门2份。不过，还有4所小学无此性质的管理制度文本，占到样本数的8.89%。在小学阶段，学生有10周岁以上的限制民事行为能力人，既应当有校内惩戒规定对其言行进行规范，也应当有参与校内惩戒规则制定的机会。故一方面要加快中小学惩戒制度的立法进度，摆脱法律适用困难的困境；另一方面要推动未制定校内惩戒规定的学校尽快制定相关制度文本。

---

❶ 在我国的法律中，《侵权责任法》第26条"被侵权人对损害的发生也有过错的，可以减轻侵权人的责任"和第27条"损害是因受害人故意造成的，行为人不承担责任"，是对自愿承担损害的运用。

❷ 本书第四章《美国中小学惩戒的法治经验》的"美国中小学惩戒的适用时空"：第122页。

表 5-6❶　校内惩戒规定颁行时间统计表

年份	数量	占比（%）
2003	0	0
2004	1	2.5
2005	1	2.5
2006	1	2.5
2007	1	2.5
2008	5	12.5
2009	3	7.5
2010	5	12.5
2011	7	17.5
2012	10	25
2013	6	15
2014	0	0
合计	40	100

（4）重新定位惩戒规则的制度目标

在 41 份校内惩戒规定中，有 37 份对制定目标作出了明确表述，4 份未作任何表述，所有关于制度目标的表述累计出现 81 次。校内惩戒规定本应着眼于"底线要求"，将目标定位于细化学校章程，维护教育教学秩序，防范学生在校期间受到侵权伤害。但是，由于部分目标表述过于宏大，以至于无法与具体内容有效结合，比如，有 40.54% 的学校将校内惩戒规定目标定位于落实党和国家的教育方针，见表 5-7。因此，惩戒规则在修订的时候应突出维护教育教学秩序和师生基本权益的定位。

---

❶　其中有 1 份没有制定或施行时间，故是 40 份。

表5-7　校内惩戒规定内容分析统计表

主要维度	频数及占比	具体表述（雷同的不重复）
确保教育教学活动有序开展	31；83.78%；38.27%	"维护学校正常的教育教学秩序、生活秩序，保障各项学校工作顺利进行""维护学校正常秩序，严肃学校纪律，创造良好的教育教学环境""严肃校纪，端正校风""治理学校环境，整顿学校秩序""预防和减少违纪行为""杜绝犯罪""清除顽劣"
促进学生身心健康发展	17；45.95%；20.99%	"加强思想品德教育，培养学生良好的文明习惯""增强法治观念""德育真正落到实处""培养学生良好的心理素质和道德品质""提高教育教学质量""惩前毖后，治病救人""培养学生自立、自育、自律能力""认识错误，警醒同学"
落实党和国家的教育方针	15；40.54%；18.52%	"贯彻党的教育方针""把学生培养成德智体全面发展的社会主义建设者和接班人""培养合格的中学生""培养有理想、有道德、有文化、有纪律的一代社会新人""培养合格的建设人才"
依法治校，完善惩戒制度	10；27.03%；12.35%	"加强学校规范化管理，强化依法治校意识""依法治校""自觉履行教育法律法规规定的义务，规范学生处分程序""力求有据可依、有违必究、有的放矢""学生管理工作制度化、规范化""健全学校学生管理工作"
维护师生人身安全	3；8.11%；3.70%	"维护公共安全""创建平安和谐校园""保障学生正当权益"
其他	1；2.70%；1.23%	"努力实现两个文明建设目标"
无	4；4.94%	

（5）惩戒规则的条文要进一步精细化

条文精细化是让行为期待更为明确、稳定的有效措施。惩戒规则的制定实践中已在积极借鉴和模仿法律制定时广泛采用的精细化策略，比如，等级制、累进制，但条文的陈述中仍然有大量模糊的语言需要改进。

所谓等级制，是指按照某种计量原则将处理对象细化分类建立层级体系的制度。等级制已在学校的惩戒规范中广泛存在。现在已经在校内惩戒规定中采用等级制的主要有惩戒形式、失范行为两类。以既有的惩戒形式为例。根据严厉程度，其可以分为警告、严重警告、记过、记大过、留校察看、劝其退学、开除学籍等。以某校就打架这一失范行为的等级划分为例，根据其危害程度可以分为俩人打架未造成后果的、俩人打架造成一定影响和后果的、团伙打架、携带或使用凶器，纠集外来人员或团伙打架造成严重后果的、构成刑事犯罪五级。❶ 不同的等级制之间可以结合运用，形成较为细致的有序对，让学生知晓失范行为的危害程度及其惩戒的严厉程度，见表5-8。

表5-8　学生违纪惩戒等级统计表

行为表现	惩戒等级
俩人打架未造成后果	严重警告
俩人打架造成一定影响和后果	记过
团伙打架、携带或使用凶器	留校察看
纠集外来人员或团伙打架造成严重后果	勒令退学或开除学籍
触犯刑律	移交公安机关

资料来源：《江西瑞金第二中学学生违纪处理规定》。

在惩戒规则中，累进制主要是指就某特定违纪行为反复出现的次数或违纪行为因违反纪律的多少受到的趋于严厉或减轻的惩戒措施。它也是计量违纪行为危害程度的表现。惩戒规范中，累进制较常见的运用情形有：屡次违纪、从重或加重处分的情形、减轻或从轻处分的情形、考察期再次违纪等，见表5-9、表5-10和表5-11。不同的违纪情形对应不同的处分等级，在违纪行为与违纪处分之间也会形成有序对，让学生知晓违纪所达到的严重程度和对应的惩戒方式。

表5-9　学生旷课时数及处分等级统计表

无故旷课时数	处分等级
1~10课时	批评教育
11~20课时	警告
21~30课时	记过
31~40课时	留校察看
41课时以上	勒令退学

❶　见《江西瑞金第二中学学生违纪处理规定》。

表 5-10　学生违纪处分及处分等级统计表

以前已受处分	从重处分情形	处分等级
三次警告处分	第四次违纪	勒令退学及以上处分
两次记过处分	第三次违纪	勒令退学及以上处分
留校察看以上处分	第二次违纪	勒令退学及以上处分

资料来源：《山东省淄博二中学生违纪处理规定》。

表 5-11　学生违纪惩戒形式及考察期限统计表

惩戒形式	警告	严重警告	记过	记大过	留校察看
考察期限	3 个月	4 个月	6 个月	8 个月	12 个月

资料来源：《湖北省武汉市华师附中学生违纪处罚条例》。

通过惩戒规则对等级制和累进制的建设，学生在校的失范行为就可以形成一个惩戒矩阵。这一矩阵具有增强师生行为的稳定性和确定性的作用：一来可以有效约束校方惩戒权被滥用的倾向；二来可以表明校方对在校学生最低的行为期待。目前，这种条文制定的精细化技术还使用得太少，仍有大量的适用空间。

比如说，上学迟到、上课迟到、旷课的确认标准。在实践中，一些学校的上课铃有两遍，第一遍为预备铃，第二遍为正式铃，中间间隔 2 分钟或 3 分钟。但是，有的教师在预备铃一响就进教室开始上课，讲解课堂教学内容。部分在预备铃与正式铃之间匆匆赶回教室的学生因为错过了教师最初安排的任务环节，而不得不向同学询问，导致教室内较为嘈杂。教师不得不重复任务安排或专门维持课堂纪律。曾有教师要求学生在预备铃响之前做好上课准备，而将预备铃响后还在教室外面的学生被定性为"上课迟到"。这被学生视为过于严苛的要求而集体反对，最后师生之间达成"默契"——正式铃响之后还未进教室的为"上课迟到"。同样是上课迟到的问题，美国中小学惩戒规范中就精细得多。比如，北极星学区的学生守则规定，小学生上学迟到的标准是教学日开始的 60 分钟之内，超过 60 分钟算旷课半天；中学生的时间界限则为 10 分钟，10 分钟之内属于上课迟到，超过 10 分钟属于逃课。不管是迟到、旷课还是逃课，学校都不能取消该生在迟到课堂获取学分的机会，而且要由信息技术人员通过邮件等有效方式通知家长，还要针对迟到制定处分

规则，以尽可能减少迟到。❶

类似的有待进一步精细化规定的还有管制刀具❷、凶器、赌博、诈骗、酗酒等词条。这项工作有待进一步的系统梳理。如果在校内惩戒规定中明确了具体标准，就不会出现上述麻烦，可以有效提高效率。

(二) 细化中小学惩戒规则的执行秩序

中小学惩戒规则制定之后，走完了有章可依，有据可循的第一步。接下来是惩戒制度的执行过程。其涵盖了惩戒制度的宣传、惩戒权的分配、违纪处分的具体运作和配套的补救性教育措施。

1. 确保惩戒规则被各方知晓

确保知晓的方式多种多样，除了考虑不同主体、不同层级的惩戒规则在信息传播方面的特点外，还要考虑信息流通的成本及效率。首先，各类惩戒规则均可以在互联网上传播。各级政府及其下属的教育行政部门、学校、班级都可以开通官方网页，将惩戒规则载于网页之上，供需要了解信息的主体查阅。其次，校规及以上层级的惩戒规则可以打包发放。其可在每学年之初以《学生及家长手册》的形式向每个学生的家庭发放，并要求家长在领取时签字，作出向子女讲解或讨论惩戒规则的承诺。这是由中小学学生是未成年人的法律特征决定的。最后，书面的班级公约或班规可以用打印、复印等形式确保家长及学生人手一份。

对于师生而言，学校有必要专门讲解惩戒规则，一般为开学时的班会课。具体操作时，形式多种多样，关键是确保教师、学生都能够知道学校对他们的行为期待。

2. 界清不同主体惩戒执行权的权限

惩戒规则的法律文件可以将不同惩戒的执行权授予不同的主体，实现惩戒执行权在不同主体之间的合理分配。

---

❶　Fairbanks North Star Borough School District Administrative Regulation 1031. 2 Lateness to Class [DB/OL]. [2015-03-12]. http://www.k12northstar.org/sites/default/files/adminreg10usethisone-itiscurrentwoldfirearmspages-putinuntilapproved121814_0.pdf.

❷　笔者曾问过几位初中生"管制刀具"是什么。他们只能列举出匕首、东洋刀、砍刀等刀具，对水果刀、铅笔刀是否属于管制刀具之列则不清楚。事实上，中小学有很多人身伤害的刑事、民事案件的作案凶器是水果刀及铅笔刀之类不属于管制刀具的物品。具体的管制刀具判定标准参见《管制刀具认定标准》 [DB/OL]. 2010-04-02 [2015-03-12]. http://www.mps.gov.cn/n16/n1991360/n1991447/2384118.html.

首先，解除教育法律关系的惩戒执行权应由直管学校的地方教育行政部门享有。这样安排主要是基于以下原因：第一，学校是当事人之一，易偏私。学生的违纪行为发生于在校期间，学校若过于关注自身利益，则会在学生基本权利与社会整体利益之间作出有利于自身私利的惩戒决策，使惩戒结果偏离公正。第二，教育行政部门来作出裁决，则旗帜鲜明地将"解除教育法律关系"的惩戒行为纳入"具体行政行为"的范畴。这样既突出了"解除教育法律关系"这种惩戒权的行政权力性质，也有利于学校、学生通过行政申诉、行政复议和行政诉讼等救济渠道维护自己的权益。第三，基层教育行政部门具有相应的业务能力，在其"专业行政"的范畴内可以实现惩戒的公平、公正。基层教育行政部门的工作人员多来自教育一线或者对教育一线非常了解，可以扮演裁断者的角色。第四，由基层教育行政部门来执行，有利于构建学校与学生之间"两造对抗"的交涉平台。通过听证等正当程序，基层教育行政部门裁定的惩戒结果能够让人信服。事实上，不少基层教育行政部门已经着手建立解除教育法律关系的"申报—审批"制度，或者上报后再执行的制度。

其次，其他类型的惩戒执行权由学校享有。学校可以通过委托的形式，将其他类型的惩戒执行权委托给教职工。校方在设定岗位职责时应明确校内教职工的惩戒权责、程序。其中，惩戒执行所需要的必要警察权力尤为重要。岗位职责既可以在雇用合同中明确，也可以在学校章程的制度体系中明确。校方、教师不能将惩戒权转授或委托给学生。学生能够采用的惩戒类型应当被限制在合法的自动惩戒。

3. 建立违纪处理的校内听证制度

很多中小学的违纪处理办法中都缺少惩戒执行前的正当程序。部分学校设置了"违纪处理程序"，但并未给予违纪者自我申辩的机会。比如，莲塘三中将违纪处理程序分为报告情况、组织调查和核备程序三步，但其要求"违纪者写出违纪事件的详细过程、书面检查并提供相关证明材料"，等于是"自证其罪"。❶ 在惩戒执行前，也有学校"坚持实事求是的原则，事实要清楚，依据要准确，处分要适当，处分决定要同本人见面，允许本人申辩、申诉"❷的做法，但设计的环节已经是处理结果出来之后了。校方或教师在与违纪者

❶ 见《江西省南昌县莲塘三中学生违纪处理办法》。
❷ 见《重庆育才中学学生违纪处分条例》。

见面时告知原因并听取受惩者的申辩时容易停留于形式；因为处分结果出来之前已经过"讨论斟酌"了。这种程序设计还不能体现对学生及家长知情权、参与权的尊重，处分决定的过程对于学生及其家长来说仍然是个"黑箱"。笔者在调查中发现，中小学对违纪学生采取纪律处分以示惩戒的情况非常少。同时，校内惩戒规定的家校沟通环节通常安排在纪律处分决定之后，目的是防止家长闹事。

设置校内听证制度，由听证来决定对违纪行为的惩戒有诸多益处。诸多惩戒纠纷源于价值、态度的区别。通过听证的方式将信息透明化，使家校（学生及其家长与学校）之间可以就违纪行为的事实和违纪处理的依据充分交换意见。俗话说，公道自在人心，听证得出的结论较易做到令人信服。听证虽然是模仿法庭审判的简易行政程序，但可以弥补当前校方在违纪处理程序上手续不规范、缺少证据意识的缺点。教师所呈现的学生违纪情形的记录、所作出的解释大多是非正式的、粗疏的，因此导致学生家长并不真的十分确信子女在校期间的违纪情形。以往，家长支持学校的纪律处分决定是源于对学校及其教师的信任，对子女品行的了解。如今，随着学校、教师的形象在各种欺凌学生的报道中逐渐败坏以后，家长对"证据充分、依据明确、处分适当"的要求越来越高。

关于听证会的设计，可以参照美国明尼苏达州的做法，并对其经验进行改造。首先，校方要将拟作出的处分决定以及支撑校内纪律处分的材料副本交给违纪学生的监护人，确保监护人与学校之间的信息是对称的。其次，听证会的决议可以采取"合议+多数决"的形式。听证委员会的成员可以由学校行政人员、教师、家长委员会成员、学生代表组成，需回避的人员除外。其中，为防止家长质疑学校操控，可以让家长委员会成员的人数比例达到50%。听证官则可以由教育行政部门人员出任，主要履行维持听证秩序，确保证据真实、依据有效，见证听证过程。听证所需经费由学校办公经费承担。❶ 最后，经由听证会的过程中家校双方的意见、证据都经过充分的质证，道理自然明朗。在这一过程中发现的问题也可以作为学校修正校内惩戒规定的经验材料。同时，由此作出的《听证报告书》应当具有权威性。

听证会是否召开取决于家长是否申请听证。听证会是否公开举行也取决

---

❶ 之所以由学校出资，主要原因有：一、学校有指导家庭教育的义务；二、听证过程本身是宣传学校惩戒规范的教育活动；三、学校负担经费可以减轻家长的经济压力。学校可以在年度预算中上报此项经费或者按照实报实销的方式处理。

于家长的意愿。听证之前，校方就应告知家长及违纪学生有申辩的权利，并将申辩的证据要求、时限、对象以书面形式通知。待申辩环节结束后，再行沟通时将学校拟处理的意见告知学生及其家长。如果家长不申请听证，那么按照学校现有的违纪处理操作办法进行，并向家长出具内容涵盖违纪事实、处理依据及理由的《处分决定书》。校内听证会结束之后，不再设置校内申诉或复议的环节。因为学生的基本权利已经由法律层级的规范性文件作出规定，所以学校的校内惩戒所涉及的学生利益不再足够重大，以至于需要后续的行政救济或司法救济。同样，家长不申请听证所做的惩戒决定也不再有救济途径。校内惩戒就此终结。

4. 开发配套补救性教育措施

惩戒要结合补救性教育措施才能起到效益最大化的效果。采取补救性教育措施，主要是为了避免违纪学生偏离主流社会规范的期待。我国中小学一线有实际存在的补救性教育措施，比如，批评教育、家访等。有很多方式都是行之有效的，但没有在形式上被确定下来，停留于"个人经验"或"教育艺术"的层面。已有的优秀经验和成熟的有效措施可以通过"制度化"实现形式的合法性，使其成为公共产品，为教师群体所利用。

（三）完善化解中小学惩戒纠纷的办法

虽然有前述中小学惩戒的形式合法化设计，体现了很多实质合法性的内容，但并不能保证没有不服惩戒处理的，或者其他的违纪纠纷化解办法。因此，完善化解中小学惩戒纠纷的办法是有价值的。

1. 调解制度

调解是非正式的解决渠道，主要是当事各方协商解决违纪引发的纠纷或冲突。如果缺少支撑法律事实的合法证据，或违纪纠纷调解能够成功，而且违纪行为没有对学校正常的教育教学秩序和相关主体的人身财产造成严重损害，那么后续的惩戒处理程序就可以不启动，从而节约成本。在调解不成功的情况下，各方再进入正式的惩戒纠纷化解程序。

案例4：篮球场上的"打架事件"

某高中二年级学生包某在下午放学后，到篮球场打球。同在一起打篮球的还有相互认识的同学。在打球过程中，与一起玩球的高二另一班级学生陈某发生冲突并大打出手。包某将陈某打倒在地时，陈某擦伤了膝盖、胳膊肘并流血。双方见血后收手。陈某向包某班主任柯某告状，要求妥善处理，并扬言如果不处理就找人报复。于是，柯某着手调查主要事实，并协调各方解决矛盾。

在这个过程中，有几组人际关系直接影响了此次打架事件的定性及处理方式。

首先是包某的母亲张某是柯某的同事，二人之间相互熟识。柯某直接给张某打电话，简要说明事情经过，要求张某到场处理问题。于是，张某迅速前往并参与了打架事件的调查，并要求能够私下协商解决此事，没有上报到政教处。

其次是同学关系。据包某讲述，二人打架之时，在场围观的至少有十来个人。但是，寻找证人来讲清事实经过时，没有一人愿意主动出来作证；即使愿意出来作证的，也没有讲清谁对谁错，多数人将精力集中在比赛是如何激烈，自己如何没有注意，二人打起来了才看到等。结果导致包某和陈某双方各执一词，互相指责却不知谁对谁错。

最后是家长之间的关系。张某和陈某的父亲陈某某是相互认识的。柯某在征得张某同意后，将打架的事情告知了陈某的父亲陈某某，陈述了大致情况。张某借用柯某的电话，与陈某某在电话中进行了初步沟通，认为两个孩子打架很正常。"你儿子吃了点亏，没有打赢。皮擦破了，现在正找我们要个说法！你看要不要到医院去拍个片看看，医药费我出……你要来学校不？还是来了我们一起看情况了再说？……"约半个小时后，陈某某到校见到了张某、柯某和打架的两个孩子。陈某某当场就问他儿子："你除了皮痛，骨头痛不？"陈某未置可否。陈某某眼看晚自习时间已经耽误一节了，于是提议：先让各自子女相互道个歉，握手言和，然后回教室上课；要是真的伤到了骨头，周末拍片后再联系。

这件事就这样平息了。后来该校很多同事都知道了这件事，包括政教处的同事以及校领导。他们和张某在一起开玩笑时还夸张某处理得好！

打架斗殴是中小学明令禁止的，但大多数学生间的打架斗殴事件都没有进入违纪处理程序。校内秩序的维持依赖于学生的整体性人际关系，并从校内延伸到校外。其中，家庭经济条件、父母的职业、家人是否到场处理等因素都会被视为一种可资利用的"秩序资源"，被视为违纪学生是否可被"救助"或"改造"的支撑力量。倘若父母态度不积极或者无足够的经济能力来修复、弥补违纪所造成的人身和财产损失，学校考虑采用"处分"来对违纪者进行处罚，以实现"损失"与"收益"的大致平衡。

有初中教师为整顿纪律，曾在班里旁敲侧击地说："小鲤鱼翻不起大浪。上学就是来读书的。一天喊打喊杀的，你到底有多凶?! 别没事搞出一些事情来，搞得大家都收不了网。想想父母在家里挣钱有多辛苦。那工地上的、坡上的活路都没有要你们去做，你去做试试! 一天做十几个小时，挣个两三百块钱，拿出来是给你们读书的，不是拿来当医药费的! 如果负不起那个责，还是老实点。否则的话，学校非得给个处分，不然怎么说得过去……"这在事实上是对学生违纪后调解所进行的教育性"预演"。

调解应当与补救性教育措施结合使用。如果学生之间、学生与家长之间、家长之间不能自觉调解，校方应当出面协调，组织调解。通常，组织调解的任务由班主任或年级主任（组长）执行，纠纷较为严重的可以申请基层教育行政部门调解。

2. 行政申诉与行政复议

行政申诉、行政复议受理对解除教育法律关系的违纪处分不服的案件。行政申诉应向作出惩戒决定的主管教育行政部门的上级部门提出。此处，上级部门主要是指上级教育行政部门和主管教育行政部门所在地的人民政府。受理申诉之后，上级部门既可以自行查阅案件资料作出裁定，也可以要求作出惩戒决定的主管教育行政部门进行复议。被惩戒者也可以直接向主管教育行政部门提出。对于学生及家长来说，在最初受到违纪处分决定时，应当有详细载明递交申诉申请或复议申请的内容、时限、对象，以及对象的地址、电话、邮箱等"操作性说明"，甚至可以提供参照范例。此是将行政管理变为行政服务，令受惩者有表达意见或质疑的渠道，也为自身改正行政错误创造机会。行政申诉、行政复议受理时，受理部门也应当向申请者讲明具体操作的要求，包括提供范例；并告知其还有司法诉讼的救济渠道。

在行政复议或行政申诉的活动中，教育行政部门也可以考虑引进听证制度；不过，这与当前的教育管理实际不太符合，还需继续等待时机。

3. 司法诉讼

司法诉讼可以分为行政诉讼和民事诉讼。对解除教育法律关系的纪律处分经行政申诉或行政复议仍不服的，可以向法院提起行政诉讼；被惩戒者也可以直接向法院提起行政诉讼。对于侵犯基本民事权利并造成损害，符合法律规定的，经调解不成功，校方、教师、学生及其家长均可以向法院提起民事诉讼。

4. 探索中小学惩戒的保障措施

首先，是扩大工读学校❶的学位供给数量。工读学校最初建设时是为矫正中学阶段有轻微犯罪行为和违法行为的学生，目前已经拓展到了心理和行为有偏差的学生，属于广义特殊教育的范畴。现在，原本是普通教育序列之一的工读学校似乎已经成为学校教育的"他者"，人们对其存在偏见，避之不及。其实，工读学校符合因材施教这一教育规律，是社会分工的产物。我们要构建流畅且常态化的"工读学校—普通学校"转学机制。这需要政府负起责任来，既要给工读学校提供足够的资源，也要积极促进工读学校自我改革。工读学校在帮助学生自我发展的同时还要积极宣传，在社会舆论中树立正面形象。

其次，是建立教师正当履职行为的免责制度。履职行为是否正当并无确切标准，主要依赖专业判断。因此，要建立专门的评价标准并引入专家证人制度。因教师正当履职行为造成人身伤害或财产损失的，应当通过其他渠道进行补偿或赔偿，比如，购买保险或由国家赔偿。《侵权责任法》规定了学校、教师按过错责任原则承担责任，并且限制民事行为能力人及完全民事行为能力人要承担举证责任。因此在司法审查的时候，法官判案必须以有能力直接证明因果关系的证据作为支撑，不能要求学校自证清白。即是说，教师正常的履职行为造成了意外伤害或财产损失的，教师本人不承担法律责任；限制民事行为能力人及完全民事行为能力人在学校受到权利侵害的，由学生及其监护人承担举证责任，并且提供优势证据。

同时，学校办学质量的评价标准也应当作出适当调整。对于出现学生违纪、惩戒纠纷等情况，责任裁定主体要就事论事地具体分析，积极肯定校方、教师等主体按照法治要求所作出的努力；而不是为了"平息事态"违背原则，而一味怪罪校方或教师。

---

❶　现在也被称为"专门学校"。

参考文献

一、著作类

[1] 马克思恩格斯文集（第五卷）［M］. 北京：人民出版社，2009.

[2] 马克思恩格斯文集（第八卷）［M］. 北京：人民出版社，2009.

[3] 马克思恩格斯选集（第二卷）［M］. 北京：人民出版社，1995.

[4] 马克思恩格斯选集（第一卷）［M］. 北京：人民出版社，1972.

[5] 王道俊，郭文安. 教育学［M］. 北京：人民教育出版社，2009.

[6] 李晓燕. 教育法学［M］. 北京：高等教育出版社，2006.

[7] 李晓燕. 学生权利和义务问题研究［M］. 武汉：华中师范大学出版社，2010.

[8] 劳凯声. 变革中的教育权与受教育权：教育法学基本问题研究［M］. 北京：教育科学出版社，2003.

[9] 余雅风. 学生权利与义务［M］. 南京：江苏教育出版社，2012.

[10] 秦梦群. 美国教育法与判例［M］. 北京：北京大学出版社，2006.

[11] 韩兵. 高等学校的惩戒权研究［M］. 北京：法律出版社，2014.

[12] 桑本谦. 私人之间的监控与惩罚——一个经济学的进路［M］. 济南：山东人民出版社，2006.

[13] 强世功. 惩罚与法治：当代法治的兴起（1976—1981）［M］. 北京：法律出版社，2009.

[14] 毛玮. 论行政合法性［M］. 北京：人民出版社，2009.

[15] 周静. 法律规范的结构［M］. 北京：知识产权出版社，2010.

[16] 中国社会科学院语言研究所词典编辑室. 现代汉语词典［M］. 北京：商务印书馆，2002.

[17] 高铭暄，王作富，曹子丹. 中华法学大辞典·刑法学卷［M］. 北京：中国检察出版社，1996.

[18] 杨春洗，康树华，杨殿升. 北京大学法学百科全书·刑法学·犯罪学·监狱法学［M］. 北京：北京大学出版社，2001.

[19] 廖盖隆，孙连成，陈有进，等. 马克思主义百科要览（上卷）［M］. 北京：人民日报出版社，1993.

[20] 魏振瀛，徐学鹿，郭明瑞. 北京大学法学百科全书·民法学·商法学［M］. 北京：北京大学出版社，2004.

[21] 牛津高阶英汉双解词典［M］. 6 版. 北京：商务印书馆，2004.

[22] 陈国强. 简明文化人类学词典［M］. 杭州：浙江人民出版社，1990.

[23] 孙国华. 中华法学大辞典·法理学卷［M］. 北京：中国检察出版社，1997.

[24] 刘炳瑛. 马克思主义原理辞典［M］. 杭州：浙江人民出版社，1988.

[25] 陈光中. 中华法学大辞典·诉讼法学卷 [M]. 北京：中国检察出版社，1995.

[26] 吴新民. 柏拉图的惩罚理论 [M]. 北京：中国社会科学出版社，2010.

[27] 陈瑞华. 程序正义理论 [M]. 北京：中国法制出版社，2010.

[28] 严存生. 西方法律思想史 [M]. 北京：中国法制出版社，2012.

[29] 姜明安. 行政法与行政诉讼法 [M]. 北京：北京大学出版社、高等教育出版社，2011.

[30] 魏正瀛. 民法 [M]. 北京：北京大学出版社，2010.

[31] 张文显. 法理学 [M]. 北京：高等教育出版社、北京大学出版社，1999.

[32] 熊伟. 问题及阐释：现代法之合法性命题研究 [M]. 北京：中国政法大学出版社，2012.

[33] 邱兴隆. 关于惩罚的哲学 [M]. 北京：法律出版社，2002.

[34] 陈新民. 中国行政法学原理 [M]. 北京：中国政法大学出版社，2002.

[35] [古希腊] 荷马. 伊利亚特 [M]. 陈忠梅，译. 南京：译林出版社，2000.

[36] [法] 米歇尔·福柯. 规训与惩罚 [M]. 刘北成，杨远婴，译. 北京：生活·读书·新知三联书店，2007.

[37] [美] 米基·英伯，泰尔·范·吉尔. 美国教育法 [M]. 李晓燕，申素平，陈蔚，译. 北京：教育科学出版社，2011.

[38] [美] 内达尔·H. 坎布朗-麦凯布，马莎·麦卡锡，斯蒂芬·托马斯. 教育法学——教师与学生的权利 [M]. 江雪梅，茅锐，王晓玲，译. 北京：中国人民大学出版社，2010.

[39] [苏] 格穆尔曼. 学校里的奖励与惩罚 [M]. 程逢如，译. 上海：新知出版社，1957.

[40] [德] 马克思·韦伯. 经济与社会（第一卷）[M]. 阎克文，译. 上海：上海世纪出版集团，2010.

[41] [德] 哈贝马斯. 在事实与规范之间 [M]. 童世骏，译. 北京：生活·读书·新知三联书店，2003.

[42] [德] 哈贝马斯. 合法化危机 [M]. 刘北成，曹卫东，译. 上海：上海世纪出版集团，2009.

[43] [美] 博登海默. 法理学 [M]. 邓正来，译. 北京：中国政法大学出版社，2001.

[44] [英] 韦恩·莫里森. 法理学：从古希腊到现代 [M]. 李桂林，等，译. 武汉：武汉大学出版社，2003.

[45] [奥] 凯尔森. 法与国家的一般理论 [M]. 沈宗灵，译. 北京：中国大百科全书出版社，1996.

[46] [英] 哈特. 法律的概念 [M]. 张文显，等，译. 北京：中国大百科全书出版社，1996.

[47] [英] 哈特. 法律的概念 [M]. 2 版. 许家馨，李冠宜，译. 北京：法律出版社，2006.

[48] [法] 让·马克·夸克. 合法性与政治 [M]. 佟心平，王远飞，译. 北京：中央编译出版社，2002.

[49] [德] 康德. 三大批判合集（上）[M]. 邓晓芒，译. 北京：人民出版社，2009.

［50］［德］康德. 三大批判合集（下）［M］. 邓晓芒，译. 北京：人民出版社，2009.

［51］［英］梅因. 古代法［M］. 沈景一，译. 北京：商务印书馆，1984.

［52］［美］埃里克森. 无需法律的秩序：邻人如何解决纠纷［M］. 苏力，译. 北京：中国政法大学出版社，2003.

［53］［法］伊夫·夏尔·扎尔卡. 权力的形式［M］.，赵靓，杨嘉彦，等，译. 福州：福建教育出版社，2014.

［54］［法］米歇尔·福柯. 权力的眼睛［M］. 严峰，译. 上海：上海人民出版社，1997.

［55］［美］斯科特·卡特里普，等. 有效公共关系［M］. 汤滨，等，译. 北京：中国财政经济出版社，1988.

［56］［德］毛雷尔. 行政法学总论［M］. 高家伟，译. 北京：法律出版社，2000.

［57］［美］埃里克·A. 波斯纳. 法律与社会规范［M］. 沈明，译. 北京：中国政法大学出版社，2004.

［58］［英］戴维·伯姆. 论对话［M］. 李·尼科，编. 王松涛，译. 北京：教育科学出版社，2004.

［59］［英］霍布斯. 利维坦［M］. 吴克峰，编译. 北京：北京出版社，2008.

二、论文类

［1］李远岱. 中学教育过程中惩罚现象探析——基于深圳市罗湖区的研究［D］. 上海：华东师范大学，2005.

［2］李蓉芬. 德性伦理视域下的教育惩戒［D］. 北京：首都师范大学，2014.

［3］李福忠. 惩戒教育在班级管理工作中的实施研究［D］. 呼和浩特：内蒙古师范大学，2011.

［4］陈茶. 中学生教育惩戒问题研究［D］. 石家庄：河北师范大学，2013.

［5］黄姿子. 小学教育中惩戒现象探析［D］. 长沙：湖南师范大学，2010.

［6］杨大鹏. 教育惩戒实施的问题和策略——基于普通中学的调查分析［D］. 苏州：苏州大学，2010.

［7］李翠凤. 当前中小学惩戒教育中的问题及对策［D］. 济南：山东师范大学，2011.

［8］姚秀珍. 论惩戒教育在初级中学中的合理使用［D］. 武汉：华中师范大学，2013.

［9］谭伟芳. 小学教师课堂惩戒行为研究——以广西 T 镇中心校为例［D］. 桂林：广西师范大学，2013.

［10］霍敏捷. 规范教师惩戒权——解决体罚问题的一个有效措施［D］. 武汉：华中师范大学，2008.

［11］王建新. 教育惩戒及其实施办法［D］. 苏州：苏州大学，2008.

［12］朱凡琪. 我国中小学教师体罚学生现状分析及对策研究［D］. 武汉：华中师范大学，2012.

［13］吕蕊. 中小学校园内教师对学生的精神暴力：表现、归因及对策［D］. 曲阜：曲阜师范大学，2011.

［14］许瀚月. 中学教师批评学生口头用语的教育现象学研究［D］. 重庆：西南大学，2011.

[15] 钟星. 小学教育"软暴力"现象的伦理思考 [D]. 株洲：湖南工业大学，2013.

[16] 李文静. 中小学教师惩戒权的自由裁量研究 [D]. 西安：陕西师范大学，2009.

[17] 李美锟. 美国公立中小学教育惩戒中的学生权利保护 [D]. 沈阳：沈阳师范大学，2014.

[18] 刘丽. 教师权力和学生权利关系探析 [D]. 南京：南京师范大学，2004.

[19] 刘辉. 我国中小学教师体罚及其法律责任研究 [D]. 北京：北京师范大学，2005.

[20] 王红林. 中小学教师惩戒权探讨 [D]. 武汉：华中师范大学，2007.

[21] 李妮娜. 论学校教育中的惩戒 [D]. 济南：山东师范大学，2007.

[22] 韩月霞. 英国中小学教师惩戒权研究及启示 [D]. 石家庄：河北师范大学，2011.

[23] 张丽. 教师惩戒权的正当性研究 [D]. 长春：东北师范大学，2011.

[24] 刘紫瑛. 学生的惩罚认知及其发展——兼论惩罚的教育意义 [D]. 上海：华东师范大学，2009.

[25] 蔡春. 在权力与权利之间 [D]. 广州：华南师范大学，2004.

[26] 鲍琳. 教师惩戒权的运用对中学生道德言行规范功能的研究 [D]. 南京：南京师范大学，2007.

[27] 陈刚. 人性论视野下的教育惩戒研究 [D]. 重庆：西南大学，2007.

[28] 李海新. 公民表达权及其保障研究 [D]. 武汉：武汉大学，2011.

[29] 侯智卿. 浅析中小学教师惩戒权 [D]. 辽宁：辽宁师范大学，2002.

[30] 郑重. 学生惩戒之法律问题研究——以公立中小学为中心 [D]. 北京：中国政法大学，2009.

[31] 付兴. 法治视野中的教育惩戒研究——以公立中小学为背景 [D]. 北京：中国政法大学，2010.

[32] 尹甲民. 中小学教师惩戒权立法研究 [D]. 济南：山东大学，2010.

[33] 陈洁丽. 学校教育惩戒权的国际比较 [D]. 桂林：广西师范大学，2010.

[34] 古威. 学生管理过程中的教育惩戒研究 [D]. 成都：四川师范大学，2011.

[35] 杨琦. 我国中小学教师惩戒权探究 [D]. 武汉：华中师范大学，2012.

[36] 廖雯婷. 我国中小学教师惩戒权研究 [D]. 北京：首都师范大学，2013.

[37] 管娣. "教师惩戒权"缺失研究——基于教师惩戒使用状况的思考 [D]. 济南：山东师范大学，2007.

[38] 易招娣. 教师惩戒权法律问题研究 [D]. 温州：温州大学，2011.

[39] 李丹. 教师惩戒权立法的必要性及其相关建议 [D]. 武汉：华中师范大学，2012.

[40] 孙煜峰. 中小学班级管理应有的理念 [D]. 呼和浩特：内蒙古师范大学，2013.

[41] 蒋连香. 关于教育惩戒的现状、问题与对策——以中小学校为例 [D]. 苏州：苏州大学，2010.

[42] 彭志敏. 教育惩戒的法律研究 [D]. 桂林：广西师范大学，2004.

[43] 周梅. 高中教育中奖惩的现状及思考——基于对张家港市后塍高级中学的调查 [D]. 上海：上海师范大学，2010.

[44] 李晓燕，巫志刚. 教育法规地位再探 [J]. 教育研究，2014（5）.

[45] 李晓燕. 美国公立学校学生搜查和扣押的 TIPS 准则述评 [J]. 中国教育法制评

论, 2012.

[46] 余雅风，蔡海龙. 论学校惩戒权及其法律规制 [J]. 教育学报，2009（1）.

[47] 申素平，李瑞玲. 法治视野中的学校惩戒制度 [J]. 中国教育学刊，2005（10）.

[48] 陈胜祥. "教师惩戒权"的概念辨析 [J]. 教师教育研究，2005（1）.

[49] 李晓燕. 美国学生纪律惩戒制度研究 [J]. 中国教育法制评论，2013.

[50] 沈岿. 析论高校惩戒学生行为的司法审查 [J]. 华东政法学院学报，2005（6）.

[51] 贺武华. 教师惩戒教育权的理性弘扬 [J]. 中国教育学刊，2011（6）.

[52] 黄道主，刘长海. 论作为关系契约的班级公约及其实现 [J]. 中国教育学刊，2015（1）.

[53] 姜华. 论教育惩戒及其适用理性 [J]. 教育发展研究，2012（13）.

[54] 周晓露，徐晓军. 教育规训的内隐化和扩大化 [J]. 教育研究与实验，2013（4）.

[55] 梁东荣. 教师惩戒权存在的合理性及实施初探 [J]. 中国教育学刊，2003（8）.

[56] 檀传宝. 论惩罚的教育意义及其实现 [J]. 中国教育学刊，2004（2）.

[57] 杨天平. 中国古代的教育惩罚及启示 [J]. 教育科学，2009，25（1）.

[58] 高武平. 论大学惩戒权与学生受教育权的冲突与平衡 [J]. 甘肃政法学院学报，2004（4）.

[59] 王辉. 论学校教育惩戒的价值基础 [J]. 教育理论与实践，2004，24（12）.

[60] 王辉. 论教师的惩戒权 [J]. 教育研究与实验，2001（2）.

[61] 王辉. 教师惩戒权行使中的侵权与救济研究 [J]. 高等师范教育研究，2000（3）.

[62] 王辉. 我国中小学教师无度惩戒现象的分析 [J]. 教育理论与实践，2001（10）.

[63] 吴亮. 论美国公立中小学校惩戒权的司法监督 [J]. 比较教育研究，2008（6）.

[64] 吴亮. 论美国教师的体罚权及其法律监督 [J]. 比较教育研究，2011（3）.

[65] 张益刚. 教育惩戒权的起因与属性分析 [J]. 齐鲁学刊，2005（4）.

[66] 方益权，易招娣. 论我国教师个体惩戒权法律制度的构建 [J]. 教育研究，2011（11）.

[67] 高杭. 教师惩戒权行使的行政法透视 [J]. 高等教育研究，2013（12）.

[68] 周晓慧. 中小学生惩戒教育之我见 [J]. 江苏社会科学，2007（S1）.

[69] 李军，曹莹雯. 中小学生惩戒实施状况的中外比较与借鉴 [J]. 当代教育科学，2006（15）.

[70] 杨柳. 美国残疾学生教育惩戒的司法监控——基于1997年《残疾人教育法》的分析 [J]. 中国特殊教育，2011（10）.

[71] 刘冬梅. 对教师教育权的法律探讨 [J]. 中国教育学刊，2004（8）.

[72] 伍德勤. 中小学教师体罚行为论析 [J]. 教育研究，2006（3）.

[73] 廖一明. 关于教育惩戒几个问题的思考 [J]. 江西教育科研，2004（7）.

[74] 施丽红，吴成国. 论教师惩戒权存在的必要性及实施 [J]. 当代教育科学，2006（4）.

[75] 蔡文枝，解立军. 教师惩戒权不得随意放弃和转移 [J]. 中小学校长，2012（11）.

[76] 王毅. 惩戒教育的效用性研究 [J]. 教学与管理（理论版），2014（5）.

[77] 陈志超. 对惩戒教育现实困境的审视及对策 [J]. 教育探索，2014（7）.

［78］向葵花. 重新审视惩戒教育［J］. 中国教育学刊, 2004（2）.

［79］程莹. 异化与回归：教师惩戒行为的正当性考辨［J］. 现代教育管理, 2014（2）.

［80］程莹. 论教师惩戒行为的正当性——惩戒德性之异化与回归［J］. 教育科学研究, 2014（3）.

［81］曹辉, 赵明星. 关于我国"教师惩戒权"立法问题的思考［J］. 教育科学研究, 2012（6）.

［82］曹辉, 陶静. 教育惩戒需"四问"［J］. 教育学术月刊, 2011（9）.

［83］曹辉, 朱春英. 学生违规：社会归因与教育惩戒反思［J］. 现代教育管理, 2011（10）.

［84］陈聪聪, 陈林, 曹辉. 教育惩戒的实践困境与新路径探索［J］. 教育理论与实践, 2012（32）.

［85］钟勇为. 教师惩戒权立法是否可行［J］. 当代教育科学, 2012（21）.

［86］钟勇为, 王木林. 我国教师惩戒权的立法设计探微［J］. 教育探索, 2012（12）.

［87］杨鑫, 吴永忠. 教师惩戒的有限性分析［J］. 教育学术月刊, 2010（7）.

［88］陈芳, 李晓波, 曹辉. 教师惩戒失范的心理学反思［J］. 教育探索, 2011（2）.

［89］吴开华. 教育惩戒合法化：原则、要求及其保障［J］. 教育理论与实践, 2008（14）.

［90］吴学忠. 谈教育管理中的惩戒教育［J］. 教育探索, 2009（4）.

［91］许瀚月. 强力惩戒与温和批评的艰难抉择［J］. 教学与管理, 2010（1）.

［92］解立军, 蔡文枝. 教育惩戒权的表现形式及法律分析（下）［J］. 中小学管理, 2012（12）.

［93］解立军. 罚站：体罚还是惩戒？［J］. 中小学管理, 2007（2）.

［94］徐张咏, 邵阳, 庄万荣. 关于学校惩戒教育的思考［J］. 教育探索, 2011（3）.

［95］李辉. 惩戒应该注意的问题［J］. 当代教育科学, 2007（13）.

［96］李爱爱, 张海鸿. 教育惩戒的"度"［J］. 人民教育, 2012（5）.

［97］王会华. 教育不缺少惩戒而是缺少爱［J］. 教学与管理, 2009（23）.

［98］房兆霞. 惩戒教育应体现尊重与爱［J］. 教学与管理（理论版）, 2007（11）.

［99］曹亚楠. 惩戒：不是以报还报, 而是以惩促善［J］. 当代教育科学, 2013（22）.

［100］王可, 陈黎明. 对教师惩戒权的再认识——从学生成长阶段看教师惩戒权的行使［J］. 教学与管理, 2006（24）.

［101］李方. "警示线"与"组合拳"——对教师行为失范与惩戒之思考［J］. 中小学管理, 2014（3）.

［102］刘晓红. 自然惩戒［J］. 人民教育, 2007（12）.

［103］蔡海龙. 学校体罚及其侵权责任研究［J］. 首都师范大学学报（社会科学版）, 2010（6）.

［104］孟卫青, 刘飞燕. 五个国家体罚立法的比较与启示［J］. 外国中小学教育, 2009（6）.

［105］蔡海龙. 美国公立学校体罚的判例与法理——英格瑞孚诉莱特案的宪法分析［J］. 比较教育研究, 2006（2）.

［106］王琳. 对课堂中教师惩戒权的分析［J］. 教学与管理（小学版）, 2006（5）.

[107] 王贵贤. 从政治的合法性到法律的合法性 [J]. 国外理论动态, 2008 (4).

[108] 艾四林, 王贵贤. 法律与道德——法律合法性的三种论证路向 [J]. 清华大学学报 (哲学社会科学版), 2007 (3).

[109] 季卫东. 法律程序的形式性与实质性——以对程序理论的批判和批判理论的程序化 为线索 [J]. 北京大学学报 (哲学社会科学版), 2006 (1).

[110] 刘杨. 法治的概念策略 [J]. 法学研究, 2012 (6).

[111] 童之伟. 法律关系的内容重估和概念重整 [J]. 中国法学, 1999 (6).

[112] 何美然. 个体权利与公共权力的关系及其调适 [J]. 前沿, 2011 (10).

[113] 黄学贤. 行政法中的比例原则研究 [J]. 法律科学. 西北政法学院学报, 2001 (1).

[114] 杨临宏. 行政法中的比例原则研究 [J]. 法制与社会发展, 2001 (6).

[115] 李中元. 运用法治思维法治方式推进依法治国 [J]. 前进, 2014 (10).

[116] 刘继萍. 论教师惩戒权之正当性及其异化 [J]. 教育学术月刊, 2009 (6).

[117] 赵明录, 江雪梅. 中小学教师惩戒权的正当性分析 [J]. 江西教育科研, 2007 (7).

[118] 郭建耀. 当前学校惩戒教育及其完善策略 [J]. 教学与管理, 2008 (30).

[119] 初云宝. 中小学教师惩戒权的法律分析 [J]. 中小学管理, 2010 (3).

[120] 黄语东. 论制定教师惩戒权实施细则的必要性 [J]. 教育学术月刊, 2009 (5).

[121] 于云荣. 教师惩戒权: 应从滥施、缺施走向合理 [J]. 教育探索, 2009 (10)

[122] 钟勇为, 栾海滢. 我国教师惩戒权的法律困境及其成因 [J]. 教学与管理, 2011 (34).

[123] 钟勇为. 从多学科视角审视教师惩戒权立法的必要性 [J]. 教学与管理 (中学版), 2012 (2).

[124] 罗雯瑶. 中小学教师惩戒权行使的困境和突破 [J]. 教学与管理 (中学版), 2010 (10).

[125] 黄道主, 张文言. 美国明尼苏达州《中小学学生驱离学校处分正当程序法案》评介 [J]. 外国中小学教育, 2014 (12).

三、新闻类

[1] 京华时报记者. 初中生被老师批评后跳楼身亡 [N]. 京华时报, 2014-11-09 (10).

[2] 谢毅. 鲁甸一中教育教学秩序恢复正常 [N]. 云南日报, 2014-12-18 (5).

[3] 王晓顺, 王圣志, 张建新. "杨不管"事出有因, 老师应有"惩戒权"[N]. 新华每日 电讯, 2008-11-12 (2).

[4] 何宗渝, 王圣志. "杨不管"事件: 老师被调离岗 校长被免职 [N]. 新华每日电讯, 2008-07-17 (1).

[5] 佚名. 答不上题 多名男生被脱裤打屁股 [N]. 北京青年报, 2014-12-21.

[6] 郑羽佳. 罚嗑瓜子学生嗑个够 班主任事后承认欠妥 [N]. 京华时报, 2014-11-30 (10).

[7] 梁静. 那年, 老师的惩罚"很奇葩"? [N]. 海峡导报, 2012-11-29 (20)

[8] 佘韵卿. 学生没写作业老师连扇耳光 [N]. 京华时报, 2012-12-25 (18).

[9] 佚名. 青海全省通报老师打学生事件——西宁教师两分钟抽学生 8 耳光, 学生家长表

示没意见［N］. 京华时报，2012-11-22（A28）.

［10］张柄尧. 21天12次，一个打人老师的道歉路［N］. 成都商报，2013-10-14（7）.

［11］尹勤兵. 老师鞭打学生面临开除处分　家长联名求情［N］. 武汉晨报，2012-02-25
（A06）.

［12］佚名. 校外溺亡　安全告知书不能让学校免责［N］. 重庆晚报，2014-06-01（4）.

［13］王彩虹，林芯. 学生寝室卫生没搞好罚站一天［N］. 海南特区报，2012-11-06
（A11）.

［14］郭启朝. 小女生莫轻生，有委屈讲给妈妈听［N］. 大河报，2014-11-20（A22）.

［15］佘慧. 上课期间，学校突击检查学生宿舍［N］. 楚天都市报，2011-10-28（B09）.

［16］刘冠霖. 拉扯中致学生肋骨骨折、气胸———教师体罚学生被解除合同　汶河小学相
关责任人亦受处分［N］. 扬州晚报，2013-10-25（A02）.

［17］佚名. 教育部：班主任就该管学生［N］. 北京晨报，2009-08-24（01）.

［18］施剑松. 教育部出新规　中小学班主任有权管学生［N］. 北京晨报，2009-08-24
（02）.

［19］秦矿玲，刘媛媛. 安徽拟立法处罚"范跑跑""杨不管"们［N］. 中国县域经济报，
2008-07-24（009）.

［20］钟一苇. "杨不管"如此心态　全社会必须警醒［N］. 光明日报，2008-07-14
（005）.

［21］崔岩. 九名高一学生违纪被劝退［N］. 齐鲁晚报，2012-02-26（C05）.

［22］焦以璇. 纪律岂能"买卖"［N］. 中国教育报，2014-12-12（02）.

［23］张会武. 中学生投毒报复同学［N］. 燕赵都市报，2011-06-08（09）.

［24］刘勇. 小学生谈恋爱行吗？［N］. 贵州都市报，2012-10-14（A09）.

［25］王国彬. 高中生因早恋、不守校规先后被两所学校"开除"［N］. 新文化报，2014-
10-30（B04）.

［26］周舒曼. 儿子发型不合格被退学？母亲告学校索赔10万余元［N］. 重庆商报，2014-
09-25（9）.

［27］孙华. 30余学生因恋爱被开除？［N］. 济南时报，2011-04-08（A09）.

［28］解培华. 黑龙江一中学两学生相继跳楼　死前都曾被老师批评［DB/OL］. 2013-12-
18［2015-03-11］. http://www.chinanews.com/edu/2013/12-18/5632481.shtml.

［29］罗晓宁. 初二学生校园内喝酒闹事　老师劝阻被打伤左眼［DB/OL］. 2014-12-25
［2015-03-11］. http://edu.people.com.cn/n/2014/1225/c1053-26275198.html.

［30］佚名. 老师长期体罚多名学生　校方祖护消极处理？［DB/OL］. 2013-11-23［2014-
01-19］. http://www.s1979.com/shenzhen/201311/23107441623.shtml.

［31］张婧艳，邹娟. 三年级小学生课堂发怒打老师［DB/OL］. 2012-11-30［2013-03-
11］. http://www.dfdaily.com/html/3/2012/11/30/902689.shtml.

［32］佚名. 老师惩罚学生　常州学生家长逼迫老师下跪道歉［DB/OL］. 2012-02-01
［2013-03-05］. http://hb.qq.com/a/20120102/000579.htm.

［33］陈风. 杨不管首次开口　叫我"杨不管"是对我的侮辱［DB/OL］. 2008-07-17
［2014-10-28］. http://www.dahe.cn/xwzx/sz/t20080717_1347698_1.htm.

［34］CCTV《大家看法》栏目. 中学课堂同桌打架一人死亡　老师还在上课［DB/OL］.
2008-06-30［2014-10-30］. http://news.xinhuanet.com/video/2008-06/30/content_
8463736.htm.

［35］关于所谓"杨不管"老师的一些情况［DB/OL］. 2008-07-16［2014-10-30］.
http://bbs.hefei.cc/3g/thread-2208360-1-1.html.

［36］吉凤竹. 命令答错题学生自打耳光　一教师体罚学生被停职［DB/OL］. 2013-06-30
［2015-03-11］. http://news.xhby.net/system/2013/06/30/017805648.shtml.

［37］程韵. 山东济宁一中学学生犯错老师惩罚学生买零食［DB/OL］. 2013-12-12
［2015-03-11］. http://www.sd.xinhuanet.com/news/2013-12/12/c_118528218_3.htm.

［38］王磊. 一位博士生的返乡笔记：近年情更怯，春节回家看什么［DB/OL］. 2015-02-
25［2015-03-12］. http://www.nandu.com/html/201502/25/1051261.html.

［39］佚名. 小学生谈恋爱成潮流　女生写情书要求做亲密动作［DB/OL］. 2014-04-02
［2015-03-12］. http://hen.chinadaily.com.cn/n/2014-04-02/NEWS16460.html.

［40］佚名. 小学生早恋盛行　外貌成为第一"恋爱准则"［DB/OL］. 2012-10-05［2015-
03-12］. http://news.xinhuanet.com/local/2012/10/05/c_123788105.htm.

［41］佚名. 13岁中学生警告同学禁止和女生谈恋爱被刺死［DB/OL］. 2013-12-22
［2015-03-12］. http://legal.people.com.cn/n/2013/1222/c42510-23910140.html.

［42］傅恒，黄墩良. 泉州实验中学4名同学因谈恋爱被停课20天？校方否认［DB/OL］.
2014-04-06［2015-03-12］. http://fj.qq.com/a/20140406/005714.htm.

［43］普焘. 云南祥云县两高中生谈恋爱被开除［DB/OL］. 2014-11-16［2015-03-12］.
http://society.yunnan.cn/html/2014-11/16/content_3453286.htm.

［44］佚名. 向某某诉重庆市某学校其子溺亡案［DB/OL］. 2014-06-09［2015-03-12］.
http://www.chinacourt.org/article/detail/2014/06/id/1311796.shtml.

［45］韩影. 高三女生刺死2名同学　因成绩不如他人受到嘲笑［DB/OL］. 2015-01-16
［2015-03-12］. http://www.dnkb.com.cn/archive/info/20150116/144619147620050_1.
shtml.

［46］刘畅、穆瑶. 呼和浩特市39中一名初二学生被开除　校方称严重违纪［DB/OL］.
2012-05-14［2015-03-12］. http://www.northnews.cn/2012/0514/786697.shtml.

［47］佚名. 300余名初三学生因成绩差被校方劝进职校［DB/OL］. 2012-05-07［2015-
03-12］. http://www.zzjy.gov.cn/jydt/gnjy/05/1019735.shtml.

［48］王晓芳. 湖南六旬小学老师课堂猥亵女童　老人：20年前就这德行［DB/OL］.
2014-11-28［2015-03-12］. http://www.sc.xinhuanet.com/content/2014-11/28/c_
1113445120_2.htm.

［49］李光明. 安徽把保障学生安全作为教师"底线"［DB/OL］. 2008-07-16［2014-10-
30］. http://www.legaldaily.com.cn/bm/content/2008-07/17/content_902263.htm.

［50］殷平，袁星红. 课堂上，同桌打架一人死亡［DB/OL］. 2008-06-14［2014-10-30］.
http://ah.anhuinews.com/system/2008/06/14/002038693.shtml.

［51］秦鸣. 吴店中学"命案"以20.5万元"私了"［DB/OL］. 2008-06-29［2014-10-
30］. http://www.hf365.com/html/01/01/20080629/144149.htm.

[52] 佚名.教育部解读《中小学班主任工作规定》称有4亮点［DB/OL］.2009-08-23［2015-03-12］.http://www.chinanews.com/edu/news/2009/08-23/1830619.shtml.

[53] 周宽玮、周婷婷.云南一中学多名老师连遭学生辱骂和殴打，老师害怕集体休假［DB/OL］.2014-12-16［2015-03-12］.http://www.thepaper.cn/newsDetail_forward_1286304.

[54] 付婷.江西一学校用金属探测器搜查学生手机［DB/OL］.2014-09-2［2015-03-12］.http://jiangxi.jxnews.com.cn/system/2014/09/02/013300272.shtml.

[55] 郑承军.工业4.0时代来了，素质教育还在"吹拉弹唱"？［DB/OL］.2015-01-06［2015-03-12］.http://news.xinhuanet.com/politics/2015/01/26/c_127420332.htm.

[56] 雷磊，张文宇，周楠."不作弊，不公平"　一个高考"强"县的养成　湖北钟祥集体围攻监考人员调查［DB/OL］.2013-06-20［2015-03-12］.http://www.infzm.com/content/91555.

[57] 佚名."法官论坛"第十二期——关于对国家工作人员在司法实践中的界定问题的研究［DB/OL］.2003-07-10［2015-03-12］.http://dyzy.chinacourt.org/public/detail.php?id=3718.

四、法规及政策类

[1]《中华人民共和国义务教育法》（第十届全国人民代表大会常务委员会第二十二次会议于2006年6月29日修订通过）

[2]《中华人民共和国教育法》（1995年3月18日第八届全国人民代表大会第三次会议通过）

[3]《中共中央、国务院关于深化教育改革全面推进素质教育的决定》（中共中央、国务院1999年6月13日下发）

[4]《国务院关于基础教育改革和发展的决定》（国务院2001年5月29日下发）

[5]《关于进一步加强和改进新形势下高校宣传思想工作的意见》（中共中央办公厅　国务院办公厅2015年1月19日下发）

[6]《中华人民共和国民法通则》（1986年4月12日由第六届全国人民代表大会第四次会议修订通过）

[7]《中华人民共和国侵权责任法》（十一届全国人大常委会第十二次会议审议于2009年12月26日通过）

[8]《中华人民共和国未成年人保护法》（1991年9月4日七届全国人大常委会第21次会议通过）

[9] 教育部关于印发《中小学班主任工作规定》的通知（教基一〔2009〕12号）（中华人民共和国教育部2009年8月12日下发）

[10] 最高人民法院关于印发《关于审理行政案件适用法律规范问题的座谈会纪要》的通知（法〔2004〕第96号）（最高人民法院2004年5月18日下发）

[11]《最高人民法院最高人民检察院关于地方人民法院、人民检察院不得制定司法解释性质文件的通知》（法发〔2012〕第2号）（最高人民法院　最高人民检察院2012年1月18号下发）

[12]《公民道德建设实施纲要》（中发〔2001〕第15号）（中共中央2001年9月20日下发）

[13]《中华人民共和国行政处罚法》（1996 年 3 月 17 日第八届全国人民代表大会第四次会议通过）

[14]《公安机关办理刑事案件程序规定》（公安部令第 127 号）（2012 年 12 月 3 日公安部部长办公会议通过）

[15]《管制刀具认定标准》（公安部 2007 年 1 月 14 日下发）

[16] 中共中央办公厅、国务院办公厅印发《关于进一步加强和改进新形势下高校宣传思想工作的意见》[DB/OL]. 2015-01-19 [2015-03-11]. http://news.xinhuanet.com/edu/2015-01/19/c_1114051345.htm.

[17] 十八届四中全会提出全面推进依法治国的总目标和重大任务 [DB/OL]. 2014-10-24 [2015-03-11]. http://news.xinhuanet.com/politics/2014-10/23/c_1112953357.htm.

五、外文类

[1] Catherine Y. Kim, Policing School Discipline [J]. 77 Brook. L. Rev. 861 2011-2012.

[2] Josie Foehrenbach Brown, Developmental Due Process: Waging A Constitutional Campaign to Align School Discipline With Developmental Knowlege [J]. 82 Temp. L. Rev. 929 2009-2010.

[3] Allison I. Fultz. Making Kids Toe the Line in the Old Line State: The Disparate Application of Public School Discipline Policies in Maryland [J]. 11 Am. U. J. Gender Soc. Pol'y & L. 175 2002-2003.

[4] Lisa M. Pisciotta, Beyond Sticks & Stones: A First Amendment Framework for Educators Who Seek to Punish Student Threats [J]. 30 Seton Hall L. Rev. 635 1999-2000.

[5] Emily Bloomenthal, Lisa M. Pisciotta, Inadequate Discipline: Challenging Zero Tolerance Policies as Violating State Constitution Educaion Clauses [J]. 35 N. Y. U. Rev. L. & Soc. Change 303 2011.

[6] Lee Gordon, Achieving A Student-Teacher Dialectic in Public Secondary Schools: State Legislatures Must Promote Value-positive Educaion [J]. 36 N. Y. L. Sch. L. Rev. 397 1991.

[7] MarcL. Terry & Amanda Marie Baer, Teacher-on-Student Bullying: Is Your Massachusetts School District Ready for This Test? [J]. 5 N. E. U. L. J. 107 2013.

[8] Perry A. Zirkel & Henry F. Reichhner, Is the in Loco Parentis Doctrine Dead? [J]. 15 J. L. & Educ. 271 1986.

[9] Larry Bartlett, Academic Evaluation and Student Discipline Don't Mix: A Critical Review [J]. 16 J. L. & Educ. 155 1987.

[10] Heather A. Cole & Julian Vasquez Heilig, Developing a School-Based Youth Court: A Potential Alternative to the School to Prison Pipeline [J]. 40 J. L. & Educ. 305 2011.

[11] Augustina Reyes, The Criminal Ization of Student Discipline Programs and Adolescent Betavior [J]. 21 St. John's J. Legal Comment. 73 2006-2007.

[12] Judith A. Browne, Zero Tolerance: Racially Biased Discipline in American Schools [J]. 36 Clearinghouse Rev. 145 2002-2003.

[13] Kevin P. Brady, Zero Tolerance or (in) Tolerance Policies? Weaponless School Violence,

Due Process, and the Law of Student Suspension and Expulusions: an Examination of Fuller V. Decatur Public Schoolboard Of Educaion school District [J]. 2002 BYU Educ. & L. J. 159 2002.

[14] Augustina H. Reyes, Alternative Educaion: the Crimialization of Student Behavior [J]. 29 Fordham Urb. L. J. 539 2001–2002.

[15] Christopher Suarez, School Discipline in New Haven: Law, Norms, and Beating The Game [J]. 39 J. L. & Educ. 503 2010.

[16] Fairbanks North Star Borough School District School Board Policy [DB/OL]. [2015–03–12]. http://www.k12northstar.org/sites/default/files/policy10_5.pdf.

[17] Fairbanks North Star Borough School District Administrative Regulation [DB/OL]. [2015–03–12]. http://www.k12northstar.org/sites/default/files/adminreg10usethisone – itiscurrentwoldfirearmspagesputinuntilapproved121814_0.pdf.

[18] Pupil Behavior and Discipline–Corporal Punishment [DB/OL]. [2015–03–12]. http://docs.nycenet.edu/docushare/dsweb/Get/Document–19/A–420__11–16–04.pdf.

[19] 121A. 58 Corporal Punishment [DB/OL]. [2015–03–12]. https://www.revisor.mn.gov/statutes/?id=121A.58.

[20] RS 17 § 416. Discipline of students; suspension; expulsion. [DB/OL]. [2015–03–12]. http://www.legis.state.la.us/lss/lss.asp?doc=81024.

[21] 20 U. S. Code § 7151–Gun–free requirements [DB/OL]. [2015–03–12]. https://www.law.cornell.edu/uscode/text/20/7151.

[22] West Virginia State Bd. of Educ. v. Barnette, 319 U. S. 624 (1943) [DB/OL]. [2015–03–12]. https://supreme.justia.com/cases/federal/us/319/624/case.html.

[23] Board of Education of Westside Community Schools v. Mergens By and Through Mergens (No. 88–1597) [DB/OL]. [2015–03–12]. https://www.law.cornell.edu/supremecourt/text/496/226/.

[24] Camara v. Municipal Court 387 U. S. 523 (1967) https://supreme.justia.com/cases/federal/us/387/523/case.html.

[25] Warden, Maryland Penitentiary, Petitioner, v. Bennie Joe Hayden, 387 U. S. 294 [DB/OL]. [2015–03–12]. https://law.resource.org/pub/us/case/reporter/US/387/387.US.294.480.html.

[26] Commonwealth vs. Jeffrey Snyder, 413 Mass. 521 [DB/OL]. [2015–03–12]. http://masscases.com/cases/sjc/413/413mass521.html.

[27] New Jersey v. T. L. O. 469 U. S. 325 [DB/OL]. [2015–03–12]. http://www.law.cornell.edu/supremecourt/text/469/325.

[28] State v. Finch, 925 P. 2d 913 (Or. Ct. App. 1996) [DB/OL]. [2015–03–12]. http://caselaw.findlaw.com/wa–supreme–court/1039505.html.

[29] The Westhill Central School District Student Code of Conduct.

[30] Pupil Fair Dismissal Act [DB/OL]. [2014–02–13]. http://education.state.mn.us/MDE/StuSuc/StuRight/StuDisc/StuFairDisAct/.

[31] PeterH. Schuck, Matthew Matera & David I. Noah, What Happens to the "Bad Apples"：an Empirical Study of Suspensions in New York City Schools [J]. 87 Notre Dame L. Rev. 2063 2011-2012.

[32] 纽约市教育局《纪律准则和学生权利与责任法案》 [DB/OL]. [2015-03-12]. http://schools.nyc.gov/NR/rdonlyres/9E2A4768-4FEB-4A9D-A1B1-1D5AD429FC3C/0/DiscCode-CondType2013_Chinese.pdf.

附　录

附录一

费尔班克斯·北极星自治学区
幼儿园至 6 年级科技使用义务协议书

学生姓名：　　　　　　　　　　　学号：

亲爱的学生和家长/监护人：

费尔班克斯·北极星自治学区为提高学生的学习能力提供了一个科技富饶的环境。科技是学生教育体验的积极组成部分，必须按照教育目的和学区为研究教育目的而确立的内容的要求使用。学生应当以一种安全、负责和得当的使用习惯利用科技，包括互联网。（学区教育委员会政策 802.2）

当使用科技工具时，包括互联网，我同意：

- 我只会为实现与学校有关的合法目的使用科技及其工具，包括互联网。
- 我将在网上向他人展现谦虚和尊重，就像礼貌地对待现实中的人一样。
- 在与他人交流时，我会有礼貌并使用得当的语言。
- 我不会在交流中辱骂他人；我不会进行网络欺凌。
- 如果被网络欺凌了，我会报告。
- 我不会违反美国和阿拉斯加州的法律。
- 我会以正确引用资源且不会剽窃其他人的工作成果的方式尊重任何版权和许可证协议。
- 除我的老师和家长或监护人之外，我不会与任何人分享我的用户名和密码。
- 我不会在没有被授权的情况下侵入学生、教师或其他人的账户、记录、文件。
- 除非经由教师指导，否则我不会泄露我的或其他人的个人信息，包括家庭地址或电话号码。
- 当连接网络时，我将遵守所有学校规则。
- 我不会企图击败或绕开学区的网络过滤器或隐瞒被禁止的网络活动，如代理、超文本传输安全协议、专用短口、修改学区浏览器设置和其他任何被设计来规避网络过滤器或帮助公众链接不当内容的技术。
- 当在学区财产中使用个人的移动设备时，我会遵守《科技使用协议书》的条款。
- 当我在学区财产中使用个人的移动电话时，我不会连接费尔班克斯·北极星自治学区所禁止连接的网页。

- 我不会犯下任何故意毁坏或有意破坏硬件或软件的错误。
- 就像教师当初交给我的那样子，我会返还科技工具的原物。这包括所有移动设备的设置和应用软件。
- 我会为实现与学校有关的目的而使用学校的 E-mail。我知道 E-mail 的限制条件是只允许我给我的教师发邮件或批准的页面。

家长：

作为家长或监护人，我已经阅读了费尔班克斯·北极星自治学区的《科技使用协议书》，而且我会以符合子女年龄段的语言跟自己孩子讨论它。我知道科技和网络是用来实现学区所维持的学术目标中的教育目的，学生以任何其他的目的使用都是不当的。

学生：

我知道并会服从费尔班克斯·北极星自治学区的《科技使用协议书》。我会为实现学校相关的目的而有效地、负责任地使用学区的科技资源。我不会以任何对他人造成干扰或伤害的方式使用任何科技资源。我知道，根据《学生权利、义务和行为后果手册》的规定，我的行为后果可能包括丧失使用科技的特权和/或受到学校处分，和/或以违反州或联邦法律而被起诉。

登录学校管理总台（PSP）去在线确认！

费尔班克斯·北极星自治学区
7—12 年级科技使用义务协议书

学生姓名：　　　　　　　　　　学号：

亲爱的学生和家长/监护人：

费尔班克斯·北极星自治学区为提高学生的学习能力提供了一个科技富饶的环境。科技是学生教育体验的积极组成部分，必须按照教育目的和学区为研究教育目的而确立的内容的要求使用。学生应当以一种安全、负责和得当的使用习惯利用科技，包括互联网。(学区教育委员会政策 802.2)

当使用科技工具时，包括互联网，我同意：

- 我只会为实现与学校有关的合法目的使用科技及其工具，包括互联网。
- 我将在网上向他人展现谦虚和尊重，就像礼貌地对待现实中的人一样。
- 在与他人交流时，我会有礼貌并使用得当的语言。我不会使用亵渎的、粗俗的、歧视的或其他被学校管理者认为是贬损人格的语言。
- 我不会在交流中辱骂他人；我不会进行网络欺凌或骚扰。
- 如果被网络欺凌或骚扰了，我会报告。
- 我不会违反美国和阿拉斯加州的法律。
- 我会尊重他人的智力财产并服从版权法律。我不会窃取或剽窃他人的创意、劳动、音乐或艺术。我不会在没有适当引用和允许的情况下使用他人的劳动成果。我会需要版权所有者书面授权的情况下下载、复制、粘贴有版权保护的材料，但不局限于音乐、图片和电影。
- 除我的老师和家长或监护人之外，我不会与任何人分享我的用户名和密码。
- 如果连接了不当材料，不管是偶然还是其他，我将会立即通知我的老师。
- 我不会在没有被授权的情况下侵入学生、教师或其他人的账户、记录、文件。
- 除非经由教师指导，否则我不会泄露我的或其他人的个人信息，包括家庭地址或电话号码。
- 当连接网络时，我将遵守所有学校规则。
- 我不会企图击败或绕开学区的网络过滤器或隐瞒被禁止的网络活动，如代理、超文本传输安全协议、专用短口、修改学区浏览器设置和其他任何被设计来规避网络过滤器或帮助公众链接不当内容的技术。
- 当在学区财产中使用个人的移动设备时，我会遵守《科技使用协议书》的条款。
- 当我在学区财产中使用个人的移动电话时，我不会连接费尔班克斯·北极星自治学区所禁止连接的网页。
- 我不会犯下任何故意毁坏或有意破坏硬件或软件的错误。这包括但不局限于连接、修改、破坏涵盖移动设备在内的科技资源的器材、文件或设置。
- 就像教师当初交给的那样子，我会返还科技工具的原物。这包括所有移动设备的设置和应用软件。

● 我会为实现与学校有关的目的而使用我的学校 E-mail。我知道使用学校的 E-mail 是一项特权，而非一项基本权利。费尔班克斯·北极星自治学区享有我的 E-mail 地址且我不怀有隐私期待并遵从。费尔班克斯·北极星自治学区监控和存储所有州和联邦的有关 E-mail 的法律以及邮箱的记录保留规定。

家长：

作为家长或监护人，我已经阅读了费尔班克斯·北极星自治学区的《科技使用协议书》，而且我会跟子女讨论它。我知道科技和网络是用来实现学区所维持的学术目标中的教育目的，学生以任何其他的目的使用都是不当的。

学生：

我知道并会服从费尔班克斯·北极星自治学区的《科技使用协议书》。我会为实现学校相关的目的而有效地、负责任地使用学区的科技资源。我不会以任何对其他用户造成干扰或伤害的方式使用任何科技资源。我知道，根据《学生权利、义务和行为后果手册》的规定，我的行为后果可能包括丧失使用科技的特权和/或受到学校处分，和/或以违反州或联邦法律而被起诉。

登录学校管理总台（PSP）去在线确认！

附录二

针对学生的药物管理

家长或监护人必须将子女带到学校的药品告知校方的工作人员。除非是医师或药师指导下的用药，其他的药物必须交由负责监管的建筑管理人员管理。所有吃药的学生都必须被记录下来。这份记录必须保存在学校医护人员的办公室里。

只要有可能，药物都应该在放学后的任何时候被监管。学校医护人员，与学校管理者、医师、家长或医疗建议者商讨之后，可以拒绝被视为与保持有效健康和参加学校教育计划无必要的药物使用要求。被拒绝的药物使用要求包括但不限于以下种类：过期的药品、不适当的药品、不正确的剂量或不需要的药品。

程序和责任

处方药物的长期（超过10个教学日）管理

校方对处方药物的长期（超过10个教学日）管理要求有一个经医师或药师与家长签名的"药物管理要求"完整表格。

所有长期使用的药物和管制药物必须由家长/监护人/被任命的成人递交给学校医护人员或学校管理者的被任命者。交接时，药片的数目将会由家长/监护人/被任命的成人和学校医护人员或学校管理者的被任命者签字确认。学生带到学校并要长期使用的药物将保管在学校医护人员的办公室，并在家长/监护人/被任命的委托人收到药物保管的证明文件之后才开始服用。规定药物必须有贴有处方标签的原包装。

长期患有内科疾病需要长期使用多剂量吸入器的学生可以在医师的指导下自行管理一个吸入器。

在学年末的时候，或者药物不再持续使用，家长/监护人/被任命的成人将从学校医护人员或学校管理者的被任命者那里取走药品。如果家长或监护人不想取回药物了，学校医护人员或学校管理者的被任命者和另外一名职员将数明剩下药片的数目并处理掉，同时将药物数目和处理方式记录存档。

处方药物的短期（10天及10天以下）管理

小学（幼儿园至6年级）——对于小学生而言，由校方工作人员进行短期管理的处方药物必须有原包装，原包装上还要有写着学生姓名的处方标签、家长/监护人授权管理的便条及联系电话。

初中/高中（7—12年级）——对于初中生和高中生而言，如果家长或学校管理者认为由学生自行管理是安全的，那么短期的处方药物可以由学生自行管理。学生可以带一天所需要的服用量到学校。

自行管理的吸入器和自动肾上腺素注射器

a. 根据阿拉斯加州州法律14.30.141，如果学生达到了以下标准，那么可以为实现某种医疗条件（内科或过敏）携带和管理规定类型的药物；

b. 家长或监护人将每年更新子女在学校的健康记录表；

c. 家长或监护人提供由其子女自行管理药物的书面（不是口头的）授权；

d. 家长/监护人提供由学生健康护理者出具的关于学生患有内科疾病或有可能导致过敏的环境的书面证明；

e. 健康护理者提供了学生可以自行管理药物的书面证明。该证明的内容包括通过适当方式自行管理药物的指示、自行管理者已经具备按规定使用药物和操作相关装置的必要能力水准的说明；

f. 家长/监护人签署了在其子女自行管理药物的过程中发生伤害加重或药物短缺时校方及校方雇员或代理人免责的书面文件；

g. 家长/监护人同意赔偿并支持校方及其雇员或代理人因子女自行管理药物或药物短缺造成的任何权利主张；

h. 家长/监护人将提供一份由学生健康护理者签署的针对其子女的书面治疗计划。这个治疗计划将与学区在执行肾上腺素的管理规定保持一致，紧急医疗服务（911）也将予以提示；

i. 健康护理人员是指具有医师执照、高级护理从业者、医师助理、乡村健康副手、药剂师（参考阿拉斯加州州法律 14.30.141）。

非处方药物

当出现急性病情并得到家长/监护人的电话或书面准许后，在被许可使用名单中的非处方药物可以被学校医护人员自主用来治疗学生的发烧、疼痛、身体不适。如果书面的知情同意表未包含在学生的健康记录中，家长/监护人可以就该类药物的使用提供一份口头/电话形式的使用一次的准许。家长/监护人必须为将来非交易药物的使用完成非交易药物使用要求的表格。

小学（幼儿园至 6 年级） 除非医师/药剂师和家长直接出具了书面证明，否则非处方药物不能在学校中由学生自行管理。在学校医护人员对小学生使用任何非处方药物之前，其必须与学生家长/监护人取得联系或事先得到家长/监护人的口头或书面准许，而且所使用的非处方药物必须在由学区医药顾问批准的药物清单之中。

初中（7—8 年级） 非处方药物可以被初中学生自行管理，但是药物必须是原包装并只能带一天的使用量。学校医护人员可以管理由学区医药顾问批准审核后提供的药物清单中的非处方药物或事先家长/监护人已经通过书面/口头许可予以管理的非处方药物。

高中（9—12 年级） 非处方药物可以由高中生自行管理，但药物必须是原包装。学校医护人员可以管理由学区医药顾问批准的药物清单中的非处方药物或事先家长/监护人已经通过书面/口头许可予以管理的非处方药物。

纪律处分

当学生被发现以改变他或她的意识状态为目的滥用或着迷于处方或非处方药物，或处于有某种潜在危害的环境中时，将被视为违反学区政策。